易經研究9

# 易與儒

于載洽 著

蘭臺出版社

# 目　錄

# 自序

　　夫道者,哲人言事物終極之本體也。老子言道:「可道,非常道。」「道生一,一生二,二生三,三生萬物。」道爲宇宙之本體。生天、生地、生萬物。莊子言道:「無所不在。」「在屎溺。」爲生成萬物之本體。孔子重在人世。《論語·先進》:「未知生,焉知死」是也。重人倫之私德,社會之公德。蓋人世非德不立也。梁啟超《中國道德之大原》有曰:「自主觀之動機言之,凡德皆私德也;自客觀影響所及言之,凡德皆公德也。」《論語·里仁》:「吾道一以貫之。」曾子解此道爲「忠恕」。張岱年先生《中國哲學大綱·人生理想論》解曰:「在孔子,道與仁只是一事,亦稱爲義。從其爲原則則謂之道;從其爲當然則謂之義;而道之內容便是仁。」是順曾子解。但非也。《論語·述而》:「志於道,據於德,依於仁,游於藝。」顯然,孔子之言一貫之道非爲仁。《論語·里仁》:「朝聞道,夕死可矣。」可見,道乃孔子一生所追求者。《中庸》:「道之不行也,我知之矣。知者過之,愚者不及也。」是道過猶不及,乃指中庸。《論語·雍也》:「中庸之爲德,其至矣乎?民鮮久矣。」是孔子中庸之道,乃德之至也。至者,極也,即德之本體也。《中庸》:「君子中庸,小人反中庸。君子之中庸也,君子而時中。」是中庸之道,應與時俱進,即時中之道。

　　《論語・爲政》：「吾十有五而志於學，三十而立，四十而不惑，五十而知天命，六十而耳順，七十而從心所欲，不逾矩。」蓋從客觀實踐中，孜孜以求，努力精進，最後達到主客觀圓融，不逾矩。矩者，規矩也，規律也，法度也，即道也。可視爲道由德之本體的認知，進而爲事物本體的追求。

　　孔子讀《易》，韋編三絕。《易》之卦爻辭，反復言明過猶不及之道，即時中之道。〈繫辭上〉：「一陰一陽之謂道。」是事物皆分陰陽，即事物乃陰陽之對待、流行。就對待言，是事物陰陽之中和，寓流行乎中，即中庸。就流行言，是事物陰陽之衍變，寓新的對待乎中，即時中。故一陰一陽之道乃時中之道的另一表述耳。

　　〈繫辭上〉：「易有太極，是生兩儀，兩儀生四象，四象生八卦。」或曰指宇宙之生成。或曰指八卦之生成。然則八卦以指代萬物。是太極者乃宇宙萬物之本體也。以此可見，孔子始述十翼，其後記之者多有潤色增華耳。

　　夫儒家之說，堯舜時代，非無禮、法也。以仁爲主，是謂大同。夏商周（西周）非無仁、法也，以禮爲主，是謂小康。春秋戰國，雖是禮壞。非無仁、禮也，法則興起，至秦而極。漢後變仁、禮各爲德之一目，則德治與法治相對待，輕重之間，因時而異，或興或替，以分優劣。然則德爲法之根基，德法先後，不辯自明。

　　清朝末年，堅船利炮，敲殘國門。科技落後，遂使中華道德之源的儒家倫理道德學說成爲罪惡淵藪。今國力大增，遂以中華文明自可傲然立於民族之林。社會進步，必將帶來道德更

新。

　　余少讀古籍，喜儒學書，後綴文數篇，力求孔氏原義。雖見諸刊物，多不自信，今時代更新，友人相勸，結集付梓。余有疑焉，恐新舊道德有悖。後思梁啟超《中國道德之大原》語：「德必有本，何新非舊；德貴時中，何舊非新。」遂不揣荒陋，以求教於大家。

　　　　　　　　　　　　　　　　　　　　　　于載洽

# 第一章《易經》之編纂

## § 《易經》之編纂時代

《周易》包括《易經》、《易傳》，學界多認爲《易傳》編寫在戰國年間。而《易經》（以下稱《易》）的編纂時代歧義頗多，但大體來說有三種：一、西周初年說；二、西周末年說；三、戰國初年說。其中戰國初年說立論新穎而失之疏略，駁之者有人，此不贅述。近年來，西周末年說漸浸，倡之者李鏡池先生，廣而論之者當數《周易新論》作者宋祚胤先生。[1] 爲此，從幾方面提一些自己的看法。

## 一、《易》卦爻辭的史實

《易》卦爻辭所引之史實歷來是論其編纂時代的重要證據。而其所引皆爲西周初年或更前者。如坤上六「龍戰于野，其血玄黃」蓋指殷周牧野之戰。據《書·禹貢》：「涇屬渭汭，……厥土惟黃壤。」「荆河惟豫州，……下土墳壚。」[2] 是以黃喻周，以玄喻殷。而《書·武成》：「會于牧野，……血流漂杵。」正所謂「龍戰于野，其血玄黃。」[3]

---

1　宋祚胤《周易新論》，湖南教育出版社，1982 年版。以下簡稱《新論》。
2　《說文·第十三篇下》：「壚，黑剛土也。」參見後文《讀〈易〉隨筆》。
3　見後文《讀〈易〉隨筆》。

　　比初六曰：「有孚，比之无咎，有孚盈缶，終來有他，吉。」
筆者認爲當係殷武丁時事。根據甲骨卜辭知「缶」爲武丁時方
國名。故「有孚盈缶」謂孚信盈滿缶方國，因此，缶方國終來
比之。後缶獲犬方國亦來比之，故「有他，吉」。[4]

　　泰六五「帝乙歸妹。」歸妹六五：「帝乙歸妹。」「帝乙」
爲商紂之父。此言周文王娶妃，即《詩·大明》：「大邦有子，
俔天之妹，文定厥祥，親迎于渭」所記之事。[5]

　　泰上六：「城覆于隍，勿用師，自邑告命，貞吝。」筆
者認爲此係《書·西伯戡黎》「西伯既戡黎，祖伊恐，奔告于
王曰：天既訖我殷命，格人元龜，罔敢告吉。……故天棄我」
之事。

　　蠱上九：「不事王侯，高尚其事。」此類之人世代皆有，
但周初之伯夷叔齊當是最聞名者。故余永梁先生即疑爲伯夷叔
齊之事，不無道理。

　　晉卦辭：「康侯用錫馬蕃庶。」據顧頡剛先生認爲是寫
武王之弟康叔（因他封於康，故稱「康侯」），用王賜與他的
馬來蕃庶的故事。[6]

　　明夷六五：「箕子之明夷。」箕子爲殷之太師，諫紂被囚，
佯狂爲奴，正是箕子處明夷之時。[7]

　　益六三：「益之用，凶事无咎，有孚中行，告公用圭。」

---

4　見後文《學〈易〉札記》。
5　見顧頡剛先生《周易卦爻辭中的故事》，載《燕京學報》第6期。
6　同上註。
7　同上註。

蓋指《書・書序》「成王既伐管叔蔡叔，以殷餘民封康叔」事。[8]

　　益六四：「中行，告公從，利用爲依遷國。」指《書・書序》「成王既黜殷命，殺武庚，命微子啟代殷後」，即封微子於商丘，改國號爲宋之事。[9]

　　升六四：「王用亨（享）于岐山。」一般注家皆謂王指周文王。

　　旅上九：「喪牛于易，凶。」顧頡剛先生認爲是《竹書紀年》「殷王子亥賓于有易而淫焉，有易之君緜臣殺而放之」之事，甚確。[10]

　　既濟九三：「高宗伐鬼方，三年克之」；未濟九四：「震用伐鬼方，三年有賞于大國。」係指殷高宗對鬼方用兵事。[11]

　　既濟九五：「東鄰殺牛，不如西鄰之禴祭，實受其福。」一般注家皆以「東鄰」指殷，「西鄰」指周。

　　《新論》作者《易》作於西周末年說所據之史實是：明夷九三「于南狩」；升卦辭「南征吉」。並認爲這是《左傳・僖公二年》「昭王南征而不復」、《史記・周本記》「昭王之時，王道微缺，昭王南巡狩不反，卒于江上」之事。[12]細思之，非也。升曰「南征吉」。而「昭王南征而不復」，「南巡狩不反」，當爲凶，何得爲吉。蓋周居我國西北，其滅殷後，向四圍方國用兵──《書・君奭》所謂「一人有事于四方」；成王

---

8　見後文《「利用爲依遷國」考》。
9　同上註。
10　見顧頡剛先生《周易卦爻辭中的故事》，載《燕京學報》第 6 期。
11　可參看《周易探源》第 4 頁、《周易新論》第 17 頁有關文義。
12　《新論》第 51 頁。

之作《多方》，蓋爲四方作亂方國而作也。於其南者，皆可曰「南征」。又一九七七年陝西周原出土大量早周卜甲，即有「伐蜀」（H11：68），「征巢」（H11：110），「楚子來告」（H11：83）等載。[13] 是早周已向四圍方國用兵，迫其臣服。故迫及武王伐紂時，「庸、蜀、羌、髳、微、盧、彭、濮」等蠻夷戎狄會師助周，如《書·牧誓》所記，絕非虛辭。是早周亦有南征之事。

還有一條，便是履六三「武人爲于大君」。《新論》作者認爲是「屬王末年的史實」，其實這也是很難斷定的。如《左傳·襄公四年》「因夏民以代夏政」之羿、「寒浞樹之詐慝，以取其國家」之寒浞亦可當之。又履六三全部爻辭爲：「眇能視，跛能履，履虎尾，咥人凶——武人爲于大君。」是說「閉着一只眼，瘸着一條腿，躡虎之跡而行，有被虎噬的危險——武人作了大君，專斷獨行，危險程度像這一樣」，商之紂王專斷獨行，亦可曰：「武人爲于大君。」

總之，《易》中無一明顯史實爲周公成王之後者。

## 二、《易》之天命觀

《新論》認爲：「《周易》明顯表現原始客觀唯心主義的只有三處，那就是：大有上九『自天祐之，吉』，否九四『有命，无咎』，益六二『王用享于帝』。這只能算保留了一點殘餘。其大量出現的是堅定的主觀唯心主義，即用『孚』去解決一切問題……這些與西周初年統治者只知一個勁的相信原始客觀唯心主義的天命論相比，已經很不相同。」

---

13　見《文物》1979 年第 10 期，第 40 頁。

　　西周初期統治者繼承了殷代的天命說，並加以改造，為己所用。他們對殷之遺民大講天命，所謂治人以其道。而他們內部卻主要更講「德」。這在周公身上體現得很明顯。可以說周公雖然講天命——尤其對於殷之遺民，但那是借天說教，他自己是不大相信天命的。如《書・多士》是周公假王命告商之王士，其中多稱天命：「旻天大降喪于殷，我有周祐命，將天明威，致王罰，勑殷命，終于帝。」「惟天不畀」、「惟帝不畀」、「惟天明畏」、「天罔念聞」等等二三十句之多。《書・無逸》乃周公對成王之訓，則曰：「保惠于庶民。」「文王卑服，即康功田功，徽柔懿恭，懷保小民。」「皇自敬德。」而提到天命只有三處，卻曰：「天命（天理）自度，治民祇懼。」「文王受命（為諸侯也）惟中身。」「今日耽樂，乃非民攸訓，非天攸若（非天之所順）。」與〈多士〉大相徑庭。

　　《書・君奭》為周公告召公之語，有曰：「天命不易，天難諶（天命不易保，天難諶信）。」「天不可信，我道惟寧王德延。」而《書・多方》乃成王滅叛變之奄而作，係周公傳王之辭，則幾乎句句稱天命矣。

　　《書・立政》係周公戒成王任用賢才之道，曰：「謀面用丕訓德。」「其在受德暋，惟羞刑暴德之人。」「文王惟克厥宅心，……以克俊有德。」「國則罔有立政用憸人，不訓于德。」等等。其稱天命者僅有：「籲俊尊上帝，迪知忱恂于九德之行。」「亦越成湯陟丕釐上帝之耿命，乃用三有宅」，「其在受德暋，……帝欽罰之，……式商受命。」「亦越文王武王，……以敬事上帝，立民長伯，立政任人。」四處，而把「受命」「黜命」歸之於「德」和「任人」。其中「罔有立政

用憸人」與《易》師上六，即濟九三「小人勿用」文義同。若
論《易》之「孚」，即誠信之德也。

　　故《易》之天道觀與周公之天道觀是靈犀相通的，它代
表了西周初期上層統治集團的思想。

## 三、《易》之文辭形式

　　西周末年說者還從《易》之卦爻辭有一些很近似於《詩
經》中的比興詩歌來考定。如李鏡池先生提出：明夷初九「明
夷于飛，垂其翼，君子于行，三日不食」與《詩·豳風·東山》
「倉庚于飛，熠熠其羽，之子于歸，皇駁其馬」相類。[14] 關於
這一點，堅持西周末年說的《新論》作者已加反駁：「《豳風》
詩篇都是作於西周初年……像這樣的例證怎麼能拿來作爲《周
易》是寫定在西周末年的論據呢？」[15] 既然如此，那麼像這樣
的比興手法在西周初年已經存在。因此復用西周末年的詩歌有
關比興詩句與《易》有關辭句相比較，以判定《易》寫作於西
周末年的方法即已不能利用。可是《新論》於後復引了大量
《易》中辭句：漸「鴻漸于干」、「鴻漸于陸」、「鴻漸于木」。
大過九二「枯楊生稊，老夫得其女妻」等等，然後與《詩·小
雅》中肯定爲西周末年的作品如《杕杜》「有杕之杜，有睆其
實」，《魚藻》「魚在在藻，有頒其首，王在在鎬，豈樂飲酒」
相比較 [16]，得出《易》作於西周末年的結論，未免失之牽強。

　　我們以下引被《新論》肯定爲西周初年的《豳風》有關

---

14　見李氏《周易探源·周易筮辭考》，中華書局版。
15　《新論》第 35 頁。
16　《新論》第 48 頁。

詩篇以證：

　　《鴟鴞》為周公所作，見於《書・金縢》。其「鴟鴞，鴟鴞，既取我子，無毀我室」，「予羽譙譙，予尾翛翛，予室翹翹」；《伐柯》「伐柯如何？匪斧不克，取妻如何？匪媒不得」，皆為比的手法。《九罭》「九罭之魚——鱒魴，我覯之子——袞衣繡裳」；「鴻飛遵渚，公歸無所」，「鴻飛遵陸，公歸不復」，是作興筆。與《易》：「鴻漸于干，小子厲」，「鴻漸于陸，夫征不復」更相類似。

　　《詩・狼跋》：「狼跋其胡，載疐其尾，公孫碩膚，赤舄几几，狼疐其尾，載跋其胡，公孫碩膚，德音不瑕」亦為興法。是知比興賦為寫詩三法，周初已流行，比興尤為寫詩常用，延續至今，《小雅》承前啟後而已。

　　《易》之比興手法與其說類於西周末年之《雅》，不如說同於西周初年之《風》。

## 四、《易》之祭祀術語

　　《新論》反對《易》作於西周初年說，還從《易》所運用的術語來論述，那就是「享」與「祭」：

　　「從商代到西周初年，對上帝和鬼神進行祭祀，一般叫『祭』不叫『享』。到西周中葉以後，才大量用『享』字代替『祭』字。這在《周易》體現得很清楚。『享』字在《周易》卦辭和爻辭一共用了五次，那就是：隨卦上六『王用享于西山』，益卦六二『王用享于帝』，損卦卦辭『易之用，二簋可用享』，升卦六四爻辭『王用享于岐山』和困卦九二『利用享

祀』。而『祭』字却只用兩次，那就是：既濟九五『東鄰殺牛，不如西鄰之禴祭』和困卦九五『利用祭祀』。」[17]《新論》此論基本上採取陳夢家先生說，其引用還漏掉大有九三「公用享于天子」一條。

我們先分析一下《易》卦爻辭所用「祭」與「享」。

《說文·第一篇上》：「祭，祀也」。《禮·曲禮》：「五官致貢曰享。」孔安國曰：「奉上之謂享。」《唐韻》：「享，獻也，祭也。」

《易》中曰「禴祭」（《禮·王制》「天子四時之祭，春曰礿」），曰「祭祀」乃泛指祭祀而言。曰「享」，其意謂奉獻，獻祀──有奉上意。「享」前皆有一「用」字。分別釋爲「王用某奉獻（獻祀）于西山」、「王用某獻祀于帝」、「二簋可用來獻祀」、「王用某獻祀于岐山」、「利用某獻祀」。其中「公用享于天子」，則「享」爲「奉獻」矣。是《易》中「享」與「祭」略有不同。我們不妨查一下《尚書》西周初期文誥，可知其大量用「祀」字。如〈酒誥〉「祀茲酒」、「惟元祀」、「越庶國飲惟祀」、「爾尚克羞饋祀」、「弗惟德馨香祀」。〈召誥〉：「毖祀于上下。」〈洛誥〉：「祀于新邑。」「以功作元祀。」「予沖子夙夜毖祀。」等等，不勝枚舉。而用「祭」、「享」處頗少。僅〈洛誥〉「拜乎稽首休享」、「烝祭歲」而已。若「享」有奉獻、享有之意者甚多。如〈康誥〉「享明乃服命」、「乃以殷民世享」，〈梓材〉「庶邦享」等等。

書中某字所用不同，有多方面原因，或因前後文之義異，

---

或因作者不同，或因文章時代不同，或遭後世整理者之竄易。因此我們很難從「祭」與「享」兩字來斷定《易》之編纂年代。

## 五、《易》之政治思想

研究《易》之政治思想，應當說是斷定《易》編纂年代的重要一環。

反對《易》編纂於西周初年說者認爲：《易》中充滿由強到弱，由盛到衰的感慨。《易》中有不少卦反映出統治階級內部的矛盾相當激烈，因此他們斷定《易》如果寫成在西周初年就不可能有這些思想。[18]

要談《易》之政治思想，涉及到對卦爻辭的認識及解釋。見仁見智者往往而有。把「充滿由盛到衰的感慨」說成「安而不忘危，存而不忘亡，治而不忘亂」亦可（〈繫辭下〉語）。至于「統治階級內部的矛盾」成王周公時代亦有之。所謂管蔡之難是也。故〈繫辭下〉曰：「《易》之興也，其于中古乎？作《易》者其有憂患乎？」又曰：「《易》之興也，其當殷之末世，周之盛德耶？當文王與紂之事耶？是故其辭危，危者使平」。正是一種治而不忘亂，殷鑑不遠的思想。

研究西周初年統治階級的思想，現最好的史料無過《尚書》有關篇章。因此我們把《尚書》有關成王周公時的文誥與《易》中某些卦爻辭相比較，就不難理解這一問題了。

《書・金縢》：「昔公（周公）勤勞王家。」《易》蹇六二：「王臣蹇蹇，匪躬之故。」

---

18　見顧頡剛先生《周易卦爻辭中的故事》，載《燕京學報》第 6 期。

《書‧旅獒》：「夙夜罔或不勤，不矜細行，終累大德。」《易》乾九三：「君子終日乾乾，夕惕若。」

《書‧大誥》：「殷小腆，誕敢紀其叙。」《易》中孚上九：「翰音登于天，貞凶。」

《書‧大誥》：「有大艱于西土，西土人亦不靜」，「知我國有疵，民不康。……我有大事休，……于伐殷逋播臣。」《易》小畜：「密雲不雨，自我西郊，公弋取彼在穴。」

《書‧大誥》：「肆予沖人，永思艱。……遺大投艱于朕身。」「矧今天降戾于周邦，惟大艱人。」《易》困上六：「困于葛藟于臲卼，曰動悔，有悔，征吉。」

《書‧康誥》：「民情大可見，小人難保。」《易》觀上九：「觀其生，君子无咎。」

〈康誥〉：「無康好逸豫。」《易》豫初六：「鳴豫，凶。」

〈康誥〉：「子弗祗服厥父事，大傷厥考心。」《易》蠱初六：「幹父之蠱，有子，考无咎。」則反言之。

〈康誥〉：「于罰之行，今惟民不靜，未戾厥心。」《易》噬嗑上九：「何校滅耳，凶。」

《書‧酒誥》：「今惟殷墜厥命。」《易》明夷上六：「不明晦，初登于天，後入于地。」

〈酒誥〉：「汝勿佚，盡執拘以歸于周，予其殺。」《易》遯六二：「執之用黃牛之革，莫之勝脫。」

《書‧召誥》：「惟王受命，無疆惟休，亦無疆惟恤。」《易》否九五：「休否，大人吉，其亡其亡，繫于苞桑。」

《書‧多士》：「旻天大降喪于殷，我有周祐命，將天明威，致王罰」；《易》謙六五：「不富以其鄰，利用侵伐，无不利。」

〈多士〉：「爾不克敬，爾不啻不有爾土，予亦致天之罰予爾躬。」《易》益上九：「莫益之，或擊之，立心勿恒，凶。」

《書‧無逸》：「小人怨汝詈汝，則皇自敬德。」《易》履九四：「履虎尾，愬愬終吉。」

《書‧君奭》：「我不敢知曰：厥基永孚于休，亦不敢知曰：其終出于不祥。」《易》泰九三：「无平不陂，无往不復，艱貞无咎。」

〈君奭〉：「一人有事于四方，若卜筮，罔不是孚。」《易》比：「原筮，元永貞，无咎，不寧方來，後夫凶。」

〈君奭〉：「今在予小子旦，若游大川，予往暨汝奭其濟。」《易》同人：「同人于野，亨，利涉大川，利君子貞。」

《書‧多方》：「我惟大降爾命，爾罔不知。」「要囚，殄戮多罪，亦克用勸，開釋無辜，亦克用勸。」《易》離上九：「王用出征，有嘉折首，獲匪其丑，无咎。」

《書‧立政》：「國則罔有立政用憸人。」《易》師上六：「大君有命，開國承家，小人勿用。」

《書‧立政》：「其勿誤于庶獄庶慎，惟正是乂之。」《易》噬嗑：「亨，利用獄」。

《書‧顧命》：「臨君周邦，率循大卞，燮和天下。」《易》

臨六五：「知臨大君之宜，吉。」

治與亂是對立的統一，亂中有治，治中寓亂，治世防微漸，亂世飾太平，古今常有。成王周公盛世，念念不忘危亂若斯。

《新論》認爲：「《周易》充滿由強到弱和有盛到衰的感慨，把乾卦九五爻辭『飛龍在天，利見大人』，結合隨卦六二爻辭『繫小子，失丈夫』考察，就看得很清楚。」[19]

夫《易》之每卦有一定的中心思想，卦與卦之間按順序有一定的聯係，但是把兩不相連的卦復斷章而合考其義則難免生誤。如《新論》所述，我們試問：隨六三「繫丈夫，失小子」又當作何講呢？乾九五與隨六三結合起來考察，又當怎樣呢？

總之，全面考察《易》之政治哲學思想，會發現其與周公之政治哲學思想如合符節。

## 六、史書記載

《左傳・昭公二年》：「晉侯使韓宣子來聘，且告爲政而來見，禮也。觀書於大史氏，見《易象》與《魯春秋》，曰：『周禮盡在魯矣。吾乃今知周公之德與周之所以王也。』」

《新論》作者認爲：蘇蒿坪在《周易通義附錄》中語「《易》象屬周，故號《周易》，宣子以周公與周並言，原非專美周公也」，洞中肯綮，對於駁「《易》作於西周初年」說，很有說服力。[20]

---

19　第 17 頁。
20　第 12-13 頁。

　　我們仔細分析宣子之語，可知宣子所言「周之所以王」因《易象》非因《魯春秋》——《魯春秋》當作於周王天下後，[21]言見《易象》而知「周公之德」亦可也。若然，說明《易象》出自周公。《魯春秋》杜注：「史記之筆書，春秋尊周公之典以序事，故曰『周禮盡在魯矣』。」是《魯春秋》雖非周公所作，當爲周公德之纘也。故見《魯春秋》而亦可知周公之德。「周之所以王」是言周王天下的原因，非爲美周之辭。宣子所言當是美周公的。

　　據此，春秋時人即認定《易》出自西周初年。

## 七、結論

　　《易》成書於西周初年，這是一個有兩千年歷史的傳統說法，從春秋時韓宣子發其軔，〈繫辭〉作者反復闡述，繼而信之者世代皆有，但那些「伏義畫八卦」、「神農重卦」、「夏禹重卦」、「文王重卦作卦辭」等等把著作權具體劃歸個人的說法，就目前資料所及，尚欠令人信服的確鑿證據。然而，《易》有其具體的時代內容，是屬於一個時代的作品。

　　周初卜筮並用，從《詩·文王有聲》「考卜維王，宅是鎬京，維龜正之，武王成之」，《書·金縢》「今我即命于元龜」、「乃卜三龜」，《書·大誥》「寧王遺我大寶龜」，《書·洛誥》「我卜河朔黎水。我乃卜澗水東瀍水西」、「來視予卜休恒吉」，《書·君奭》「若卜筮，罔不是孚」來看，周初所用似乎卜多於筮。其卜可推及古公亶父或更早。《詩·

---

21　尚秉和著《周易尚氏學》認爲：「周公之德由魯春秋知之，周之所以王則由易象知之。」見中華書局 1980 年版，第 3 頁。

大雅・緜》：「周原膴膴……爰契我龜。」雖係周公追述，而言其祖卜居，當不是臆造。一九七七年陝西岐山鳳雛村出土大批甲骨，可爲《緜》「爰契我龜」之據。周原甲骨（H11：7）之「凶十∧十∧」；（H11：81）之「十∧∧十∧∧」，[22]當是筮數的記載。張政烺先生以八卦解此是正確的。周原甲骨卜多於筮與《尚書》周初文誥所言相符，彼時重卦業已產生。但與《易》之卦象表示法有異，筮尚處於發展階段，故周初之人仍重龜卜。卜斷吉凶以「兆」，所謂「兆」即把經過「鑽」「鑿」的甲骨以火「灼」之，使其反面裂出紋來。卜人當視其「兆」紋形象與數之多少等情況以推斷吉凶。筮用蓍草揲得筮數以求卦，斷吉凶主以卦象。在卜重於筮的西周初期，筮的發展無疑要受到卜的影響。周初還盛行懸象說教，即《周禮・天官冢宰》所謂「乃懸治象之法于象魏，使萬民觀治象」。周之武王開國，天下草創。周公是周天下的主要安定者，周之典章制度的首要制定者。《尚書》中西周初期之文誥大多出自周公。其爲人也，多才多藝，卜筮也是懂得的了。又且禮賢下士，手下人才自然不少，這樣周公時代爲《易》的編纂完成較其他時代更具有了多方面的可能性。而《易》也正是包括這三方面的內容的：占筮、象數、政治哲學思想。〈繫辭上〉所謂「觀其象而玩其辭」、「觀其變而玩其占」是也。因此《易》最後編纂成以物取象而成卦，復以卦比象而喻物，結合當時政治需要而綴辭，以辭喻理的哲學著作，其體例仿筮。它體現了以成王周公爲代表的西周初期上層統治集團的政治哲學思想，因此它的編纂者當屬西周初期統治集團上層以周公爲首的文人、謀士、太史之流。

---

22 見《文物》1979 年第 10 期，圖版柒。

　　既然如此，那麼春秋以前何以無用《易》占筮的記載呢？這主要有兩方面原因：

　　首先，春秋前遺留下來的有關可靠史料太少。就商之卜而言，現僅從殷墟出土的甲骨卜辭已有十幾萬片，商代是盛行卜的，幾乎遇事則卜。但我們從《書・商書》篇章中看到僅有〈盤庚上〉「卜稽曰，其如台」、〈盤庚下〉「各非敢違卜」、《西伯戡黎》「格人元龜」，三處談及卜，且語焉不詳。其關於卜的方式方法及具體內容皆不備。同樣，周初卜風未衰，筮風漸盛，僅一九七七年周原考古隊在發掘鳳雛村甲組建築基址時，在一個窖穴裡即出土甲骨一萬七千餘片，其中已清洗出刻字卜甲一百九十多片。而《書・周書》僅〈洪範〉「建立卜筮人，乃命卜筮」，〈君奭〉「若卜筮，罔不是孚」兩處卜筮並提（《書・洛誥》「我卜河朔黎水」僅言卜），〈洪範〉雖少有所述，亦是語焉不詳。其具體卜筮之方式方法皆闕然。《周書》大量篇章皆為西周初期之文。成王後數篇而已，未談及卜筮一字，不等於彼時之人無筮事也。

　　再者，《易》借易被當時人接受的筮的形式注入了政治哲學思想，是一部改造了的筮書，它對周王室子弟有教誨作用，它的筮用當是處於次要地位的。周初統治階級上層壟斷文化，書藏太史，難得外傳，知者蓋寡。春秋時，禮壞樂崩，文化下移，得以公開。《左傳・庄公二十二年》：「周史有以《周易》見陳侯者。」《左傳・昭公二年》：「晉侯使韓宣子來聘，……觀書于大史氏，見《易象》與《魯春秋》。」可見當時陳晉皆無《易》，有《易》者周與魯而已。《易》之外傳，始於周史，《易》之筮用，《春秋》猶且不及，若非《易傳》、

《左傳》、《國語》，後世詳而述之者，當爲誰氏？更復難知。

司馬遷《史記‧龜策列傳》曰：古聖王建國受命，寶卜筮以助善。塗山之兆興夏，百穀之筮王周。後詳載卜兆之占。是漢司馬遷當有卜占典籍供考。又彼時太卜之官秦漢相因，遷曾訪而問之。但遷未述筮占，蓋因《易傳》、《左傳》、《國語》已述筮占歟？

確定《易》之編纂年代，對《易》之政治哲學思想的深入研究至關重要，故不厭其煩，以陳管見，冀有益於《周易》研究。

## § 帛《易》芻議

馬王堆漢墓帛《易》的出土給《易》學研究帶來了新的課題。《文物》一九八四年第三期刊出了馬王堆《帛書〈六十四卦〉釋文》，張政烺先生《帛書〈六十四卦〉跋》以及于豪亮先生《帛書〈周易〉》兩篇帛《易》專論。繼之而論者有人，所涉及議題主要有二：一、帛《易》與今傳《周易》編纂先後關係。二、帛《易》的價值。以下即此而論之。

一

我們名之爲帛《易》是爲了便於稱說。實際上漢墓帛《易》是無前後標題的。爲什麼帛書無《周易》之名而《六十四卦》所記卦爻辭與今《易》基本相同呢？筆者認爲這應該從兩方面考慮。其一，如果帛《易》所據以抄寫之本屬歷代相傳之本，則不會無標題，即或確係漢前無標題之傳本，至漢後也會因傳

代久遠而冠以標題的，更何況其中還涉有「歸藏」血統。[23] 因此，我們似乎有一定的理由認爲帛《易》是改造了的今傳本《周易》，惟其改造，故冠以《周易》則不確，不冠以《周易》則難名，故闕如也。其二，帛《易》乃殉葬物。其墓主人爲生前《周易》愛好者，更可能是《易》卦占的愛好者。正如有的學者所指出的那樣：帛《易》卦序排列便於筮占。[24] 而我們更可進而斷定此出土之帛《易》非墓主人生前反復常閱者。實爲殉葬墓主人而抄寫的殉葬品。何以知其然？從帛《易》明顯錯書處可見端倪。如誤書：

䷫ 姤九五爲五五，䷙ 大畜爲 ䷙，䷄ 需九五爲六五，䷾ 既濟爲 ䷾、初九爲初六，䷵ 歸妹爲 ䷵，䷧ 解爲 ䷧，䷹ 兌六三爲九三，䷐ 隨上六爲上九，䷡ 大過九五爲六五、上六爲上九，䷢ 晉初六爲初九，䷺ 渙六四爲九四，䷩ 益六二爲九二。

張政烺先生曰：「筮人一般文化程度不高，爲了實用，不求深解，按照當時通行的八卦次序機械的編造出帛書《六十四卦》這樣一個呆板的形式，自然會便於檢查，卻把易學上的一些微言奧義置之不顧了。」[25] 張先生只說了問題的一方面，僅以上所引，其中卦書錯誤，數字錯誤不只是文化程度問題，正可證實：帛《易》爲書寫用來殉葬的，故書之難免有漫不經心處，書後又缺少校正。否則不會令如此明顯錯誤安然存在，而不加塗改，惟其如此，漏闕標題，亦不足爲奇。

那麼，今《易》與帛《易》之間的關係又是怎樣的呢？

---

23　參考于豪亮《帛書〈周易〉》。

24　參考張政烺《帛書〈六十四卦〉跋》。

25　《帛書〈六十四卦〉跋》。

應該說他們之間是同源關係，絕不能認爲帛《易》爲《連山》、《歸藏》之孑遺。夫《連山》、《歸藏》之真相泯矣！但據傳聞三《易》爲分屬三個時代的占筮書，所屬時代不同則其內容當是有別的，而不當僅從卦序分辨之。而《周易》卦爻辭內容有許多殷周之際的史事，如：坤上六「龍戰于野，其血玄黃」，指殷周牧野之戰。[26] 泰六五「帝乙歸妹」及歸妹六四「帝乙歸妹」，此言周文王取妃，亦即《詩・大雅・大明》「大邦有子，俔天之妹，文定厥祥，親迎于渭」所記之事。[27] 晉卦辭「康侯用錫馬番庶」，據顧頡剛先生認爲是寫武王之弟康叔用王錫與他的馬來番庶的故事。[28] 明夷六五「箕子之明夷」，箕子爲殷王太師，諫紂被囚。佯狂爲奴，正是箕子處明夷之時。[29] 益六三「益之用，凶事，无咎，有孚中行，告公用圭」，蓋指《書・書序》「成王既伐管叔、蔡叔，以殷餘民封康叔」事。六四「中行告公從，利用爲依遷國」，蓋指《書・書序》「成王既黜殷命，殺武庚，命微子啟代殷後」之事。[30] 升六四「王用亨于岐山」，一般注家皆以謂王指周之文王。[31] 既濟九五「東鄰殺牛，不如西鄰之禴祭，實受其福」，一般注家皆以「東鄰」指殷，「西鄰」指周。[32] 似此周初之史實若《連山》、《歸藏》亦有，則不稱其爲《連山》、《歸藏》矣。

　　帛《易》與今《易》內容基本相同，至於文字有異，當

---

26　見後文《讀〈易〉隨筆》。

27　參考顧頡剛《周易卦爻辭中的故事》，載於《燕京學報》第 6 期。

28　同上註。

29　同上註。

30　見後文《「利用為依遷國」考》。

31　參考李鏡池《周易探源・周易筮辭考》。

32　同上註。

屬傳聞、傳抄、誤抄、通假諸多原因造成。卦序各異，則因不同目的，不同應用造成。那麼哪種卦序更原始些，哪種卦序更合理些呢？

　　爲此，筆者贊同今傳《易》原始、合理的觀點，學界已有論述。[33] 其要，當是對卦爻辭內容的考定。我們且不以《卦序》之說爲說，而僅憑卦爻辭的聯繫上考察之。如乾坤兩卦，言陰陽之轉化，乾坤六條爻辭很明顯寫出龍（陽）的由始而盛而衰的發展過程，用九「見群龍无首，吉」，是「龍而無首」，即非龍矣，寫出了龍（陽）向對待面（陰）的轉化，而乾的對待面則是坤。因此後面繼之以坤更合理些。同樣坤卦又寫出了牝馬（陰）之盛衰，至上六「龍戰于野，其血玄黃」，則是坤向其對待面乾的轉化——龍。六十四卦僅乾坤言「龍」象，其兩卦相前後則順理成章。

　　除孔穎達稱之爲「二二相耦，非覆即變」的卦書上的今本排列特點外，從卦爻辭上也多處可見如乾坤類似的情況。如泰卦辭稱：「小往大來。」上六稱：「城復于隍，勿用師，自邑告命，貞吝。」是通過爻辭說明了泰變爲否，因泰 ䷊ 卦象，上坤，坤爲土，土在上，積土成城之象，「隍」爲城下溝，無水稱「隍」，有水稱池，坤反於下即「城復于隍」之象，是爲否 ䷋。故否卦辭曰：「大往小來。」乾爲大，坤爲小，大小的往來正說明乾坤的上下，且否上九「傾否，先否後喜」，又寫出了否泰的轉化。

　　再如：䷖ 剝卦寫陰剝陽，其上九「碩果不食」，是說上

---

33　參見張政烺《帛書〈六十四卦〉跋》。

九一陽未被陰剝盡，（艮爲果，上九一陽，陽大陰小，「碩」，大也）所以繼之者復䷗，乃陽氣的恢復，復卦辭曰：「反復其道，七日來復。」則因剝䷖反復即爲復䷗，卦有六爻，由終反始爲七。又剝爲陰息陽消，故卦辭曰：「不利有攸往。」復爲陽息陰消，故卦辭曰：「利有攸往。」

　　似此不一一枚舉，這充分體現了「二二相耦，非覆即變」卦序的卦畫（形式）與卦爻辭（內容）的統一，揭示了今《易》卦序的原始性、合理性，當然這是在認可卦爻辭的基礎上的。而帛《易》與今《易》卦爻辭又是基本相同的。

　　今《易》卦序從春秋迄戰國直至兩漢當是上層社會流傳本，即「官方本」。

　　《晉書・束晳傳》：「太康二年，汲郡人不準盜發魏襄王墓，⋯⋯得竹書數十車。⋯⋯其《易經》二篇與《周易》上下經同。」則是一證。又《漢書・儒林傳》所言：「自魯商瞿子木受《易》孔子，以授魯橋庇子庸，⋯⋯子乘授齊田何子裝。及秦禁學，《易》爲筮卜之書，獨不禁，故傳授者不絕也。」與《史記・仲尼弟子列傳》所記略同。其傳《易》系統當有一定來歷。至於劉向所整理者，亦以官方本爲準。《漢書・藝文志》：「劉向以《古文易經》（即宮中本）校施、孟、梁丘《經》（施、孟、梁丘亦傳之田何系統），或脫去『无咎』、『悔亡』，唯費氏《經》與古文同。」又《漢書・儒林傳》：「費直字長翁，⋯⋯長於卦筮，亡章句，徒以〈彖〉、〈象〉、〈繫辭〉十篇，〈文言〉解說上下經。」又《漢書・藝文志》載漢之著《易》者頗多，有：「《易經》十二篇，施、孟、梁丘三家」、「《易傳周氏》二篇」、「《孟氏京房》十一篇」等等。可見

漢人多有《周易》著述。而費氏「徒以〈彖〉……解說上下經」，其「十篇」當非漢人所著，應是傳於先秦的著述，這與我們今天對「十翼」的編纂時代的認識是基本一致的。因而可以推知費氏本《易經》當傳之先秦。劉向以古文校當時上有師承的施、孟、梁丘及費氏本而定的《易經》，其歷史性將比其他本更可靠些。該本也體現了象數理占的完整性、統一性。而帛《易》當時是在民間尤其是筮人之間流傳的一種便於筮占的改造了的《周易》，說其改造，主要是從卦序上的改造。帛《易》卦序上（左）卦是一乾、二艮、三坎、四震、五坤、六兌、七離、八巽，下（右）卦是一乾、二坤、三艮、四兌、五坎、六離、七震、八巽。這就爲筮後占取卦爻辭提供了方便。然則，有一不容忽視之處，那就是爲什麼帛書〈繫辭〉沒有了今本〈繫辭上〉的「大衍之數五十」章，作爲筮人用的帛《易》恰巧沒有了筮法一章，怎樣理解呢？我們只能作有意漏抄的推測。毋庸置疑，筮占爲《易》重要內容之一，帛書〈繫辭〉所據之抄本是不會沒有筮占法的。若果沒有，抄者也會求之其他傳本補上的，若抄者其他傳本一概找不到，那麼筮者所用筮法若是傳之歷時久遠，也會作一番補綴工作的，爲什麼沒有補呢？原因可能在於筮法的改變。我們知道揲蓍求卦需十有八變，真是太繁了。後世變爲三錢之占則方便多矣。因後世之錢占所採用之八宮卦序、納甲之法、世應飛伏之說皆本京房，故後人認爲錢占亦爲漢人所始焉。[34] 清皮錫瑞《經學通論》：「今世通行以錢代蓍，出於《火珠林》」，「《朱子語類》云：『火珠林猶是漢人遺法』。」我們雖不能斷定帛《易》準以錢占，但很可能

---

34　見皮錫瑞《經學通論》，中華書局出版，1954 年，46 頁。

是錢占的濫觴。故而「大衍」之章法不述，又不得以「狗尾續貂」，遂闕如也。

還有一點應引起我們的注意，即帛《易》變上下重卦爲左右重卦。我們知道《左傳》、《國語》筮例中，筮人除占取卦爻辭外，大多都要結合卦象而論，並且論及互卦。而帛《易》左右排卦則不產生互卦之象，這是否可以說明帛《易》占取捨棄卦象而主要論其卦爻辭呢？恰恰帛《易》分宮卦序是便於察取卦爻辭的，這是否可以認爲是筮法的改變帶來占法的改變呢？

關於卦序，無非有二：一乃序以畫，一乃序以義。若〈序卦傳〉，則是序以義，「二二相耦，非復即變」，則是序以畫。今《易》卦序正是這種序以畫與序以義的合理結合。[35]惟其如此，故得到歷代官方及學者的青睞。以畫爲序，人人可爲之，則卦序「千變萬化」。若帛《易》之序已如上述，可稱之爲「帛《易》八宮卦序」。

據《漢書·京房傳》：「京房，字君明，東郡頓丘人，治《易》，事梁人焦延壽。」而焦氏《易林》卦序，先乾之第一：起乾坤屯蒙，終以小過既濟未濟；繼以坤之第二：起乾坤屯蒙，終以小過既濟未濟；最後爲未濟之第六十四：起未濟乾坤屯蒙，終以小過既濟。延及東郡京房所著《易傳》，則爲八宮卦序矣。其八宮次序爲：乾、震、坎、艮、坤、巽、離、兌，則父子、母女長幼之序明矣。京氏納甲順序爲：乾甲壬、坤乙癸、艮丙、兌丁、坎戊、離己、震庚、巽辛，與帛《易》下卦

---

35　參考後文《〈序卦〉與卦序》。

排列次序同。

又《漢書・儒林傳》：「至成帝時，劉向校書，考《易》說，以爲諸《易》家說皆祖田何、楊叔元、丁將軍，大誼略同，唯京氏爲異，黨焦延壽獨得隱士之說，託之孟氏，不相與同。」其帛《易》之卦序亦當爲隱士之說歟？是知京房八宮卦序的出現也絕非偶然，正是集漢分宮卦序之大成，使用來筮占的卦序更加順序化、規則化，爲後世占者所師法。從這一意義上也可以說帛《易》八宮卦序或是京氏八宮卦序的濫觴。

《易》之卦序分宮，若焦氏、京氏《易》皆主要用來筮占，故可進而確認帛《易》分宮卦序是爲便於筮占而改造了的《周易》卦序這一論點的正確性。

二

雖然帛《易》卦序不及今《易》卦序之古，然而帛《易》在考正經文文字方面，只要慎重從事，多方考證，「他山之石」還是「可以攻玉」的。

《易》之「貞」字多矣、重矣。古之解者皆訓爲「正」、「固」。後殷墟卜辭聞世，遂生歧義。卜辭中，「貞」作「卜問」解，似無異議。若推之於《易》，則值得深究矣。

李鏡池先生在《周易筮辭考・貞問及其範圍》一文中主「卜問」說。李先生把《易》之「貞」分爲：「貞吉」、「貞凶」、「貞厲」、「貞吝」、「利貞」、「可貞」、「不可貞」、「蔑貞」、「貞」九類。並做了大量的句引，然後下結論曰：「從上面這些占詞看來，可知貞之爲卜問而非『正』。若說是

正，則『貞凶』、『貞厲』、『貞吝』這些話怎麼說呢？『正』之一字，是一個絕對的『好』名詞，何以會『正』而致『凶』、『正』而致『厲』致『吝』呢？」[36]

實則《周易》之卦爻辭與殷墟卜辭迥異。卜辭爲殷墟骨卜的實錄，而《周易》僅從筮占來講當是周人筮占參考用的天書——筮後據所占卦象及卦、爻辭以斷事之吉凶。

我們引陳夢家先生《殷墟卜辭綜述》一段文字[37]，以見卜辭之梗概，然後比之《周易》卦爻辭。

「一篇完整的卜辭可以包含四部分，以《菁華2》爲例：

（1）癸巳卜殼貞

（2）旬亡禍

（3）王占曰ㄓ希其ㄓ來娸

（4）乞至五日丁酉允有來娸

　　　自西沚盛告曰土方𧉚于我東啚田

（1）是所謂『前辭』，記卜之日及卜人名字；（2）是『命辭』，即命龜之辭；（3）是『占辭』，即因兆而定吉凶；（4）是『驗辭』，即既卜之後記錄應驗的事實。這是武丁卜辭。」

由此可見，卜辭「貞」前之「殼」是人名，是殼進行了此次卜問，而問的事是「旬亡禍」？這與《周易》用「貞」截然不同——殷墟卜辭「貞」前爲人名，《周易》卦爻辭「貞」前無人名。如乾卦辭：「元亨利貞」，若把「貞」解成「問」，

---

36　《周易探源》，中華書局 1987 年，第 26-29 頁。

37　陳夢家《殷墟卜辭綜述》，科學出版社 1956 年，第 43 頁。

則似乎無意義可言了。以李先生斷句作「元亨、利貞」，並且說：「『利』字不能獨立，『貞』字亦要與他詞連結而成文，⋯⋯只有『利貞』連文，沒有『利』、『貞』分立；分開則不能獨立成一種意義──『利』本來可以說是獨存的，因爲『利』與『无不利』是相對的，『貞』的本意我們可以斷定是『問』的意思。」[38] 關於這四個字的兩種斷句都是可講得通的，而關鍵是其含義。就單說「利貞」吧，若把「貞」字訓「問」，則成「利問」。反復之則有二義：一是利於問，二是問而利。當有人相信筮占時，求得了乾卦卦辭，當然就要從之問吉問凶，問利與不利的了。這樣實際上只告人個「利」字就可以了。難道說「利於問」則不利於行或其他？「問而利」，則不問就不利了嗎？《易》六十四卦卦爻辭有許多不著「貞」字者，就不是人可問的了嗎？因此，我們說把「貞」解成「問」，則似乎無意義可言了。再者《易》中「利」字是完全有其獨立意義的，「无不利」不能說是與「利」字相對待，只能說是「利」字程度的加深或範圍的擴大。或疑「不」乃「攸」字之誤，說「无攸利」與「利」相對待尚可。

　李先生在《〈周易〉筮辭續考》文中也承認：「筮辭的組織可說是跟卜辭完全不同。⋯⋯《易》雖貞事而無年月日可查，更不繫貞問之日期，貞問之人物或地點。」[39] 這樣說就對了：《易》之「貞」與卜辭之「貞」用法是兩樣的。實際上《周易》卦、爻之辭無需要也沒有「命辭」的存在，因此也就不需要作「卜問」解的「貞」字的存在了。

38　《周易探源》，第 30 頁。
39　《周易探源》，第 108 頁。

　　李先生對某些「貞」字的解釋也是勉強的，如小過卦九四爻辭，李先生於《〈周易〉筮辭續考》一文中有所援引：「无咎，弗過，遇之，往厲，必戒；勿用，永貞（吉）。」[40] 於此，可見李先生於「永貞」之「貞」釋「卜問」亦覺難乎其通，故只好疑「貞」後有「吉」字。殆及李先生《周易通義》成書。又解此句爲：「不是永遠都好。」似解「貞」作「正」，然則又含糊其辭。若「永貞」句不出於《易》而出於殷墟卜辭，則可把「永」解成人名而通之，然則《周易》非卜辭可比，勿殷冔周戴。

　　至若尚秉和先生、高亨先生等又時解「貞」爲「正」，時解作「問」而二其義。

　　如前所述，《易》之「貞」不當作「問」解，當作「正」解。那麼「貞凶」、「貞厲」、「貞吝」又怎樣講呢？實則，「貞」，正也，固也。「正」，治也，整敕也，征也。《周禮‧夏官‧大司馬》：「賊殺其親則正也。」其「正」爲「征」。又甲骨卜辭「征」作「正」，如「擊王自正�13方」（《殷契粹編》一一八四），關於「貞」作「征」解，我們可以引《周易》以自證：《周易》中之爻辭以倒卦取象者，爻辭多有相同者，如泰卦初九「拔茅茹，以其彙，征吉。」而其倒卦否卦初六則曰：「拔茅茹，以其彙，貞吉，亨。」很明顯征、貞相通。

　　帛《易》的出土加深了我們對這一問題的認識。

　　頤六二「征凶」，帛《易》作「正凶」。

　　震上六「征凶」，帛《易》作「正凶」。

---

40　《周易探源》，第 68 頁。

泰初九「征凶」，帛《易》作「正凶」。

困九二「征凶」，帛《易》作「正凶」。

困上六「征吉」，帛《易》作「貞吉」。

其他尚有歸妹、復、升、革、離、未濟、小畜等卦爻辭亦然，不一一臚列。

可見今《易》之「征」，在帛《易》中多作「正」或作「貞」。可證，漢初「貞、正、征」互通。如此《易》之「貞凶」、「貞厲」、「貞吝」則迎刃而解矣。如：

屯 ䷂ 九五：「屯其膏，小貞吉，大貞凶。」

【解】〈序卦〉：「屯者，盈也，屯者，物之始生也。」《說文》：「屯，難也，象草木之初生，屯然而難。」本爻居九五之尊，宜可有爲，然時當屯難，國家草創（屯卦寫國家草創，故卦辭有「利建侯」之語），如此，坎雲在上密而不雨，屯其膏澤之時——儲蓄力量。「貞」，正也，征也。「小貞吉，大貞凶」是戒不宜大用兵也。小大是相對的，能量己之力「貞」，則爲「小貞」，不能量己之力之「貞」，則爲「大貞」。故「小貞吉，大貞凶。」

今人執帛《易》以校今《易》之字者不乏其人，亦時有創見。然則帛《易》不比今《易》更原始，且爲抄寫多誤的殉葬品，故當慎之又慎矣！其經文價值亦可知矣。至若《傳》文，因未見全面報導，故難以詳論，僅作一二補充焉：

帛書〈繫辭〉下篇包括通行本〈說卦〉的前三節，而無〈說卦〉後面的卦象敘述。且卷後佚書《二三子問》大部分篇幅是

孔子和他的門徒討論卦、爻辭含義的問答記錄。根據于豪亮先生「佚書所記的歷史事件是有不少錯誤的」，[41] 這就爲我們前面的論點：「帛《易》是爲殉葬墓主人而抄寫的殉葬品，抄寫過程中及抄後又欠缺校對，因之以其校正今《易》文字是非必須愼重從事，多方考證。」「帛《易》占取捨棄卦象，而主要是論其卦爻辭」，從另一角度增一佐證。

---

41　參考于豪亮《帛書〈周易〉》。

# 第二章 《周易》象數學

## § 《周易》象數學

《周易》有迷宮之稱，所以言者，蓋因其內容龐雜，至今許多問題沒有弄清。

〈繫辭〉：「《易》有聖人之道四焉：以言者尚其辭，以動者尚其變，以制器者尚其象，以卜筮者尚其占。」若把《易》之內容所涉及範圍進行歸類，可分爲三方面：一、象數學——「尚象」；二、政治哲學思想——「尚辭」、「尚變」；三、卜筮學——「尚占」。

象數學爲構《易》之基礎，亦爲解《易》之鑰。

## 一、《易》之象

〈繫辭下〉：「古者包犧氏之王天下也，仰則觀象於天，俯則觀法於地，觀鳥獸之文與地之宜，近取諸身，遠取諸物，於是始作八卦。」此語道出了畫卦者的以物取象。八卦源於記錄天地之物象。八卦既立，則重卦六十四不難，再後纂綴卦、爻辭而《易經》成矣，最後是解《易經》之《易傳》繼出。而八卦基於陰 __、陽 —— 兩種符號。〈說卦〉：「觀變於陰陽而立卦，發揮於剛柔而生爻。」是也。今人則多認爲寓事物對

立統一觀於其內，〈繫辭上〉稱之爲：「一陰一陽之謂道。」

　　既然是以物取象而畫成了八卦，反之，八卦即可成爲代表事物的符號。此即〈繫辭下〉所謂「八卦成列，象在其中矣」。始則八卦分別代表著天地間古人認爲八種最基本的事物——乾☰、坤☷、震☳、巽☴、坎☵、離☲、艮☶、兌☱。也可以說這是八卦符號最基本的含意。迨及《周易》成書年代，八卦符號所分別可代表的物象及意義已洋洋可觀了。這是古人察視宇宙萬物，根據其形狀、性質、功能等特徵，經過抽象、類推與八卦比附而成的。如乾爲天，後來廣衍到爲父、爲首、爲健……坤爲地，後來廣衍到爲母、爲腹、爲順……如〈說卦〉所言。漢後象數學家對《周易》象數進行發掘工作，又增「逸象」之說。

　　八卦之象，《易》之卦、爻綴辭有用焉。例如，〈說卦〉：「坎爲盜。」（寇象）。《易》之卦、爻辭言「寇」，均有坎象；需☵九三「需于泥，致寇至」，解☳六三「負且乘，致寇至」，屯☶六二、賁☲六四（二、三、四爻組成坎，這是互卦，亦稱互體，見後「取象法」），睽☲上九，皆言「匪寇，婚媾」，蒙☶上九「不利爲寇，利禦寇」，漸☶九三「利禦寇」。於此可見一斑。

　　《易》之各卦命名，多也滲透著物象觀，以鼎卦爲例：☲鼎。鼎爲烹飪之器。卦畫下偶象足，中三奇象腹，腹上有偶象耳，耳上有奇象鉉。又乾爲金，爲鼎質，離中虛，爲鼎腹，巽下斷，爲鼎足。卦巽木離火，以木取火，爲烹飪之象。故〈彖〉曰：「鼎，象也，以木巽火，烹飪也。」

　　《易》中各卦、爻綴辭所取之卦象，有一定的法則可尋，僅述其要者如次：

　　（一）父母卦象：八卦中六子（震、巽、坎、離、艮、兌）以乾坤爲父母，〈說卦〉：「乾，天也，故稱乎父。坤，地也，故稱乎母。」六十四卦中諸卦以八卦爲父母。子肖其父母，故象有相同者。如乾爲龍，震亦爲龍。乾卦爻辭共七條，五條皆以龍爲喻，其九四爻辭「或躍在淵，无咎」，亦指龍而言。〈說卦〉：「震爲龍。」蓋以此。

　　（二）本卦本象：六十四卦乃八卦所重，故其取象多本於八卦，是八卦之象乃六十四卦卦爻辭取象所本。例如屯卦䷂，坎、震是其本卦。屯卦辭及初九爻辭：「利建侯」之「侯」象，乃取其本卦震之本象；六二爻辭「匪寇婚媾」之「寇」象，乃取其本卦坎之本象。此亦爲子肖其父母之類。

　　（三）互卦之象：互卦之象，於《易》之卦爻辭中多有，春秋時占人即識此。《左傳·莊公二十二年》：「周史有以《周易》見陳侯者，陳侯使筮之，遇觀䷓之否䷋，曰：是謂『觀國之光，利用賓于王』，……坤，土也；巽，風也；乾，天也；風爲天，於土上，山也。」山，指否之二至四互艮。蓋《易》之每卦有六爻，從下往上數，分別稱爲初爻、二爻、三爻、四爻、五爻、上爻。則初至三、四至上爲本卦。二至四、三至五爲互卦（又稱互體）；或取初至四、三至上、初至五、二至上合數爻而言以成互。如訟䷅九四「復即命」之「命」，取象巽（三至五），因巽爲命。巽卦討論的是設施政令的問題，故其〈彖〉曰：「重巽以申命。」〈象〉曰：「隨風巽，君子

以申命行事。」否 ䷋ 九四「有命无咎，疇離祉」之「命」，取象亦爲三至五之互卦巽。如損 ䷨ 六五爻辭「或益之十朋之龜」，其「龜」蓋取象二至上大離。〈說卦〉：「離爲龜。」又或綜六爻以求象。如頤卦 ䷚，以象而言，上下兩奇象輔車，中四偶象齒，故取名頤。其義則下動（下震，動也）上止（上艮，止也）爲頤。初九「舍爾靈龜」之「龜」，蓋取象於大離。如大過 ䷛ 卦辭之「棟橈」，因巽爲長，爲木，「棟」象；兌爲毀折，「橈」象。故綜以「棟橈」之象。如小過 ䷽ 卦辭「飛鳥遺之音」之「飛鳥」，取象蓋因卦中二陽如鳥之身，上下四陰如鳥翼而然。此皆互體之一種。

　　（四）爻變之象：〈繫辭上〉：「剛柔相推而生變化……變化者，進退之象也。」〈繫辭下〉：「剛柔相推，變在其中矣。」寓意焉。此即陽爻變陰，陰爻變陽，爻變則卦變。六十四卦，惟遇震、巽之終方有變。如小畜 ䷈ 上九爻辭「既雨既處」之「雨」，「月幾望」之「月」，蓋因巽終有變，則上九變爲上六而成坎，坎爲水，爲月，故取象如此。

　　然亦有因卦之時義而取象於變者，如睽 ䷥。以下探討該卦二條爻辭之取象，以見梗概。

　　初九：悔亡，喪馬勿逐，自復。見惡人，无咎。

　　【解】初九敵應九四（敵應、正應，見後「《易》之數」），四爲互坎之中。〈說卦〉「坎爲美脊之馬」，「爲盜」。「喪馬」、「惡人」取象焉。睽時上下相違，初、四敵應，九二間之，故「悔」、「喪馬」、「見惡人」之象生。然則睽不終睽，睽極則通，通則是二剛變柔，二變，則兌 ☱ 成震 ☳。〈說卦〉

「震爲善鳴之馬」，有馬「自復」之象。通則「悔亡」、「无咎」。

九二：遇主于巷，无咎。

【解】「遇主」謂遇五，取象於五君位（見「取象法」九）。二與五爲正應，九四間之，雖居睽時，然而睽極則通，通則九四陽變陰，成大離，爲「巷」（「巷」之取象於大離，中坤爲地，外兩陽爲牆），而二、五得遇焉，故曰「遇主于巷」。遇而得助，故「无咎」。〈序卦〉：「睽者，乖也。」乖則違而不通，當凶。然則睽卦六爻爻辭無始終凶者，蓋取象於睽極則通（變爻之用），通則不乖矣。

（五）爻之升降：升降亦稱往來，〈象〉言之多矣。如賁〈象〉「柔來而文剛」，「分剛上而文柔」，蓋言升降也。《易》中凡三陰三陽之卦，多取象於升降。其內卦一爻升至外卦，外卦一爻降至內卦，乃正軌也。其他以升降取象者，亦不乏其例（見本文後之注）。以下即既濟 ䷾ 六二爻辭說明之。

六二：婦喪其茀，勿逐，七日得。

【解】〈說卦〉：「離爲中女。」「婦」象。「茀」，《子夏傳》作「髴」，爲婦人頭上首飾。既濟可以認爲是坤上乾下之卦二與五升降而來，五降二變離，成婦象，乾爲首，二升五似首去一物，故曰「婦喪其茀」。然五爲二正應，有喪而復得之象。故曰：「勿逐，七日得。」（「七日」之說，見《易》之數）

（六）旁通之象：〈文言〉：「六爻發揮，旁通情也。」旁通之名，蓋出乎此。若比 ䷇ 與大有 ䷍；師 ䷆ 與同人 ䷌ 等是。

凡一陰一陽之卦，常取象於旁通。如師上六：「大君有命」句，蓋因師旁通同人，同人上乾，乾爲大君；互巽，巽爲命，故曰「大君有命」。又如，同人九五：「大師克相遇」，稱「大師」，蓋因旁通師卦。

（七）倒卦之象：〈雜卦〉所謂「否泰，反其類」。《易》中如損、益；否、泰等卦，多取象於是。如泰初九：「拔茅茹，以其彙，征吉。」否初六：「拔茅茹，以其彙，貞吉，亨。」而巽爲茅（大過初六：「藉用白茅，无咎。」其「茅」取象蓋因下巽，漢後「遺象」有「巽爲茅」）。否互巽，故稱「茅」，泰則因倒互巽而稱「茅」。《易》之取象於倒卦者，其爻辭多有同者。故損六五：「或益之十朋之龜，弗克違，元吉。」而益六二：「或益之十朋之龜，弗克違，永貞吉。」夬九四：「臀无膚，其行次且，牽羊悔亡。」而姤九三則曰：「臀无膚，其行次且，厲，无大咎。」

（八）兩卦相易：又稱「上下象易」。〈繫辭下〉：「上下無常，剛柔相易。」名出乎此歟？謂以上卦作下卦，下卦作上卦也。《易》之取象於是者，如履九五：「夬履，貞厲。」所以言「夬」者，蓋因履卦上下兩卦相易成夬卦；遯九三：「係遯，有疾，厲。畜臣妾，吉。」所以言「畜」，蓋因遯上下兩卦相易成大畜卦。

（九）爻位之象：〈繫辭下〉：「《易》之爲書也，廣大悉備，有天道焉，有人道焉，有地道焉，兼三才而兩之，故六，六者，非它也，三才之道也。」「卑高以陳，貴賤位矣。」是其本也。蓋謂初、二地爻；三、四人爻；五、上天爻。以人事言，則初民、二大夫、三三公（諸侯）、四諸侯（或三公）、

五天子、上宗廟。又如初稱足，上稱首之類。此乃一般。特殊者如損以上九爲君位。關於爻位，古人論之頗多，且有些明顯於爻辭中，此不贅言。

（十）卦名卦義：〈繫辭下〉：「其稱名也，雜而不越。」「開而當名辨物。」「其稱名也小，其取類也大。」蓋言卦名之象也。《易》之卦，有是名則有是象，有是義則有是象，諸卦取象多此類，不拘於八卦之本象。如履卦辭「履虎尾」，初九「素履，往，无咎，」九二「履道坦坦」，六三「跛能履，履虎尾」，九四「履虎尾」，九五「夬履，貞厲」，上九「視履考祥」等「履」是。

（十一）方位之象：〈說卦〉有詳論：「萬物出乎震，震，東方也……艮，東北之卦也，萬物之所成終而成始也。」蓋言震東，巽東南，離南，坤西南，兌正西，乾西北，坎北，艮東北，即八卦分別配以八個方位也。

（十二）消息之象：剝〈象〉：「君子尚消息盈虛，天行也。」是名之所出。然則古人以十二辟卦（所謂陰陽消息卦）主十二月，除以卦畫想象外，蓋有感於臨卦辭「元亨利貞，至于八月有凶」，并據此而論，或推八月以周正，則遯卦當之；或推以殷正，則否卦當之；或推以夏正，則觀卦當之。然十二辟卦主月之說，考之於《易》無明顯之文。且「八月有凶」，臨之〈象〉論之僅曰：「消不久也。」蓋復爲一陽來復（復，返也），臨爲二陽大適。《廣雅・釋詁》：「臨，大也。」《禮記・曲禮下》：「臨諸侯，畛於鬼神。」疏：「以尊適卑曰臨。」此卦四陰爻二陽爻，上坤陰卦也，下兌亦陰卦也。作者喜陽之

息而懼陰之盛，故有「八月有凶」深戒之辭焉。八爲坤數（見下「《易》之數」）明指八月，計月可待，以喻時不久也。無非以卦當之不可之理。若泰、否、臨、剝、復、遯、夬、姤等卦，其卦、爻辭含陰陽消息之義則不可泯也。如夬 ䷪ 九五「莧陸夬夬」，即謂陽之決陰，若「莧陸」之易夬。〈說卦〉：「乾爲健。」「兌爲附決。」夬卦下乾上兌，因此夬有陽剛決陰柔之一義。故〈彖〉曰：「夬，決也，剛決柔也。」「莧陸」，一說爲商陸，一說爲馬齒莧。或曰，「莧」爲馬齒莧；「陸」爲商陸。不論物之何屬，其意則同，因兩物均性寒屬陰而易折，以喻上六。「夬夬」，決而堅也，非剛健不足以成事，故重言之以示堅。於此消息之象，可見作者之抑陰扶陽。至於乾坤卦，總論陰陽變化之理，爲《易》之門。大壯卦僅卦名有陽剛之意，經文則無消息之義。觀卦則全無消息之文矣！何嘗配以時月？漢儒進而生卦氣、爻辰說，變其本而加屬矣。

（十三）主爻卦象：《易》中卦象卦義主因於一爻者，則該爻爲主爻卦象。若比 ䷇ 卦辭曰：「比吉，原筮，元永貞，无咎，不寧方來，後夫凶。」彖曰：「比，輔也，下順從也。原筮，元永貞，无咎，以剛中也。不寧方來，上下應也。」蓋指一陽（九五）當位，其下順從，衆之所比也。是九五爻即爲比之主爻。

（十四）卦氣說：以六十四卦配四時、十二月、二十四節氣、七十二候。

納甲說：以八宮卦之序，每卦六爻，分別配以干支。

爻辰說：以《易》六十四卦之序，每相偶兩卦之爻共

十二，配以十二辰，代表一年十二月。

飛伏說：乾伏坤、震伏巽、坎伏離、艮伏兌，八卦互爲飛伏。

專爻說：初、四震巽爻；二、五乾坤坎離爻；三、上艮兌爻。

以上諸說乃漢儒所作，考之於《易》經文，多附會，故不論。

總觀《易》之取象，凡此種種，或一之，或合二，或綜三，變以通之，則盡之。以下析剝 ䷖ 之取象以證：

「剝」，消也，落也。剝卦爲陽消陰息之卦。是卦上艮爲果蓏，下坤爲地，果蓏在地上，剝落之象。爲卦五陰一陽，乃陽氣剝落之時。故〈彖〉曰：「剝，剝也，柔變剛也。」以爻辭取象論之：初六「剝牀以足」，六二「剝牀以辨」，六三「剝之」，六四「剝牀以膚」。蓋剝卦爲陰剝陽，乾爲坤剝，剝初，初至三巽；剝二，二至四巽；剝三，三至五巽；剝四，四至上巽。而巽爲牀。（巽 ䷸ 九二與上九皆曰：「巽在牀下。」是巽爲牀。因下一陰象牀足，上二陽類牀身）故四爻辭皆取有牀象，六三「剝之」，雖不言牀，「之」即指牀言。初爲足，故稱「剝牀以足」，二「辨」，爲牀足與身之分辨處，三則至牀身「之」矣，四則至薦席「膚」矣。六五曰：「貫魚以宮人寵」，蓋始陰未剝陽則爲巽，巽爲繩，爲魚，「貫魚」之象，剝之成艮，艮爲宮闕，故後有「宮人」之象。上九「碩果不食，君子得輿，小人剝廬」，蓋艮爲果蓏，上陽爻，陽爲碩，故有「碩果」之象。坤爲輿，「君子」指陽言，「小人」指陰言，陽處上據坤，如「得輿」然，故曰「君子得輿」。廬所以覆物，

上一陽覆下，如「廬」。陰在下剝，如「剝廬」然，故曰「小人剝廬」。

觀此而曰《易》之無象，其誰之信歟？

## 二、《易》之數

《易》中不僅有象，而且有數。《易》之數大體呈以四種形式：筮數、位數、時數、物（事）數。

《易》之筮數始以天地之數，即〈繫辭上〉所謂「天一、地二、天三、地四、天五、地六、天七、地八、天九、地十」，此乃分天地之數爲奇偶、陰陽也。而揲蓍之數卻是天地之數演化而來的大衍之數所用的四十有九，經過四營而成易（易，變也），三變而成一爻，十有八變而成卦。求得老陰之數六（ ▬▬ ）變（ ▬ ）；老陽之數九（ ▬ ）變（ ▬▬ ）；少陰之數八（ ▬▬ ）；少陽之數七（ ▬ ），以表變陰、變陽、陰、陽之爻的四種筮數。並以十八變成六爻的先後次序定卦的爻位數。此即《周易》卦爻之筮數與位數的由來，或稱爲爻題。〈繫辭上〉所謂「以卜筮者尚其占」的活動，就是古人借大衍之數的推演，以完成人類實踐活動與六十四卦所固有的形式，內容之間信息的互相溝通，並進而通過象數理以推斷吉凶的過程。

《易》之位數，在六十四卦中主要表明卦中某爻所在的位置。每卦分爲六爻，從下往上，分別稱作初、二、三、四、五、上。配以筮數，則陽爻分別稱爲初九、九二、九三、九四、九五、上九；陰爻分別稱爲初六、六二、六三、六四、六五、上六。因此六十四卦又可用數字表示之。

筮數分柔剛，並進而可代表具有剛柔之性的物象。〈繫

辭下〉所謂「爻有等，故曰物，物相雜，故曰文」。位數分陰陽。
筮數、位數相合，則如〈說卦〉所言：「分陰分陽，迭用柔剛，
故《易》六位而成章。」〈繫辭下〉：「六爻相雜，唯其時物
也。」此即是說，筮數、位數的結合，呈現了《易》之所要反
映的事物的某些物象及其所占有的空間形式或活動範圍，爻之
比、應、乘、承、據、中及爻位的當否是也。

　　古之學者以「比、應、乘、承、據、中」論《易》，發
軔於《易傳》。〈繫辭下〉：「遠近相取而悔吝生。」其「遠
近相取」，蓋言「比」也。言「乘、承」，則「比」可概之。
「乘」，爲以上乘下，《易傳》言「乘」，則多以柔乘剛。如
夬〈象〉曰：「『揚于王庭』，柔乘五剛也。」「承」，爲以
下承上。《易傳》言「承」，不必爲相近之爻，或指主爻或指
應爻。如師九二〈象〉曰：「在師中，吉，承天寵也。」解《易》
者多指六五應爻言，細玩爻辭，此卦天位蓋指上六（主爻）。
而五、六皆天位也。上六所謂「大君有命，開國承家」，即「天
寵」也。「據」謂以上據下。困六三：「困于石，據于蒺藜。」
〈象〉曰：「『據于蒺藜』，乘剛也。」謂三據於二。後世解
《易》者稱「據」，多指以上陽據下陰。「中」或稱爲「處中」、
「居中」、「得中」等。一般指六畫卦之第二爻處內卦之中，
第五爻處外卦之中。至若三四爻有時也稱「中」。〈繫辭下〉：
「若夫雜物撰德，辨是與非，則非中爻不備。」是指二、三、
四、五爻言。

　　《易》卦之六爻，可視爲兩兩對應的形式：初應四、二
應五、三應上。於是正應、敵應名焉。正應者，兩應爻各爲陰
陽，此則爲陰陽以相濟，相反相成，故出現正應時，爻辭多吉；

敵應者,陰與陰應或陽與陽應,此則無陰陽相濟之用,故出現敵應時,爻辭多凶(此僅就爻辭吉凶一般情況而論,當然還有其他條件)。〈彖〉之言「應」,多指二、五或卦之主爻。如小畜〈彖〉「柔得位而上下應之曰小畜」中之「柔得位」,蓋指六四。「上下應」,或指初、四,或指上下之五剛應四柔。「小畜」有「所畜者小」和「小所畜」二義。以卦義言,一陰止眾陽,是陽爲小(陰)所畜;又一陰難止五陽,故所畜者小。以此,卦之主爻爲四。〈彖〉之言「相與」,乃陰陽相和之義,即指「正應」言。故咸〈彖〉曰:「二氣感應以相與。」艮〈彖〉曰:「上下敵應不相與也。」

　　《易》卦之六爻,以奇偶配陰陽,奇陽偶陰。初、三、五位數奇,以九爲「當位」;二、四位數偶,以六爲「當位」。如否 ䷋ 九五〈象〉曰:「大人之吉,位正當也」是。而履 ䷉ 六三〈象〉曰「咥人之凶,位不當也」。上則其說兩歧:以六爻順序言之,上以六爲「當位」。如既濟 ䷾〈象〉「剛柔正而位當」,未濟 ䷿〈象〉「雖不當位」是;以六爻之終始言之,始爲一端爲奇,終爲另一端亦爲奇。上乃爻終,故不稱六而稱上。如坎 ䷜ 上六〈象〉言「失道」,需 ䷄ 上六〈象〉言「不當位」,皆以六。且六十四卦上六多凶,上九多吉,是多以九爲上之「當位」。乾「純陽」,坤「純陰」,總述《易》理,故以盛衰消息論,而不言位之當否。此爲《易傳》據位數對《易》某些爻辭吉凶的認識。似此位數的當否,喻襯著物象所處位置的當與否,因此與物象之吉凶涉有一定關係。總之,《易》之所言「比、應、乘、承、據、中、當位」等,實爲探討卦爻所示物象占有的空間形式及相互關係的術語。

　　《易》之時數有明暗之分。暗者有二：一爲卦所暗示的時代性，《易》六十四卦每卦大多示人以特指之事，亦示人以特指之時。〈象〉稱之爲「時」、「時義」。六十四卦基本寫出了一段人類社會進演史，尤其《周易》上經屯卦至離卦是這樣，下經則作以補充。每卦往往表示這一歷史過程的不同進演階段，而各階段前後時間延續性構成了《易》卦之整體感，於《易》中通過六十四卦排列次序得以暗示。而〈序卦〉基本上揭示了這一時間的延續性。二爲卦爻所暗示的時間性，《易》之卦自下而上的六爻，往往也暗示著時間先後性。〈繫辭下〉所謂：「六爻相雜，唯其時物也。」如乾卦之初九，表示事物發展之初期，上九，則表示事物發展之末期。〈繫辭下〉所謂：「其初難知，其上易知，本末也。」

　　時數之明者，爲直接明言於《易》中卦、爻辭的時日語：如，震六二「七日得」，同人九三「三歲不興」等是。而《易》之位數與時數，乃客觀世界事物反映到《易》中來的存在形式，綜位數與時數，構成《易》之時空觀。

　　《易》之物（事）數如：震六二「躋于九陵」，訟上九「三褫之」等是，它更是與具體物象相配合。在《易》中，象與數是共存的，又是相融的。純數字在《易》中也作了八卦的歸附。如〈繫辭上〉「天一、地二、天三、地四……」即乾數爲奇，坤數爲偶之謂。而當對《易》中卦、爻辭所涉及的純數字三、七進行仔細分析時會發現，言「三」具有坎象或離象，而言「七」具有震象或巽象。此乃纂《易》者之匠心獨到。唐崔憬、近人尚秉和皆論及於此，但考之於《易》，非原編纂者之意，故詳論如次：

　　《易》中卦、爻之辭言「一」者四，「二」者一，「三」者二十，「七」者四，「八」者一，「九」者一，「十」者五。而不言四、五、六。推本而論，自一至十皆乾坤之數。大抵十爲陰之多數，二爲陰之少數，九爲陽之多數，一爲陽之少數，三爲一卦小成之數，七爲一卦由終反始之數。故損之「二簋可用亨」，臨之「至于八月有凶」，屯六二之「十年乃字」，復上六之「十年不克征」，損六五、益六二之「十朋之龜」，皆爲坤數，即皆陰數。意取其多則言「十」，少則言「二」。睽上九之「載鬼一車」，萃初六之「一握爲笑」，旅六五之「射雉一矢亡」，震六二之「躋于九陵」，皆爲乾數，即陽數也。意取陽盛則言「九」，陽微則言「一」，非必有乾象。震六二之「七日得」，復之「七日來復」，復下震，則「七」似爲震數。巽九五之「先庚三日，後庚三日」，先三、後三合庚而爲七。蠱之「先甲三日，後甲三日」，蠱下巽。先三、後三合甲而爲七。巽雖不明言七而隱寓七數於其中。蓋卦有六爻，七爲由終反始之數。震，陽之始；巽，陰之始。震之言七明，巽之言七暗。震、巽雖陰陽不同，而由終反始之義推之是均爲七數。然則既濟六二言「勿逐，七日得」者何？蓋既濟乃以爻之升降取象之三陰三陽之卦。謂得則五降二，還爲 ䷂，三至五互震，「七」乃震之數也（參看「爻之升降」取象）。坎上六稱「三歲不得」。訟、師、解、困、未濟皆下坎；比、既濟上坎；晉、明夷、漸互坎；革、豐、巽互大坎。此數卦均言「三」。以此「三」似爲坎數。若同人九三，有離無坎，稱「三歲不與」。且以上數卦除師、比外，無不有離在內。而一陰一陽之卦多取象於旁通，故師、比有離，同人有坎，以此似坎離同數。蓋三

爲一卦小成之數，亦重卦之中數，坎爲陽之中，離爲陰之中，故言「三」之卦具坎、離之象。由此而推，六爲卦之終，或亦艮、兌之數歟？特《易》未有明言。乾〈象〉「六位時成，時乘六龍」，〈文言〉「六爻發揮」，〈繫辭下〉「周流六虛」，均指卦之六爻言，不在取象之列。至於需上六之「三人來」，則指乾三爻在下。損六三之「三人行則損一人，一人行則得其友」，則言乾坤往來，與以上諸卦殊例。

以下分析損䷨六三「三人行則損一人，一人行則得其友」，以爻之升降取象者，以見《易》中象與數之相融。

損之義，爲損下以益上，故〈象〉曰：「損，損下益上，其道上行。」本卦以卦畫而論，是損乾三以益坤上。本爻乃卦之所以名損者（主爻）。「三人行則損一人」，謂三升上，乾爲人，乾三爻爲三人，震爲行，損三以益上，故「損一人」。「一人行則得其友」，謂乾坤交，坤上降三，復成互坤，坤爲朋，友也，故曰「得其友」。（見本文後之注）

至此而復曰，象數爲構《易》之基礎，亦爲解《易》之鑰，其誰云非？

## 三、結論

《左傳·僖公十年》載韓簡之語：「物生而後有象，象而後有滋，滋而後有數。」可用以解釋《易》中象數之關係。

《易》中象數的實在是毋庸置疑，它絕非後世研究《易》者之臆造。〈彖〉、〈象〉、〈說卦〉、〈繫辭〉等已開象數研究之先河。紀昀在《四庫全書總目提要》論宋蔡淵所撰《易

象意言》一文中寫道：「夫《易》即象數以寓理。京、焦諸家流爲術數占侯之學，因失聖人之本旨。自王弼之《易》既行，儒者遂置象數於不講，而所謂理者亦漸流爲空談矣！」數語道出《易》中象數理之關係。

　　所謂《易》理，簡言之，即《易》所揭示的事物變易的道理，繁言之，爲《易》中所具有的全部政治思想與哲學觀點。《易》就是這樣一部以物取象而成卦，復以卦比象而喻物，參以象數（當然根據其政治內容需要）而綴辭，以辭寓理的哲學著作。如此一則使《易》中卦、爻之辭「言之有物」，具有了較其他書大不相同的奇特的遣詞造句（其語句不能否認受到甲骨卜辭的一定影響）；另外，卻又給人以語言隱晦之感。況且，此書又是以卜筮形式出現，曾作過卜筮之用，因此更增其神秘主義色彩。所以剖析《周易》必須識其象數而求其隱義——理。從而得以辨認「廬山真面」。同時亦應指出，研究《易》之象數學乃爲研究其理之所需要。

　　故不當偏重象數而輕忽《易》理，仿效漢儒，曲折纖微，字字必象，流入絕對象數論。

　　注：學者論《易》之「朋」象，或曰「兌爲朋」（虞氏「逸象」），或曰「陰得陽爲朋」，（見尚秉和著《周易尚氏學》中華書局 1980 年版），皆非其解。蓋「朋」之象爲坤。坤☷卦辭「西南得朋，東北喪朋」之「朋」，取象爲兌乎？爲陰得陽乎？坤爲西南之卦，「西南得朋」之「朋」非坤而何？《易》中之「朋」有兩義：一、十貝爲朋，則朋乃貝象也。如損☶六五與益☲六二均曰「十朋之龜」是，其取象爲互大離。因離爲蠃，爲蚌，「貝」象。若震☳六二「億喪貝」之

「貝」，即取象大離。二、朋友之朋，則取象坤，蓋推義於「坤為眾」。《易》中取是義之「朋」，除坤卦辭外，尚有六處。若泰 ䷊ 九二「不遐遺，朋亡」，豫 ䷏ 九四「勿疑朋」，復 ䷗ 卦辭「朋來无咎」，其坤象顯然（損 ䷨ 六三之「友」坤象亦明）。咸 ䷞ 九四「朋從爾思」，乃取象於爻之升降，咸為相正應的三陰三陽之卦，其卦之來，蓋以乾坤爻之升降也。《易》中似此之卦、爻辭，多有取乾象或坤象者。而最值得深究者，蹇 ䷦ 九五「大蹇朋來」，解 ䷧ 九四「朋至斯孚」，此乃「取象法」（五）所言「其他以升降取象者」，蹇卦辭「利西南」，解卦辭「利西南」，（其他六十一卦辭無「西南」之語）深有意焉。蹇〈象〉曰：「『蹇，利西南』，往得中也。」即謂陽升坤之中（五）成坎，九五「大蹇，朋來」。解〈象〉曰：「『解，利西南』，往得眾也。」即謂陽升坤之四成震，九四「朋至斯孚」。是蹇、解本為坤上之卦升降成此，纂《易》者於蹇、解卦言坤象「朋」，蓋蹇難需眾朋之力始解也。所謂「朋來」，乃蹇六二復升五成坤也，「朋至」乃解初六復升四成坤也。解《易》需融會貫通，若憑臆測，斷章取義，往往則謬。

　　此注文義，詳見後文《論〈易〉之「朋」象》。

## § 漢《易》象數學

　　《漢書・儒林傳》曰：「自魯商瞿子木受《易》孔子，以授魯橋庇子庸……子乘授齊田何子裝。及秦禁學，《易》為筮卜之書，獨不禁，故傳受者不絕也……要言《易》者本之田何。」《漢書・藝文志》曰：「漢興，田何傳之，訖於宣元，

有施、孟、梁丘、京氏列於學官。」其「孟」指孟喜，京氏則為京房（君明）。又《儒林傳》：「孟喜字長卿，東海蘭陵人也，父號孟卿……乃使喜從田王孫受《易》（田何授丁寬，寬授田王孫）喜好自稱譽，得《易》家候陰陽災變書，詐言師田生且死時枕喜郗，獨傳喜。」「京房受《易》梁人焦延壽，延壽云嘗從孟喜問《易》，會喜死，房以為延壽《易》即孟氏學。」「至成帝時，劉向校書，考《易》說，以為諸《易》家說皆祖田何、楊叔元、丁將軍，大誼略同，唯京氏為異，黨焦延壽，獨得隱士之說，託之孟氏，不相與同。」據此，後世學者認為西漢官方易學傳之於田何，迨及孟喜、京房遂改師法，易學為之大變，以陰陽五行解《易》，推氣候之變，斷人事之吉凶。宋人目之為象數之學。又《漢書・儒林傳》曰：「費直，字長翁，東萊人也。治《易》為郎，至單父令。長於卦筮，亡章句，徒以彖、象、繫辭十篇文言解說上下經。」《漢書・藝文志》：「民間有費、高二家之說，劉向以中古文《易經》校施，孟、梁丘經，或脫去『无咎』『悔亡』，唯費氏經與古文同。」《後漢書・儒林傳》曰：「建武中，范升傳孟氏《易》，以授楊政。而陳元、鄭眾皆傳費氏《易》，其後馬融亦為其傳。融授鄭玄，玄作《易注》，荀爽又作《易傳》，自是費氏興，而京氏遂衰。」據此，後世學者認為漢《易》有今文古文之分，西漢今文興，為官方易學，古文為民間易學。東漢則因鄭眾、馬融、鄭玄、荀爽等傳古文《易》，於是，古文《易》興而今文《易》衰矣。

　　夫《易》本於象數，棄象數則無以論《易》，古今文皆然。然其論之有異同則不可泯也。故述漢《易》象數之是非如次：

## 一、西漢《易》

西漢象數之《易》學據《漢書‧藝文志》所載有《易》十三家二百九十四篇。後世無完整之作矣。其卓然獨立，散見於各書可考而論之者當屬孟喜、京房氏。

孟喜當是漢《易》卦氣說之倡導者，其說喪失迨盡。據《新唐書》卷二十七上〈曆志〉載：「開元九年詔僧一行作新曆，推大衍數之術以應之。十五年草成而一行卒。詔特進張說與曆官陳玄景等次爲〈曆術〉七篇、〈略例〉一篇、〈曆議〉十篇。」其六〈卦議〉一篇言及孟氏卦氣說。[1] 今綜後人所述，簡論孟喜卦氣說於次：

### （一）孟氏卦氣說

1. 四正卦爻主四季、二十四節氣

即以坎、震、離、兌爲四正卦，分主一年四季冬春夏秋。又以四正卦之每一爻主二十四節氣之一。是坎初六主冬至、九二小寒、六三大寒、六四立春、九五雨水、上六驚蟄。餘三卦類推。〈卦議〉所謂：「坎、震、離、兌二十四氣，次主一爻。」「坎以陰包陽，故自北正。」「春分出於震」，「離以陽包陰，故自南正。」「仲秋陰形於兌」是也。其四正卦主四季說出於〈說卦〉八卦方位：「萬物出乎震，震東方也。」「離也者，明也，萬物皆相見，南方之卦也。」「兌正秋也。」「坎者水也，正北方之卦也。」實屬方位卦象，非其杜撰。

---

1　朱伯崑《易學哲學史》上冊，北京大學出版社 1986 年版，第 110-120 頁，所論較詳，可資參考。

2. 以十二辟卦主十二月，七十二候

蓋以《易》中陰陽次第消長之十二卦以主十二月，即十一月復，十二月臨，正月泰，二月大壯，三月夬，四月乾，五月姤，六月遯，七月否，八月觀，九月剝，十月坤。此十二卦共七十二爻，恰與七十二候相配（每年二十四節氣，每節氣分三候，共七十二候），此即〈卦議〉所謂：「候以天五」「十有二變而歲復初」是也。關於十二辟卦於前《周易象數學》一文已述。其十二辟卦主七十二候，則是在十二辟卦主月基礎上結合《呂氏春秋·十二紀》、《淮南子·天文訓》等有關漢代律曆，數同相比，以卦爻解一年之節氣，創漢《易》象數學卦氣說。至唐，《大衍曆經》更有除四正卦外之六十卦配二十四氣，七十二候說。[2]

3. 以六十卦配一年之日數

六十四卦除四正卦外，餘六十卦，以之配漢《太初曆》一年三百六十五有四分之一日，則每月五卦，每卦主六有八十分之七日，即每卦主六日七分。此〈卦議〉所謂：「自冬至初，中孚用事」是也。僧一行評之曰：「其說《易》本於氣。」是融漢之曆法於《易》，並進而以卦氣解《易》及談陰陽災變。其最值得重視者是其卦氣說以《易》數展開。即，一月之日數與筮數合：「一月之策，九六七八，是爲三十。」一年十二月，七十二候，每候五日，合天數之中數五：「候以天五。」十二月卦中每卦六候：「卦以地六。」四正卦主四時與筮數合：「陽七之靜始於坎，陽九之動始於震，陰八之靜始於離，陰六之動

---

2　見《舊唐書三十四，志第十四》。

始於兌。」（以上所引均見〈卦議〉）開後世術數學先河。

　　《舊唐書・經籍志》載：「《周易》孟喜章句十卷，京房章句十卷。」是唐時孟喜之章句尚存，故僧一行所言當屬實。又《漢書・藝文志》載有《孟氏京房十一篇》、《災異孟氏京房六十六篇》，可見孟京之學淵源相承。後世輯有京房《易傳》得窺京氏學說大略：

## （二）京房《易傳》

### 1. 陰陽二氣論

　　京房《易傳》發展了《易傳》之陰陽學說，論之以陰陽二氣曰：「積算隨卦起宮，乾坤震巽坎離艮兌八卦相蕩，二氣陽入陰，陰入陽，二氣交互不停，故曰生生之謂易，天地之內無不通也。」並於震卦曰：「陰陽交互，陽爲陰，陰爲陽，陰陽二氣盪而爲象。」其以陰陽之交蕩升降、爭合、消長等解《周易》卦爻辭。其於井卦曰：「吉凶之兆定於陰陽，陰生陽消，陽生陰滅，二氣交互，萬物生焉。」又其解大畜〈象〉：「利涉大川，應乎天也」曰：「謂二變五體坎，故利涉大川，五天位，故曰『應乎天』。」是言二、五陰陽爻之升降也。（見《周易集解》）合於〈繫辭上〉「一陰一陽之謂道」，對後世產生影響頗大。然則京氏《易》之最大特點乃融干支五行學說於《易》，卓然別於《周易》矣。

### 2. 卦氣論

　　京房《易傳》盛贊卦氣學說曰：「分六十四卦，配三百八十四爻，成萬一千五百二十策，定氣候二十四，考五行於運命，人事天道日月星辰局於指掌。」考其卦氣論有與孟喜

同者，如以四正卦主二至二分。《易傳》曰：「龍德十一月在子，在坎卦左行；虎刑五月午，在離卦右行」是坎主冬至，離主夏至也。其與孟喜卦氣異者有：

（1）以六十四卦配一年之日數

《新唐書·曆志》之〈卦議〉曰：「京氏又以卦爻配期之日，坎離震兌，其用事自分至之首，皆得八十分日之七十三。頤、晉、升、大畜皆五日十四分。餘皆六日七分。止於占災眚與吉凶善敗之事。」《緯占》所繪卦氣直日圖存京氏之法焉。

（2）以六子卦主管二十四節氣

其次序爲坎巽震兌艮離。是以坎卦初六配立春，巽卦初六配雨水，震卦初九配驚蟄，兌卦九四配春分，艮卦六四配清明，離卦九四配穀雨。然後立夏、立秋、立冬得從坎卦六四始至離卦初九大寒，循環終始。《易傳》所謂「立春正月節在寅，坎卦初六」是也。

3. 八宮卦序論

京房改造《周易》六十四卦卦序，非其獨創。當是在《帛書》卦序《焦氏易林》等卦序的啟迪下完成的。但其八宮卦序的完成，幾乎開出了後世術數學筮占之正宗法門。於是世應、飛伏、納甲、五行昭然有序於六十四卦矣。京氏八宮卦序，即以八經卦之重卦爲「八宮」而歸類六十四卦耳。其以〈說卦〉父母卦次序排列爲：乾震坎艮坤巽離兌。每宮下屬七卦。若乾下屬：姤、遯、否、觀、剝、晉、大有等等，兌則下屬：困、萃、咸、蹇、謙、小過、歸妹。構成六十四卦始於乾終於歸妹的順序。其每宮卦按陰陽爻變之一定次序排列，便於索取。並

進而創解《易》談災變體例：

（1）爻位

京氏《易傳》曰：「八卦分陰陽、六位、五行。」又曰：「吉凶見乎其位」、「吉凶之氣順六爻上下次之，八九六七之數，內外承乘之象。」其除以三才論爻位外，並分卦之六爻，以初爻爲元士、二爻爲大夫、三爻爲三公、四爻爲諸侯、五爻爲天子、上爻爲宗廟。此說考之於《周易》有徵焉。

（2）世爻應爻

爲解《周易》及筮占需要，在八宮卦之基礎上提出世應說，即每宮八純卦爲上世（上爻爲世爻）以次爲一世、二世、三世、四世、五世、遊魂（四爻爲世爻），歸魂（三爻爲世爻），並以《易》之爻位對應規定一與四、二與五、三與上互爲世應。且定一世二世爲地易，三世四世爲人易，五世六世爲天易，游魂歸魂爲鬼易，乃〈說卦〉三才爻位的發揮。

（3）飛伏

是六十四卦每兩卦相爲飛伏，即八純卦乾坤、坎離、震巽、艮兌相爲飛伏也。若其他五十六卦又分別與八純卦相飛伏。以京氏《易傳》相推則爲一世、二世、三世之卦與其下卦之八純卦相飛伏；四世、五世與其上卦之八純卦相飛伏；游魂卦則晉與艮，中孚與乾，大過與坎，明夷與震，需與兌，小過與坤，訟與巽，頤與離相飛伏；歸魂卦則與其下卦之飛伏八純卦相飛伏。飛伏者，飛爲顯象，伏爲隱象也。是增加解卦之象也。

（4）納干納支

　　京房以八宮卦各卦六爻分別配以十天干與十二地支，後世稱作「納甲」。《易傳》曰：「分天地乾坤之象，益之以甲乙、壬癸。震巽之象配庚辛，坎離之象配戊己，艮兌之象配丙丁。」是爲納干。其納支如次：乾之六爻從初至上分別納子寅辰午申戌。震亦子寅辰午申戌。坎則寅辰午申戌子。艮則辰午申戌子寅。坤則未巳卯丑亥酉。巽則丑亥酉未巳卯。離則卯丑亥酉未巳。兌則巳卯丑亥酉未。後世錢占者仿之。於是卦之取象更靈活矣。

　　干支之配卦爻，實京氏《易傳》別《周易》而立漢《易》走出的關鍵一步。中國古代哲學基礎理論爲陰陽與五行。《周易》哲學基礎理論爲陰陽學說。戰國年間五行學說盛行。京氏援干支於《易》，則五行學說隨之而入，卓然漢《易》與《周易》有別矣。

　　（5）五行

　　京房《易傳》以五行解說卦爻之象與辭曰：「生吉凶之義，始於五行，終於八卦。從無入有，見災於星辰也。」概之其五行說有：

　　五星配卦：五星爲土星鎮、金星太白、水星太陰、木星歲、火星熒惑。京房解卦，六十三卦均有「從位起」「從位降」「從位入」之語。[3] 如乾曰：「五星從位起鎮星，參宿從位起壬戌。」姤曰：「五星從位起太白，井宿從位入辛丑。」遯曰：「五星從位起太陰，鬼宿入位降丙辰。」歸妹曰：「五星從位起歲星，軫宿從位降丁丑。」云云。是「星」「宿」皆起降於世爻之位。

---

3　僅巽卦無起降語。

以八宮卦之序，五星從鎮始，以五行相生之序周而復始，至歸妹爲歲星，二十八宿從參宿始，以次爲井鬼柳星張翼軫；角亢氐房心尾箕；斗（斗，《易傳》稱計都、計宿）牛女虛危室壁；奎婁胃昴畢觜參。周而復始至歸妹爲軫宿。是援五星與二十八宿入卦，引古之占星術入《易》。

　　五行配卦：京房《易傳》曰：「八卦分陰陽，六位配五行。」是以五行配八宮卦及卦爻。其五行配八宮乃演〈說卦〉而成。〈說卦〉：乾爲金，坤爲地（土），震爲蒼筤竹、萑葦（木），坎爲水，離爲火，艮爲山（土），兌爲毀折（金）；五行配爻位，乃本《月令》：正月寅木，二月卯木，三月辰土，四月巳火，五月午火，六月未土，七月申金，八月酉金，九月戌土，十月亥水，十一月子水，十二月丑土。五行入卦，則五行所括，皆可入卦。《易傳》所謂「八卦建五氣，立五常。」是也。

　　五行生克：《淮南子・天文訓》：「水生木，木生火，火生土，土生金，金生水。子生母曰義，母生子曰保，子母相得曰專，母勝子曰制，子勝母曰困。」京房則以八宮卦爲母，以其爻位爲子。於是，母子所代表之五行則具有相生、相克關係。其以母生子爲「福德」，母克子爲「寶貝」，子生母爲「父母」，子克母爲「官鬼」，子母比同爲「同氣」。《易傳》曰：「八卦鬼爲繫爻，財爲制爻，天地爲義爻，福德爲寶爻，同氣爲專爻。」爲後世術數家「六親」所本。

　　休王刑沖：以八純卦分主四時八節。即乾主立冬，坎冬至，艮立春，震春分，巽立夏，離夏至，坤立秋，兌秋分。如是當令者王（旺）。《淮南子・地形訓》曰：「木壯，水老，火生，

金囚，土死。」蓋以五行生克休王論之也。京房《易傳》曰：「六十四卦，遇王則吉，廢則凶，冲則破，刑則敗，死則危，生則榮。」爲後世術數家演五行長生，合害刑冲張本。

　　案《漢書・藝文志》曰：「數術者，皆明堂羲和史卜之職也。」並序數術爲六種：天文、曆譜、五行、蓍龜、雜占、形法。至孟喜「得《易》家候陰陽災變書。」即漢時數術書。遂援曆譜之「序四時之位，正分至之節」造爲卦氣以解《易》。京房復以天文之「序二十八宿，步五星日月，以紀吉凶之象」及曆譜五行解《易》，統攝融合了數術，開今文《易》學數術占候之學。

　　西漢末東漢初，《圖讖》興，《易緯》出。後世所輯《易緯》有《乾鑿度》、《乾坤鑿度》、《稽覽圖》、《通卦驗》、《是類謀》、《坤靈圖》等，於後世有影響者論之如次：

　　《乾鑿度》。案《四庫全書提要》曰：「《周易乾鑿度》鄭康成注……，自後漢南北朝諸史及唐人撰《五經正義》，李鼎祚作《周易集解》徵引最多，皆於《易》旨有所發明，較他緯獨爲醇正。」

　　《乾鑿度》多假孔子之言，所述對後世《易》學影響較大者除「易者，易也，變易也，不易也。」「易」之三義之釋外，是其對《易》數的論述：

1. 太極

　　《乾鑿度》曰：「《易》始於太極，太極分而爲二，故生天地，天地有春秋冬夏之節，故生四時，四時各有陰陽剛柔之分，故生八卦，八卦成列，天地之道立，雷風水火山澤之象

定矣。」是解〈繫辭上〉「易有太極」章與〈說卦〉八卦方位說。
然則其又曰：「昔者聖人因陰陽定消息，立乾坤以統天地也。
夫有形生於無形，乾坤安從生？故曰：有太易、有太初、有太
始、有太素也。太易者未見氣也，太初者氣之始也，太始者形
之始也，太素者質之始也。炁形質具而未離，故曰渾沌。渾沌
者言萬物相渾成而未相離，視之不見，聽之不聞，循之不得故
曰易也。易無形畔；易變而爲一，一變而爲七，七變而爲九，
九者氣變之究也，乃復變而爲一，一者形變之始，清輕者上爲
天，濁重者下爲地。物有始有壯有究，故三畫而成乾。乾坤相
並俱生，物有陰陽，因而重之，故六畫而成卦。三畫以下爲地，
四畫以上爲天。物感以動，類相應也。《易》氣從下生，動於
地之下，則應於天之下；動於地之中，則應於天之中；動於地
之上，則應於天之上。初以四，二以五，三以上，此之謂應。」

　　此乃對〈繫辭上〉：「易有太極」的再解釋──太易後
有太極也。是以「太易」爲本體，衍化出氣形質相渾沌的太初、
太始、太素而後清輕者上爲天，濁重者下爲地，乾坤成矣。而
後八卦象數立。此段論述值得重視者乃對數的認識。鄭玄注此
有二。其一曰：「一主北方氣漸生之始，此則太初氣之所生也。
七主南方陽氣壯盛之始也，萬物皆形見焉，此則太始氣之所生
者也。西方陽氣所終究之始也，此則太素氣之所生也。此一
則元氣形見而未分者，夫陽氣內動周流終始然後化生一之形氣
也。」此乃以「易、一、七、九」釋「太易、太初、太始、太
素」也。其一、七、九方位之數，宋之「河圖」依之。其二曰：
「『易』，太易也，太易變而爲一，謂變爲太初也。一變而爲
七，謂變爲太始也，七變而爲九，謂變爲太素也。乃復變爲一，

一變誤耳，當爲二。二變而爲六，六變而爲八，則與上七九意相協，不言如是者，謂足相推明耳。九言氣變之究也，二言形之始，亦足以發之耳。又言乃復之一，易之變一也。太易之變不惟是而已，乃復變而爲二，亦謂變而爲太初，二變爲六，亦謂變而爲太始也。六變爲八，亦謂變而爲太素也。九陽數也，言氣變之終，二陰數也，言形變之始。則氣與形相隨此也。……一變而爲七，是今陽爻之象，七變而爲九，是今陽爻之變，二變而爲六，是今陰爻之變，六變而爲八，是今陰爻之象。七在南方象火，九在西方象金，六在北方象水，八在東方象木。自太易至太素，氣也，形也。既成四象，爻備於是。」此蓋結合〈繫辭上〉「天地之數」「大衍之數」，《書·洪範》「五行之數」而言數也。若《漢書·律曆志》曰：「天以一生水，地以二生火，天以三生木，地以四生金，天以五生土，五勝相乘，以生小周。」《禮記正義·月令疏》引鄭玄注〈繫辭〉曰：「天一生水於北，地二生火於南，天三生木於東，地四生金於西，天五生土於中。陽無隅，陰無配，未得相成。地六成水於北，與天一並。天七成火於南，與地二並。地八成木於東，與天三並。天九成金於西，與地四並。地十成土於中，與天五並也。太衍之數五十有五，五行各氣並，氣並而減五，惟有五十。以五十之數不可以爲七八九六卜筮之占以用之，故更減其一，故四十有九也。」是爲宋「河圖」數所本。

## 2. 九宮

《乾鑿度》對〈繫辭上〉「一陰一陽之爲道」作了九宮大衍數的解釋。曰：「《易》一陰一陽，合而爲十五之謂道。陽變七之九，陰變八之六，亦合於十五。則象變之數若一。陽動

而進，變七之九，象其氣之息也；陰動而退，變八之六，象其氣之消也。故太一取其數以行九宮，四正四維皆合於十五。」鄭玄注此文曰：「太一者，北辰之神名也。居其所曰太一，……四正四維以八卦神所居，故亦名之曰宮。……太一下行八卦之宮，每四乃還於中央。中央者，北神之所居，故因謂之九宮。天數大分以陽出，以陰入。陽起於子，陰起於午。是以太一下九宮，從坎宮始。坎中男，始亦言無適也。自此而從於坤宮。坤，母也。又自此而從震宮。震，長男也。又自此而從巽宮。巽，長女也。所行者半矣。還息於中央之宮。既又自此而從乾宮。乾，父也。自此而從兌宮。兌，少女也。又自此而從於艮宮。艮，少男也。又自此從於離宮。離，中女也。行則周矣。上游息於太一天一之宮，而反於紫宮。行從坎宮始，終於離宮。」鄭氏之注「九宮」源於《大戴禮記・明堂》九室，《靈樞經・九宮八風篇》之九宮圖，復結合〈說卦〉八卦方位而成。爲宋《洛書》所本。

　　又據《阜陽雙古堆西漢汝陰侯墓發掘簡報》[4]言：「太乙九宮占盤，上面的小圓盤放在下面方盤的凹槽裡。……小圓盤過圓心劃四條等分綫，在每條等分綫兩端刻『一君』對『九百姓』、『二』對『八』、『三相』對『七將』、『四』對『六』。繞圓心刻『吏』『招』『搖』『也』四個字」。此太乙九宮占盤與《靈樞經・九宮八風篇》之九宮圖相一致。於此即可見「洛書」數演變之軌跡。

---

4　見《文物》，1978 年第八期，12-31 頁。

### 3. 爻辰

《乾鑿度》曰：「陽唱而陰和，男行而女隨，天道左旋，地道右遷。二卦十二爻而期一歲。乾，陽也。坤，陰也。並治而交錯行。乾貞於十一月子，左行，陽時六。坤貞於六月未，右行，陰時六。以奉順成其歲，終次從於屯蒙。屯蒙主歲，屯爲陽，貞於十二月丑，其爻左行，以間時而治六辰。蒙爲陰，貞於正月寅，其爻右行，亦間時而治六辰。歲終則從其次卦。……中孚爲陽，貞於十一月子，小過爲陰，貞於六月未，法於乾坤。三十二歲期而周。」此乃以《周易》六十四卦次序「二二相耦」之卦共十二爻配以十二辰，爲一歲。三十二對卦則代表三十二年。此亦爲卦氣學說之一。蓋雜「納甲」律曆說而成者也。實於解《周易》無涉。然東漢經師若鄭玄輩以爻辰強解《周易》經傳，其失也繁，爲王弼掃象派口實。

又《乾鑿度》假孔子曰：「升者十二月之卦也。陽氣升上，陰氣欲承，萬物始進，譬猶文王之修積道德，弘開基業，始即昇平之路。」「益者，正月之卦也。」「隨者，二月之卦。」是異於爻辰之卦氣解《易》。可知《乾鑿度》蓋總前人之說而成，其中不無先秦之《易傳》，故《四庫提要》以爲：「說者稱其書出於先秦。」

《乾坤鑿度》。案《四庫全書提要》曰：《乾坤鑿度二卷》，《隋唐志》、《崇文總目》皆未著錄，至宋元祐間始出。《紹興續書目》有蒼頡注《鑿度二卷》，後以鄭氏所注《乾鑿度》有別本單行，故亦稱此本爲《巛鑿度》。「今查其文字佶屈聱牙，不易通讀。」其《古文八卦》篇曰：「☰古文天字，今爲乾卦」，「☷古僊地字，軜於乾，古聖人以爲坤卦」，「☳

古風字，今巽卦」，「☶古山字，外陽內陰」，「☵古坎字，水情內剛外柔」，「☲古火字，爲離，內弱外剛」，「☳古雷字，今爲震」，「☱古澤字，今之兌」，爲後世八卦乃古文字說所祖。其《立乾坤巽艮四門》曰：「乾爲天門。」「坤爲人門。」「巽爲風門。」「艮爲鬼冥門。」其《立坎離震兌四正》曰：「月，坎也，水魄。」「日離，火宮。」「雷木震，日月出入門。」「澤金，水兌，日月往來門。」爲後世之「八卦八門」說濫觴。

　　《稽覽圖》、《通卦驗》、《辨終備》、《坤靈圖》、《是類謀》諸書多以卦氣言災變，漢之讖緯極於是矣。

　　焦贛之《焦氏易林》，楊雄之《太玄》乃仿《易》而另立文字，故此不論。

　　然則，焦氏亦有言卦氣者。《漢書・京房傳》：「延壽，字贛……其說長於災變，合六十四卦更直日用事，以風雨寒溫爲候，各有占驗。」顏注引孟康說：「分卦直日之法，一爻主一日，六十卦爲三百六十日。餘四卦，震、離、兌、坎爲方伯監司之官。所以用震離兌坎者，是二至二分用事之日，又是四時各專王之氣。各卦主時，其占法各以其日觀其善惡也。」是以震離兌坎主二至二分之日，其餘六十卦每爻主一日，共六十四卦主三百六十四日也。

　　《稽覽圖》亦言卦氣曰：「甲子卦氣起中孚。」「小過、蒙、益、漸、泰（寅）……屯、謙、睽、升、臨（丑）。坎（六）、震（八）、離（七）、兌（九），已上四卦者，四正卦，爲四象。每歲十二月，每月五卦，卦六日七分。每期三百六十五日

四分日之一。」是《稽覽圖》言卦氣（六日七分）與孟喜所言卦氣相類。

　　《易緯》諸書多言災變，去《周易》者遠，故不細述。

　　即卦氣直日而言，漢人說法不一。《新唐書》卷二十七上〈曆志〉載〈卦議〉曰：「十二月卦出於《孟氏章句》，其說《易》本於氣，而後以人事明之。」「京氏又以卦爻配期之日，「坎」、「離」、「震」、「兌」，其用事自分、至之首，皆得八十分之七十三。「頤」、「晉」、「井」、「大畜」，皆五日十四分，餘皆六日七分。止於災眚與吉凶善敗之事。」焦氏所言六十四卦配三百六十四日，一日餘無主，疏矣。京氏以六十四卦當期之日而不棄六日七分說，只好加減爲之。蓋以六十卦或六十四卦之整，以分三百六十五日有餘，非四正卦配四季，二十四節氣。八卦配八方，五行配五臟之易也。真是難爲了漢之數術學家。

## 二、東漢《易》

　　東漢時，費氏古文《易》經鄭玄、荀爽、虞翻諸人傳注而得以興盛。雖曰古文《易》，實則融合了今文《易》。據《舊唐書·經籍志》載東漢《易》注尚有：馬融章句十卷，鄭玄注九卷，劉表注五卷，王肅注十卷，虞翻注九卷。諸注後世無存焉。唐李鼎祚《周易集解》多有收錄。諸注異同，值得考而論之者當屬鄭玄、荀爽、虞翻。

　　鄭玄，字康成。《後漢書·鄭玄傳》言：「先始通京氏《易》、《公羊》、《春秋》、《三統曆》、《九章算術》。」「會融（馬融）集諸生考論圖緯，聞玄善算，乃召見於樓上。」

「注《周易》、《尚書》……凡百餘萬言。」可知鄭玄之《易》雖傳費氏古文，於今文乃至圖緯亦精通焉。其注《易》以本卦、互卦、爻位等象解卦是其所長。如《周易集解》所載：其解 ䷣ 明夷曰：「夷，傷也。日出地上，其明乃光，至其入地，明則傷矣！故謂之明夷。」其解 ䷔ 噬嗑上九「何校滅耳凶」曰：「離爲槁木。坎（三至五互坎）爲耳，木在耳上，何校滅耳之象。」鄭玄又善爻辰之說。發展了《乾鑿度》之爻辰以解《周易》之文。

　　鄭氏之爻辰乃以乾坤兩卦十二爻配十二辰主十二月。則乾初九主十一月子，九二正月寅，九三三月辰，九四五月午，九五七月申，上九九月戌；坤初六六月未，六二八月酉，六三十月亥，六四十二月丑，六五二月卯，上六四月巳。其他各卦爻數，逢九與乾類；逢六與坤類。並以十二辰與五行、卦氣、星宿、屬象等相值以解《周易》之文。清張惠言《張皋文箋易詮全集》之《周易鄭氏注》集其爻辰解《易》之說。然則《周易集解》於乾〈文言〉「見龍在田，天下文明」載孔穎達曰：「先儒以爲九二當太簇之月，陽氣見地，則九三爲建辰之月，九四爲建午之月，九五爲建戌之月……先儒此說，於理稍乖。」故《周易集解》於鄭玄爻辰之說未見著錄。後世學者於爻辰之說，亦多微辭。

　　荀爽，字慈明，其注《易》亦受京房八宮卦氣今文《易》之影響。如釋隨〈象〉曰：「隨者，震之歸魂。」釋復：「復其見天地之心乎？」曰：「復者，冬至之卦，陽起初九，爲天地心，萬物所始，吉凶之先。」釋坤上六：「龍戰于野」曰：「消息之位，坤在於亥，下有伏乾，爲其嗛于陽，故稱龍也。」

其於古文《易》則繼承爻位，互卦諸說，尤據〈象〉言：「爻之升降」倡「乾坤二氣升降」取象說。如釋泰〈象〉：「天地交泰。」曰：「坤氣上升以成天道，乾氣下降以成地道。天地二氣若時不交，則爲閉塞，今既相交乃通泰。」釋〈文言〉：「本乎天者親上，本乎地者親下。」曰：「謂乾九二本出於乾。故曰本乎天。而居坤五，故曰親上。謂坤六五本出於坤，故曰本乎地，降居乾二，故曰親下也。」釋〈文言〉：「與日月合其明」曰：「謂坤五之乾二成離，離爲日，乾二之坤五爲坎，坎爲月。」釋乾〈象〉：「大明終始」曰：「乾起坎而終於離，坤起於離而終於坎，離坎者乾坤之家而陰陽之府，故曰『大明終始』也。」是荀氏之言升降主以乾坤，又主以二五兩爻。乾坤二五升降則爲離坎，爲後世「後天返先天」所本。

　　進而論之，荀氏言升降非限於乾坤二五，其釋坤〈象〉：「含弘光大」曰：「乾二居坤五爲含，坤五居乾二爲弘，坤初居乾四爲光，乾四居坤初爲大也。」又釋屯〈象〉：「剛柔始交而難生，動乎險中，大亨貞。」曰：「物難在始生，此本坎卦也。」是荀氏亦言卦變，蓋謂坎之初六升二，九二降初則成屯也。又其釋蒙〈象〉「蒙亨，以亨行時中也」曰：「此本艮卦也」，謂艮二、三升降成蒙也。[5] 顯然、荀氏乃廣言「爻之升降」者也。

　　虞翻，字仲翔，會稽餘姚人也。《三國志・虞翻傳》引《虞翻別傳》曰：「翻初立《易注》奏上曰：……臣高祖父，故零陵太守光，少治孟氏《易》……世傳其業，至臣五世。」其《易注》綜兩漢今古文家而成。其要而特者：爻變取象，上下象易，

---

5　以上所引均見《周易集解》。

半卦取象，納甲取象，如斯而已。

## （一）爻變取象

虞翻言爻變，內容博雜，概之如次：

1. 乾坤爻變：虞翻注坎曰：「乾二、五之坤。」（見《周易集解》下所引同）注〈繫辭上〉：「四象生八卦」曰：「乾二，五之坤則生震坎艮，坤二，五之乾則生巽離兌，故『四象生八卦』。」是注綜〈說卦〉乾坤生六子與互卦之象而成。謂乾二，五爻之坤成坎 ☵，坎中互卦為震艮；坤二，五爻之乾成離 ☲，離中互卦為巽兌。

2. 消息爻變（卦變）：虞氏注〈說卦〉：「窮理盡性」曰：「以乾推坤謂之窮理；以坤變乾謂之盡性。」其「以乾推坤」謂自復卦至夬卦之陽息卦之變；「以坤變乾」謂自姤卦至剝卦陰消卦之變。如其釋復曰：「陽息坤」。釋臨曰：「陽息至二。」釋姤曰：「消卦也。」釋遯曰：「陰消姤二也。」是十二消息卦乃乾坤卦消息爻變而成。後人據此認為復姤乃一陰一陽之卦變主，臨遯乃二陰二陽之卦變主，泰否乃三陰三陽之卦變主，大壯觀乃四陰四陽之卦變主。即除乾、坤、中孚、小過四卦外，將其他卦按陰陽爻畫之數分別納入此四類變主卦中。然則，虞氏之消息爻變，非如是之規矩也。其於三陰三陽之卦多從否泰之例。如注豐 ䷶ 曰：「此卦三陰三陽之例，當從泰二之四。」然亦有特例，如注旅 ䷷ 曰：「賁初之四」，又曰：「否三之五」，是兩可耳。其於二陽二陰（四陰四陽）之卦則有出入焉。如注无妄 ䷘ 曰：「遯上之初，此所謂四陽二陰，非大壯則遯來也。」但其注頤 ䷚ 曰：「晉四之初」，「或以臨二之上。」大過 ䷛ 曰：

「大壯五之初，或兌三之初。」是兩可矣。其於一陰一陽之卦出入多矣。其注豫 ䷏ 曰：「復初之四。」而注比 ䷇ 卻曰：「師二上之五。」謙 ䷎ 卻曰：「乾上九來之坤。」且虞翻爻變更有甚者，即超出十二消息卦變範圍，認爲卦中某兩爻相易乃至某卦一爻變則可構成他卦。如其注二陽之蒙卦 ䷃ 採荀爽說曰：「艮三之二。」釋屯 ䷂：「元亨利貞」曰：「坎二之初，剛柔交震，故元亨，之初得正，故利貞矣。」於一陰卦小畜 ䷈ 曰：「需 ䷄ 上變爲巽。」履 ䷉ 曰：「變訟 ䷅ 初爲兌也。」可見其爻變隨意性很大，靈活到無規律可循矣。此則無疑增加其解《易》的象數依據。

延及宋代載於朱熹《周易本義》之卦變圖則增「凡五陰五陽之卦各六皆自夬剝而來。」很明顯爲〈彖傳〉爻之升降取象系統的衍化。驗之《周易》之文，又復出入多矣。

3. 旁通爻變：虞氏言「旁通」以六爻相反則爲旁通。其釋師上六「大君有命」曰：「同人，乾爲大君，巽爲有命。」是師旁通同人，同人上乾爲大君，二三四巽爲「有命」。又釋大有曰：「與比旁通。」則皆爲一陰一陽之卦旁通之例。其釋離「利貞亨」曰：「坤二五之乾，與坎旁通。於爻遯初之五，柔麗中正，故利貞亨。」釋臨曰：「陽息至二，與遯旁通。」是六十四卦，兩兩旁通，一卦可作兩卦取象，目的爲擴大取象範圍而已。

4. 失位爻變：虞氏常作一爻變以解《易》，其釋訟九四曰：「失位故『不克訟』，渝，變也。『不克訟』故復位，變而成巽，巽爲命，故『復即命』，渝動而得位，故『安貞吉』。」是言九四陽變陰則上卦成巽，巽爲命令也。虞氏言一爻單變常

因「失位」。若比初六「有孚，比之无咎」曰：「孚謂五，初失位，變來得正，故无咎也。」然則其言失位爻變又不限於一爻變。若履☲九五「夬履，貞厲」曰：「謂三上已變體夬象，故『夬履』，四變，五在坎中也，爲上所乘，故『貞厲』。」是三、四、上失位隨文而變。又其釋旅☲九三〈象〉：「以旅與下，其義喪也。」曰：「三變成坤，坤爲下爲喪，故『其義喪』也。」則旅三爻變又非失位而變矣。是虞氏言爻變，靈活而多變。

## （二）上下象易

〈繫辭下〉：「上古結繩而治，後世聖人易之以書契百官以治，萬民以察，蓋取諸夬。」虞注曰：「履上下象易也。乾象在上，故復言上古，巽爲繩，離爲罟，乾爲治，故『結繩以治』。」是認爲夬☲乃履☲上下兩卦相易而成。然後取履上乾之象、互卦巽、離之象而注也。上下易象，即《周易》兩卦相易取象法也。

## （三）半象

虞翻釋《易》又創「半象」取象，即取三畫卦象之二畫構成「半象」。如其釋需☲九二「需于沙，小有言，終吉。」曰：「大壯，震爲言，兌爲口，四之五，震象半見，故『小有言』。」是需乃大壯四五爻變而成，大壯上震，震爲言。三四五互兌，兌爲口，（需二三四互兌）大壯四之五成需，三四則震象半見矣，故「小有言」。夫二畫卦可爲三卦或四卦之半象，故半象之設，取象更上下逢源矣。近代尚秉和《周易尚氏學》即採用「半象」說。

## （四）納甲取象

　　虞翻釋〈繫辭上〉：「在天成象」曰：「謂日月在天成八卦。震象出庚，兌象見丁，乾象盈甲，巽象伏辛，艮象消丙，坤象喪乙，坎象流戊，離象就己，故在天成象也。」其釋蹇〈彖〉：「蹇之時用大矣哉！」亦有是語。是以坎離代表日月，其餘六卦代表一月中月亮之盈虧。八卦之納甲與京房同。而《周易參同契》曰：「坎戊月精，離己日光」「三日出爲爽，震受庚西方。八日兌受丁，上弦平如繩。十五乾體就，盛滿甲東方。蟾蜍與兔魄，日月氣雙明，蟾蜍視卦節，兔者吐生光。七八道已訖，屈折低下降，十六轉受統，巽辛見平明。艮直於丙南，下弦二十三。坤乙三十日，東北喪其明。節氣相禪與，繼體復生龍。王癸配甲乙，乾坤括始終。」是《參同契》以之講練丹進退火候。而虞翻以之解《易》。

## 三、兩漢象數《易》之總結

　　兩漢象數《易》至虞翻可謂集大成矣。《易》之曲折纖微皆象矣。然則，泰卦九三曰：「无平不陂，无往不復。」此即《易》之辯證法。由《易傳》發軔的象數解《易》，秉承古法，提綱挈領，不爲典要。後世詳而論之，據《周易》所固有，則爲《周易》，超之則非《周易》矣。漢之《易》，若「卦氣」「八宮納甲」時代之產物也。故後世目之爲漢《易》。功過是非，此文不論。若以彼象數解《周易》則非矣。易爲後人口實。魏王弼起而掃象，宜矣。

　　《隋書・經籍志》：「後漢陳元，鄭眾皆傳費氏之學。馬融又爲其傳，以授鄭玄。玄作《易注》，荀爽又作《易傳》。

魏代王肅、王弼並爲之注。自是費氏大興，京氏遂衰。」是王
弼所傳爲費氏古文經學。其解《易》以《易傳》爲主。注重陰
陽義理之闡釋，後人譽之爲魏晉時期義理《易》學之集大成者，
開宋《易》義理學派之先河。

　　王弼倡「義」掃象，其實質如何？必須對其《易》學思
想以討論，方可明之。

## （一）得意忘象

　　王弼《周易略例・明象》曰：「夫象者，出意者也。言者，
明象者也。盡意莫若象。盡象莫若言。言生於象，故可尋言以
觀象，象生於意，故可尋象以觀意。意以象盡，象以言著。故
言者所以明象，得象而忘言，象者所以存意，得意而忘象。」
首先，王弼言明了《易》之象數意關係。「言生於象」謂聖人
視象而繫辭（卦爻辭）。「尋言以觀象」謂視繫辭而明象。「象
生於意」謂聖人設象而有其意旨。「尋象以觀意」謂通過卦象
以窺聖人之意旨。說至此，仍無瑕可責，是「言、象、意」皆
不可廢也。然則，王弼爲了反對漢《易》滋漫之象，反〈繫辭
上〉：「聖人立象以盡意」之義，曰：「言者所以明象，得象
而忘言，象者所以存意，得意而忘象。」走向了「得意忘象」
內容脫離形式的《易》理玄學化之路。

　　〈繫辭下〉：「易者，象也，象也者，像也。」解《易》
而不言象——「忘象」，難矣。爲此王弼以〈說卦〉之「卦義」
立其說。其於《周易略例・明象》曰：「觸類可爲其象，合義
可爲其徵，義苟在健，何必馬乎？類苟在順，何必牛乎？爻苟
合順，何必坤乃爲牛？義苟應健，何必乾乃爲馬？」於是，王

弼建立在「卦義」基礎上的卦之「類象」較之漢《易》學家之言象，具有了更大的靈活性、可塑性。

　　夫《易》之卦象與卦義相融。卦象、卦義皆屬《易》之象數學範疇。故〈說卦〉既曰：「乾爲天、爲馬」、「坤爲地、爲牛」，又曰：「乾健也」、「坤順也」。既曰：「震爲雷」、「巽爲風」，又曰：「震，動也」、「巽，入也」，是象以義表，義以象明。〈說卦〉言八卦類萬物之象，難以窮盡，各言要領。要領者，取其「表象」與「功能」耳。「表象」者，後世之謂卦象也。「功能」者，後世之謂卦義也。《易傳》卦象卦義並重。漢《易》重卦象，不棄卦義。王弼之《易》重卦義，亦不得棄卦象，側重點不同耳。兩相發揮，去粗取精，相得益彰矣。王弼之解《易》不脫《易傳》窠臼，雖以意見長，其於《易》之象數亦多所述矣。尤重陰陽之象，於其《周易注》中俯拾即得。

## （二）爻位之象

　　爻位之象屬《易》象數範疇，自不待言。王弼解《易》論及頗多。其於《周易略例·辯位》中論之曰：「夫位者列貴賤之地，待才用之宅也。爻者守位之任，應貴賤之序者也。位有尊卑，爻有陰陽，尊者陽之所處，卑者陰之所履也。故以尊爲陽位，卑爲陰位。去初上而論位分，則三五各在一卦之上，亦何得不謂之陽位，二四各在一卦之下，亦何得不謂之陰位。初上者體之終始，事之先後也。故位無常分，事無常所，非可以陰陽定也。尊者有常序，終始無常主，故〈繫辭〉但論四爻功位之通例，而不及初上之定位也。」是王氏論《易》之位，

不及初上。其於《周易注》中用爻位解爻辭處甚多。在認可爻位的前提下，則爻之比應乘承據中亦論焉。《周易略例·明爻通變》曰：「近不必比，遠不必乖」「情偽相感，遠近相追。」《周易略例·明卦適變通爻》曰：「夫應者，同志之象也。」「位者，爻所處之象也。」「承乘者，逆順之象也。」「弱而不懼於敵者，得所據也。」是王氏解《易》亦重象數，尤其是位數。進而言之，古今之論《易》而無視位數者，幾稀矣。

## （三）主爻卦象

《易》中卦象卦義，主因於一爻者，則該爻為主爻卦象。〈彖〉之論多矣。若比 ䷇ 卦辭曰：「比吉，原筮元永貞无咎，不寧方來，後夫凶。」〈彖〉曰：「『比』，輔也。下順從也。『原筮元永貞无咎』，以剛中也。『不寧方來』，上下應也。」蓋指一陽（九五）當位，其上下順應，眾之所比也。是九五爻為比之主爻矣。王弼之注《易》亦多言此。（《京氏易傳·姤》亦曰：「定吉凶，只取一爻之象。」）其《周易略例·略例下》曰：「凡〈彖〉者通論一卦之體者也。一卦之體，必有一爻為主，則指明一爻之美，以統一卦之義。」其於《周易略例·明象》中論中爻曰：「故六爻相錯，可舉一以明也。剛柔相乘，可立主以定也。是故雜物撰德、辨是與非，則非其中爻莫之備矣。」論一陰一陽之卦曰：「夫少者多之所貴也，寡者眾之所宗也。一卦五陽而一陰，則一陰為之主矣。五陰而一陽，則一陽為之主矣。」如其注大有 ䷍〈彖〉之「柔得尊位大中而上下應之曰『大有』。」曰：「處尊以柔，居中以大，體無二陰以分其應，上下應之，靡所不納，『大有』之義也。」可見一

斑。王氏即前代之主爻卦象說而詳論之，於《易》主爻卦象之義多所發明。今概述主爻卦象四類如次：一陰一陽之卦則或一陰一陽之爻當之；卦中六爻則或中爻（二、五爻）當之；卦辭爻辭類，則或該爻當之；三陰三陽之卦具升降義者，則或升降之爻當之。

### （四）爻之通變

　　王弼解《易》，不脫《易傳》窠臼。〈彖〉言往來，故王氏亦談爻變。其於《周易略例‧明爻通變》中曰：「夫爻者何也？言乎變者也。」其注賁 ☲〈彖〉：「柔來而文剛，故亨，分剛上而文柔，故小利有攸往。」曰：「剛柔不分，文何由生，故坤之上六，來居二位，『柔來文剛』之義也。柔來文剛，居位得中，是以『亨』。乾之九二分居上位，『分剛上而文柔』之義也。剛上文柔，不得中位，不若柔來文剛，故『小利有攸往』。」然則，王氏之論爻變非僅於象，亦及於義。其於《明爻通變》中曰：「變者何也？情偽之所爲也。」蓋謂情偽之變，產生爻義之變，又曰：「夫情偽之動，非數之所求也。」謂虛實吉凶非可一例概之也。讀《易》應同而知異，異而知同。以此來調解爻義與卦體之義相異同。又曰：「合散屈伸與體相乖。」「形躁好靜，質柔愛剛，體與情反，質與願違。」「睽而知其類，異而知其通。」爲以卦義解《易》之卦爻辭開一變通之門。此乃對〈繫辭下〉：「《易》之爲書不可遠，爲道也屢遷，變動不居，周流六虛，上下無常，剛柔相易，不可爲典要，爲變所適。」的解說發揮。

　　王氏爻之通變又有因卦時而變者。其《周易略例‧明卦

適變通爻》中曰：「夫卦者時也，爻者適時之變者也。夫時有泰否，故用有行藏。卦有小大，故辭有險易。一時之制，可反而用也。一時之吉，可反而凶也。故卦以反對，而爻亦皆變。」夫卦時說原於〈彖傳〉、〈象傳〉爲《易》數之範疇。是王氏論爻之通變，有爻象之變，亦有爻義之變。其爻義之變，多以《易》數——時數、位數。

綜上所述，王弼解《易》仍不能遺棄《易》之象數。

是以後世目漢《易》爲象數《易》，王弼掃象而開義理《易》，乃執一偏之論也。象數爲構《易》之基礎，捨象數而談《易》，非《易》也。漢《易》如此，王弼《易》如此，宋《易》「圖書」亦不離象數也。要之，有所側重耳。漢《易》側重象數，字字象，句句數，京氏則天文、曆法、陰陽五行，無所不用其極矣。虞氏則集前代取象之諸法錯雜相用，規律不循，時有隨心上下矣。然則其於《易》理盡棄之乎？王弼《易》側重義理，倡「得魚而忘筌」、「得意而忘象」論（《周易略例・明象》）。然則其於象數亦不能忘也。是知《周易》象數理占而已矣。後世象數《易》與義理《易》之爭，可以休矣。

## § 宋《易》象數學

《周易》憑其獨特的內涵、豐富的象數思維模式，足以發人深省。故至西漢，儒術獨尊，爲群經首，學者注《易》，情有獨鍾。《易》道廣大，包備涵容。卦氣、納甲入《易》，於是乎有象數之漢《易》；「河圖」、「洛書」衍《易》，於是乎有「圖書」之宋《易》。「圖書」之作，宋人之象數《易》

也。是也？非也？今尋其源，導其流，述宋《易》象數學一文。

# 一、宋《易》的準備

漢《易》重象數，魏王弼《易》重易理，皆有所得，皆有所偏。唐王朝經貞觀之治，政治形勢穩定，經濟文化得以昌盛，相繼出現並流傳了兩部整理前人《易》學的著作。一為孔穎達為主奉敕編撰的，以王弼經注與韓康伯傳注為藍本，並對王、韓二注加以疏釋而成的《周易正義》，二為李鼎祚集前人《易》注編纂而成的《周易集解》。

誠如《周易正義序》所言：「奉敕刪定，考察其事，必以仲尼為宗，義理可詮，先以輔嗣為本，去其華而取其實。」是孔氏之疏釋，雖以王、韓為本，但並未泥於王、韓。更確切的說乃「以仲尼為宗」，即以《易傳》為宗，從總體論述中理順了象數理占之源委。這「去其華而取其實」的工作，通過多方面闡述而得以完成。

（一）卦象與卦義：《周易正義序》開篇曰：「夫《易》者，象也。」乾卦〈象〉辭疏曰：「萬物之體，自然各有形象，聖人設卦以寫萬物之象。」是孔氏首先肯定《易》象。孔氏於乾卦辭疏曰：「此乾卦本以象天，天乃積諸陽氣而成天，故此卦六爻，皆陽畫成卦也。此即象天，何不謂之天而謂之乾者？天者，定體之名，乾者體用之稱，故〈說卦〉云：『乾，健也。』言天之體，以健為用。聖人作《易》，本以教人，欲使人法天之用，不法天之體，故名乾，不名天也。天以健為用者，運行不息，應化無窮，此天之自然之理，故聖人當法此自然之象而施人事。」「聖人名卦，體例不同，或則以物象而為卦名者，

若否、泰、剝、頤、鼎之屬是也；或以象之所用而爲卦名者，即乾、坤之屬是也，如此之類多矣。雖取物象，乃以人事而爲卦名者，即家人、歸妹、謙、履之屬是也。所以如此不同者，但物有萬象，人有萬事，若執一事，不可包萬物之象，若限局一象，不可總萬有之事。故名有隱顯，辭有踳駁，不可一例求之，不可一類取之。」

可以看出，孔氏以「體用」解說卦象與卦義，則顯明了象理關係——義以象顯。

（二）物象與人事：孔氏於坤初六爻辭論物象與人事關係曰：「凡《易》者，象也，以物象而明人事，若《詩》之比喻也。或取天地陰陽之象以明義者，若乾之『潛龍』，『見龍』，坤之『履霜堅冰』，『龍戰』之屬是也。或取萬物雜象以明義者，若屯之六三『即鹿无虞』，六四『乘馬班如』之屬是也。如此之類，《易》中多矣。或直以人事，不取物象以明義者，若乾之九三『君子終日乾乾』，坤之六三『含章可貞』之例是也。聖人之意，可以取象者則取象，可以取人事者則取人事也。」孔氏以物象譬《詩》之比喻，則人事乃《詩》之賦也。據孔氏所言可知，《易》之取物象目的在於明人事，無論物象與人事，皆在於明義，是物象、人事皆明義之象也。義者，《易》理也。

（三）實象與假象：孔氏認爲《易》之取象又有實假之分，其於乾卦〈象〉疏曰：「先儒所云此等象辭，或有實象，或有假象。實象者，若地上有水，比也；地中生木，升也，皆非虛，故言實也。假象者，若天在山中，風自火出，如此之類，實無

此象,假而爲義,故謂之假也。雖有實象、假象,皆以義示人,總謂之象也。」如此則難解之象,泮然冰釋,「托象以明義」總得成立。

　　（四）象與數:孔氏對象與數的論述,於〈說卦〉「幽贊于神明而生蓍」章有曰:「蓍是數也,《傳》稱:『物生而後有象,象而後有滋,滋而後有數。』然則數從象生,故可用數求象。於是『幽贊于神明而生蓍』,用蓍之法,求取卦爻以定吉凶。〈繫辭〉曰:『天生神物,聖人則之。無有遠近幽深,遂知來物。』是也。」又曰:「蓍數既生,爻卦又立,《易》道周備,無理不盡,聖人用之,上以和協順成聖人之道德,下以治理斷人倫之正義,又能窮極萬物深妙之理,究盡生靈所稟之性,物理既窮,生性又盡,至於一期所賦之命,莫不窮其短長,定其吉凶。」其「數從象生」之「數」,乃天地自然之數,「用數求象」之「數」,乃天地之數所衍化之蓍數,即大衍之數。「蓍數既生,爻卦又立,《易》道周備,無理不盡」,乃據大衍之數以求卦,以卦爻之象窮究《易》理也。「窮其長短,定其吉凶」,乃占斷也。

　　孔氏經過幾番論述,擺正了《周易》「象數理占」之用,糾先代之偏頗,復《易傳》之正道,名爲《正義》當矣。

　　然則,孔氏畢竟以輔嗣《易注》爲本而加以奉敕刪定,客觀上則排斥了諸家。正如《四庫提要》所云:「至穎達等奉詔作疏,始專崇王注而衆說皆廢,故《隋志·易類》稱『鄭學寢微,今殆絕矣』。」是穎達而後,漢之象數學式微矣。

　　孔氏《正義》之後,唐祕書省著作郎李鼎祚撰集而成之

《周易集解》，對式微的漢《易》象數學之保存作出了一定的貢獻。其於《周易集解序》中曰：「鄭則多參天象，王乃全釋人事，且《易》之為道，豈偏滯於天人者哉？致使後學之徒，紛然淆亂，各修局見，莫辨源流，天象遠而難尋，人事近而易習。則折楊黃華，嗑然而笑，方以類聚，其在茲乎？臣少慕玄風，遊心墳籍，歷觀炎漢，迄今巨唐，采群賢之遺言，議三聖之幽賾，集虞翻、荀爽三十餘家，刊輔嗣之野文，補康成之逸象，各列名義，共契玄宗。先儒有所未詳，然後輒加添削……其王氏《略例》，得失相參，采菁采菲，無以下體，仍附經末，式廣未聞。」是知《集解》蓋集前人《易》注而成，其《易》學觀主象數說，於《集解》案語中亦可見一斑。目王弼《易注》為野文，矛頭指向《正義》。論《略例》取象體例得失相參，非全無是處，是亦彰輔嗣之善，故於《集解》有所援引。然李氏獨重虞翻，昭然若揭矣。

唐之象數派《易》學家崔憬《易》學觀於《集解》所引，可見梗概。其於象數所獨見者有：

（一）爻位觀：〈繫辭下〉「非其中爻不備」，一般注家以「中爻」指二、五。崔憬釋為「卦中四爻」。其注〈繫辭下〉「亦要存亡吉凶，則居可知矣」曰：「上既具論初上二爻，次又以明其四爻也。言中四爻雜合所主之事，撰集所陳之德，能辨其是非，備在卦中四爻也。」

（二）大衍之數：崔憬於〈繫辭上〉「大衍」章有曰：「案〈說卦〉云：『昔者聖人之作《易》也，幽贊于神明而生蓍，參天兩地而倚數。』既言蓍數，則是說大衍之數也，明倚

數之法，當參天兩地，參天者，謂從三始，順數而至於五、七、九，不取一也。兩地者，謂從二起，逆數而至十、八、六，不取於四也。此因天地數上以配八卦而取其數也，艮爲少陽，其數三，坎爲中陽，其數五，震爲長陽，其數七，乾爲老陽，其數九。兌爲少陰，其數二，離爲中陰，其數十，巽爲長陰，其數八，坤爲老陰，其數六。八卦之數，總有五十，故云『大衍之數五十』也。不取天數一、地數四者，此數八卦之外，大衍所不管也。『其用四十有九』者，法長陽七七之數也。六十四卦既法長陰八八之數，故四十九著則法長陰七七之數焉。著圓而神，象天，卦方而智，象地，陰陽之別也。舍一不用者，以象太極，虛而不用也。且天地各得其數，以守其位，故太一亦爲一數，而守其位也。」[6] 其以八卦之數與大衍之數相比附，既整齊劃一，又振振有辭。然則其所言八卦之數考之《周易》卦爻辭所涉及之數則不符焉。[7] 可知其大衍之數及八卦之數說並非原《周易》編纂者之意。且夫以考古發掘數字卦知，原始揲著求卦之策數乃一迷也，其所得之數字亦非僅六、七、八、九而已。其筮數之求，總可以之分爲奇偶二類。古人從大量的揲著實踐中最後定下以四十九根著草之用，蓋因其推衍可涵蓋「天地」、「兩儀」（陰陽）、「三才」、「四時」、「象閏」、「五歲再閏」、「當期之日」及「萬物之數」也。天地之數五十有五，以五十五推衍則不成，故定大衍之數爲五十五，用四十九，餘六爲所求六爻之數（大衍之數爲五十，則餘一爲所求一變爻之數）。若崔憬所言，雖與《周易》原編纂者意不盡合，却爲後

---

6　案，崔憬於〈說卦〉「參天兩地而倚數」注亦有八卦配數之說。

7　參見前文《〈周易〉象數學》。

世解大衍數之佳者，且指出八卦與大衍之數合，不失爲後世探求八卦數之先驅者。

其餘唐人《易》著，若陸德明《周易音義》則多援漢鄭玄、虞翻、京房等象數派之論。邢璹《補闕周易正義略例疏》、郭京《周易舉正》則宗王弼之論。唐僧一行《易傳》多採古說。是唐人著《易》，多總前人之述也，而以《正義》及《集解》爲代表。

要之，《集解》偏重象數，不失義理，而《正義》偏重義理，不失象數，兩者相映成趣，使兩漢之象數與魏晉之義理互相補充，相得益彰。爲宋《易》象數理占的融合及「圖書」化，開闢了思路。

## 二、北宋《易》學

在唐人總結前人象數《易》與義理《易》的基礎上，北宋著名的文學家、思想家、政治家、道學家注《易》蔚然成風，分別對象數、義理《易》作了縱橫捭闔的論述。

古人著《易》，多揚長避短。《周易集解序》所謂「鄭則多參天象，王乃多釋人事」是也。《易》之義理經王弼等人闡釋，思路大開，天地更寬。

政治家則善言政治。若司馬光之《溫公易說》於屯卦〈象〉注曰：「經綸者何？猶云綱紀也。屯者，結之不解者也。結而不解則亂，亂而不緝則窮，是以君子設綱布紀，以緝其亂，解其結，然後物得其分，事得其序，治屯之道也。」於屯卦初九爻辭注曰：「屯初九盤桓者何？治屯之道不可遽也。利居貞者

何？治之不正愈以亂之也。利建侯者何？建侯所以治其綱也。治其綱，百目張，夫又何亂之不緝，何結之不解乎？此之謂經綸之道也。」於比卦九五爻辭注曰：「暢其中正以懷海內，從命者賞，違命者誅，善善惡惡而不在於私，用中正以求比者也。」

　　道學家則善言「性命」、「道」與「天理」。若周敦頤《通書・誠上第一》曰：「誠者，聖人之本。『大哉乾元，萬物資始』，誠之源也。『乾道變化，各正性命』，誠斯立焉。」「元亨，誠之通，利貞，誠之復，大哉《易》也，性命之源乎？」《通書・道第六》曰：「聖人之道，仁義中正而已矣。守之貴，行之利，廓之配天地，豈不易簡？豈爲難知？不守、不行、不廓耳。」

　　程氏於〈繫辭上〉「生生之謂易」曰：「是天之所以爲道也，天自是以生爲道。」「萬物皆只是一個天理。」（《二程遺書》卷二）於〈繫辭上〉「寂然不動，感而遂通」曰：「天理具備，元無欠少，不爲堯存，不爲桀亡。父子君臣，常理不易，何曾動來，因不動，故言寂然，雖不動，感便通，感非自外也。」（《二程遺書》卷二）又《伊川經說》曰：「聖人作《易》以準天地之道。」「《易》道廣大，推遠則無窮，近言則安靜，而正天地之間，萬物之理無有不同。」

　　張載《橫渠易說》於乾〈象〉「乾道變化，各正性命」注曰「此謂六爻言天道變化趨時者。六爻各隨時自正其性命，謂六位隨時正性命，各有一道理，蓋爲時各不同。」於〈繫辭上〉「易簡之善配至德」曰：「循天下之理之謂道，得天下之理之謂德，故曰『易簡之善配至德』。」於〈說卦〉「將以順

性命之理」注曰：「陰陽、剛柔、仁義、所謂性命之理，《易》一物而三才備，陰陽，氣也，而謂之天。剛柔，質也，而謂之地。仁義，德也，而謂之人。」且多引孔孟聖人語事。於乾〈文言〉注曰：「孔子喜弟子之不仕，蓋爲德未成，則不可以仕，是行而未成者也。」「孟子不得已而用潛龍者也，顏子不用潛龍者也。孟子主教，故須說『予豈好辯哉？予不得已也』。」「顏氏求龍德正中而未見其止，故擇中庸得一善則拳拳服膺。」「乾九三修辭立誠，非繼日待旦如周公不足以終其業。」於〈說卦〉「數往者順，知來者逆，是故《易》逆數也」注曰：「如孟子曰：『苟求其故，則千歲之日至，可坐而致也。』」

　　文學家歐陽修《易童子問》則據文以疑「〈繫辭〉、〈文言〉、〈說卦〉而下非聖人之作」，開後世疑《傳》先河。

　　然則，即《溫公易說》而言，司馬光非排斥象數者也，其於漢之「爻辰」說亦有保留，是效鄭玄解《易》以爻辰。如乾初九注曰：「初九陽之始也，于律爲黃鍾，于歷爲建子之月。」注九二曰：「九二者，陽之見也，于律爲太簇，于曆爲建寅之月。」

　　程頤《伊川易傳》以理言《易》，亦不廢象數。如其注乾初九「潛龍勿用」曰：「理無形也，故假象以顯義，乾以龍爲象，龍之爲物，靈變不測，故以象乾道變化。」但卻認爲理在象先。其注〈繫辭上〉「天尊地卑」曰：「事有理，物有形也……有理而後有象成位在乎中也。」（《伊川經說》卷一）程氏揚棄了王弼「象義」關係論與孔穎達「以無言之，存乎道體，以有言之，存乎器用」（《周易正義》）「有無體用」關

係論，提出「至微者，理也，至著者，象也。體用一原，顯微無間」論（《伊川易傳序》）。是以理爲體，以象爲用，融合了〈說卦〉卦象與卦義，總結了自王弼以來的象義之爭，爲有宋理本論作了《易》學的開拓。

考張載學術，誠如《宋史・張載傳》所言「尊禮貴德，樂天安命，以《易》爲宗，以《中庸》爲體，以孔孟爲法」者也，於《橫渠易說》亦可見梗概，是重義理者也。然於象數亦多有言及：（一）爻位說。是說注《易》者皆不得棄之。若比初六注曰「柔而無應」是。（二）主爻說。如注小畜九五「有孚攣如，富以其鄰」曰：「六四爲衆陽之主，已能接之以信，攣如不疑，則亦爲衆所歸。」（三）爻之升降。其於噬嗑〈彖〉「剛柔分，動而明，雷電合而章」注曰：「九五分而下，初六分而上，故曰『剛柔分』，合而章，合而成文也。」其於卦象則多有避而不言者，然有時而難免，若注益〈彖〉「木道乃行」曰：「木以動而巽，故利涉大川。」注〈繫辭下〉「八卦以象告」曰：「八卦有體，故象在其中。」而注〈說卦〉「乾，健也」曰：「健動陷止，剛之象；順麗入說，柔之體。」可見，非不欲言象數也，蓋所言難以超越先代象數範圍。其於〈繫辭上〉「大衍之數」章注曰：「言者特示有漸耳，理須先數。」是認爲可以數推理也。

其他沿王弼義理解《易》者尚有胡瑗、王安石等人。若胡瑗《周易口義》解《易》卦，多推天道以明人事，復多引史證《易》，然則其於〈象傳〉之釋亦不廢象數之學也。

蘇軾《東坡易傳》總蘇洵、蘇轍而成。《四庫提要》稱：「軾之說，多切人事，其文詞博辨，足資啟發。」然其解《易》重

爻位。於〈象傳〉之釋亦因循之。若釋巽〈象〉曰：「申，重也，兩風相因，是謂隨風申令之象也。」於〈說卦〉之卦象多不釋，總結之曰：「其說固不可盡知，蓋用于占筮者而已。」「《易》有聖人之道四焉，以卜筮者尚其占，是以得見於此矣。」是認爲卦象主用於筮占。

　　北宋偏於象數《易》者，又別開生面，融合象數理，一步步綻出了絢麗的宋《易》「圖書」奇葩。

## （一）太極圖

　　宋朱震《漢上易傳・卦圖》載有「太極圖」曰：「太極圖，周敦實茂叔傳二程先生。茂叔曰：『無極而太極。太極動而生陽，動極而靜，靜極而生陰。靜極復動，一動一靜，互爲其根，分陰分陽，兩儀立焉。陽變陰合，而生水、火、木、金、土，五氣順布，四時行焉。五行，一陰陽也，陰陽，一太極也。太極本無極也。五行之生也，各一其性，無極之眞，二五之精，妙合而凝。乾道成男，坤道成女，二氣交感，化生萬物，萬物生生而變化無窮焉』。」是圖共分五個層次，第一層次爲空心圓圖，即所謂「無極而太極」。第二層次如世傳五代彭曉著《參同契》之「水火匡廓圖」，乃中間一小空心圓，外套三黑白交叉之半圓。即所謂「太極動而生陽，動極而靜，靜極而生陰，靜極復動，一動一靜，互爲其根，分陰分陽，兩儀立焉」。第三層次爲用綫連結之六小空心圓，其五注以五行，即所謂「陽變陰合，而生水、火、木、金、土，……二五之精，妙合而凝」。第四層次、第五層次，各爲一大空心圓。即所謂「乾道成男，坤道成女，二氣交感，化生萬物，萬物生生而變化無窮焉」。

是乃〈繫辭上〉「《易》有太極，是生兩儀」，《乾坤鑿度》「《易》起無，從無入有，有理若形，形及於變而象」，《乾鑿度》「五行迭終，四時更廢」，「夫有形生於無形，乾坤安從生，故曰：有太易，有太初，有太始，有太素也。太易者，未見氣也，太初者，氣之始也，太始者，形之始也，太素者，質之始也，炁形質具而未離，故曰渾淪」，〈說卦〉「乾，天也，故稱乎父，坤，地也，故稱乎母。震一索而得男，故謂之長男，……兌三索而得女，故謂之少女」，〈序卦〉「有天地，然後萬物生焉」等《易》理的圖象化。誠如有的學者所言，這一圖式受道家及道教學說、陰陽五行家之影響，而諸家學術之相互影響是難免的。要之，「太極圖」爲周氏所撰，係集前代有關《易》說與圖而成者。周敦頤之友潘興嗣所撰《濂溪先生墓誌銘》稱之曰：「深於《易》學，作《太極圖》、《易說》、《易通》數十篇。」《宋史·周敦頤傳》稱：「博學力行，著《太極圖》，明天理之根源，究萬物之終始。」「又著《通書》四十篇，發明太極之蘊，序者謂其言約而道大，文質而義精，得孔孟之本源，大有利於學者也。」當非虛論。梁啟超《清代學術概論》有曰：「須知所謂無極、太極，所謂河圖、洛書，實組織宋學之主要根據。宋儒言理、言氣、言數、言命、言心、言性，無不從此衍出。」而宋儒理學本體論的主要奠基石，應是「太極」學說。故周敦頤實爲宋理學的開山鼻祖。

　　「太極圖」之「乾道成男，坤道成女」、「化生萬物」圖象，如「太極」之空心圓，是可作「理一分殊」、「萬物各有太極」理解歟？

　　平心而論，《易經》始於乾坤（天地、陰陽），乾坤以前，

無所道也。〈繫辭上〉「易有太極，是生兩儀」，是探討《易》之源也，於五行未嘗及之。漢《易》卦氣說，則陰陽五行備矣。古人探討天地萬物衍化生成模式不一。《道德經》「道生一，一生二，二生三，三生萬物」，爲加一法衍化模式，即遞增模式。〈繫辭上〉「易有太極，是生兩儀，兩儀生四象，四象生八卦」，爲二分法衍化模式，即分裂模式。而周敦頤「太極圖」之「二五之精，妙合而凝」，係陰陽之氣、五行之氣衍化模式，即氣化模式，是繼漢之卦氣學說而成者也。

　　另如宋人林至《易裨傳》所傳一空心圓「太極圖」，只表太極混沌、陰陽未判之義。劉牧《易數鉤隱圖》有「太極第一」圖，曰：「太極無數與象，今以二儀之氣，混而爲一以畫之，蓋欲明二儀所從而生也。」其圖一大空心圓，圓圈上畫有黑白等距離相間小圓點各五，似表自然奇偶之數各五，即陰陽五行之數也。

　　諸圖影響淺近者不論。

## （二）河圖

　　後世所傳之「河圖」，係五十五個黑白圓圈組成之方圖。白圓圈二十五，奇數爲陽；黑圓圈三十，偶數爲陰。其排列爲北一白六黑，南二黑七白，東三白八黑，西四黑九白，中五白十黑。

　　「河圖」之說，古已有之。《尚書·顧命》「大玉、夷玉、天球、河圖，在東序。」《論語·子罕》：「鳳凰不至，河不出圖，吾已矣夫。」然則「河圖」爲何？皆未有明言。至〈繫辭上〉則曰：「河出圖，洛出書，聖人則之。」《周易集解》：

「鄭玄曰：『《春秋緯》云：河以通乾出天苞，洛以流坤吐地符，河龍圖發，洛龜書成。河圖有九篇，洛書有六篇也。』孔安國曰：『河圖則八卦也，洛書則九疇也。』」

夫《尚書》、《論語》皆言及「河圖」，未及「洛書」。〈繫辭上〉始曰：「洛出書」，是「洛書」當晚於「河圖」。至於「聖人則之」，奚則？則何？亦未有明確解釋。古「河圖」、「洛書」之說迷矣。

然則，五十五數之論却另有淵源。

〈繫辭上〉曰：「天一、地二、天三、地四、天五、地六、天七、地八、天九、地十。天數五，地數五，五位相得而各有合，天數二十有五，地數三十，凡天地之數，五十有五，此所以成變化而行鬼神也。」

《左傳・僖公十年》載韓簡之語：「物生而後有象，象而後有滋，滋而後有數。」係自然之認識過程。《易》之「大衍之數」，則反之，緣數以求象，係逆推自然之過程，於是數與象之關係立。《易》以道陰陽，則數亦有陰陽，天數奇，陽也；地數偶，陰也。是天地之數的推衍，可求出陰陽卦爻矣。〈繫辭上〉天地之數如此而已。

漢人解《易》，增「五行」學說，於是五行注《易》入數矣。《乾坤鑿度》曰：「天本一而立，一爲數源，地配生六，成天地之數，合而成性，天三地八，天七地二，天五地十，天九地四，運五行，先水，次木生火，次土及金。木仁，火禮，土信，水智，金義。」同時漢代其他著作也多有五行與數相配之說。《漢書・律歷志》曰：「天以一生水，地以二生火，天以三生

木，地以四生金，天以五生土，五勝相乘，以生小周。」楊雄《太玄經‧玄數》曰：「三八爲木，爲東方，爲春。」「四九爲金，爲西方，爲秋。」「二七爲火，爲南方，爲夏。」「一六爲水，爲北方，爲冬。」「五五爲土，爲中央，爲四維。」又《玄圖》曰：「一與六共宗，二與七爲朋，三與八成友，四與九同道，五與五相守。」《周易集解》虞翻注〈繫辭上〉「五位相得而各有合」曰：「或以一六合水，二七合火，三八合木，四九合金，五十合土也。」

推本而論，《尚書‧洪範》：「一曰水，二曰火，三曰木，四曰金，五曰土。」是次序言五行也，尚無配數之義。戰國年間，陰陽五行學說興盛，遂緣〈洪範〉五行次序以配數，則數與五行所表之方位、四時等關係立。《墨子‧迎敵祠》曰：「敵以東方來，迎之東壇，壇高八尺，堂密八。年八十者八人，主祭青旗。」「敵以南方來，迎之南壇，壇高七尺，堂密七，年七十者七人，主祭赤旗。」「敵以西方來，迎之西壇，壇高九尺，堂密九，年九十者九人，主祭白旗。」「敵以北方來，迎之北壇，壇高六尺，堂密六，年六十者六人，主祭黑旗。」《素問‧金匱眞言論》亦有「東方青色，……其數八」，「南方赤色，……其數七」，「中央黃色，……其數五」，「西方白色，……其數九」，「北方黑色，……其數六」之語。《管子‧幼官》亦有「治和氣，用五數，飲於黃后之井」，「治燥氣，用八數，飲於青后之井」，「治陽氣，用七數，飲於赤后之井」，「治濕氣，用九數，飲於白后之井」，「治陰氣，用六數，飲於黑后之井」之說。後有《幼官圖》篇，斯時當有圖也。

　　夫天地之數十，五行之數五，十之於五，則倍之，漢人以生數、成數論。戰國時所用大衍術推衍之得六、七、八、九。其用五行數亦多因之。如《管子‧五行》有曰：「天道以九制，地理以八制，人道以六制。」是「河圖」數爲五行學說興後之產物也。漢後生成數兼用，則自然數融合了陰陽、五行、方位、四時等。

　　《禮記正義‧月令疏》引鄭玄注〈繫辭〉曰：「天一生水於北，地二生火於南，天三生木於東，地四生金於西，天五生土於中。陽無偶，陰無配，未得相成。地六成水於北，與天一並。天七成火於南，與地二並。地八成木於東，與天三並。天九成金於西，與地四並。地十成土於中，與天五並也。」「河圖」之數理昭然揭矣，只待圖象化而已。

　　以黑白圓圈表陰陽天地之數而圖象化，大約完成於北宋，劉牧《易數鈎隱圖》已採用，蓋取白晝陽，黑夜陰，奇陽偶陰之義。據雷思齊《易圖通變》言，劉圖確係傳之於陳摶，是北宋初陳摶《易龍圖》已用之。或曰導源於《甘石星經》，蓋甘德星用黑圈，石申、巫咸星用白圈也。可備一說。「河圖」之方陣出，則天地之數所具陰陽之義、五行之義、方位之義，彰而明矣。

## （三）洛書

　　後世所傳「洛書」，係四十五個黑白圓圈組成之圓圖，可以「戴九履一，左三右七，二四爲肩，六八爲足」概括之。

　　「洛書」之數九，總數四十五，亦有其淵源。

　　《尚書‧禹貢》分中國大地爲九州：冀州、兗州、青州、

徐州、揚州、荊州、豫州、梁州、雍州，所謂「九州攸同」是也。《尚書・洪範》：「天乃錫禹洪範九疇。」「九疇」蓋言九章治天下大法也。《漢書・五行志》：「禹治洪水，賜洛書，法而陳之，〈洪範〉是也。」是劉歆認爲「九疇」法「洛書」九數而作也。古占星家以星變占斷人世間地域災異，人物吉凶，則形成天地人對照系。因時代不同，地域有異，而各家劃分不一。如現傳《甘石星經》則有：「四輔四星抱北極樞星，主君臣禮儀」，「相星在北極斗南，總領百司」，「越一星在婺女之南」，「趙二星在鄭之南」等。而《後漢書・天文志》注引《星經》有曰「歲星主泰山，徐州、青州、兗州。熒惑主霍山，揚州、荊州、交州。鎮星主嵩高山，豫州。太白主華陰山，涼州、雍州、益州。辰星主恆山，冀州、幽州、幷州。」所定不同，其義則一。爲實用於占斷，占星家常結合歷法制成圖式占盤。據《文物》一九七八年第八期載《阜陽雙古堆西漢汝陰侯墓發掘簡報》言：「太乙九宮占盤，上面的小圓盤放在下面方盤的凹槽裡。……小圓盤過圓心劃四條等分綫，在每條等分綫兩端刻『一君』對『九百姓』，『二』對『八』，『三相』對『七將』，『四』對『六』。繞圓心刻『吏』、『招』、『搖』、『也』四個字。」是最晚西漢文帝時，「洛書」數已用於式占。

　　《靈樞經・九宮八風第七十七》似予「九宮占盤」以解釋：

　　《九宮八風》開篇即「合八風虛實邪正圖」，該圖爲九圓圈，即「九宮」。中央圈之文曰：「招搖中央。」四圍八圈以「文王八卦」方位分列八卦，其文曰：「冬至葉蟄坎，立春天留艮，春分倉門震，立夏陰洛巽，夏至上天離，立秋玄委坤，秋分倉果兌，立冬新洛乾。」附有注文曰：「立秋二，秋分七，

立冬六，夏至九，招搖中央，冬至一，立夏四，春分三，立春八。」其方位之數即「洛書」數。其後有文曰：「太一常以冬至之日居葉蟄之宮四十六日，明日居天留四十六日，明日居倉門四十六日，明日居陰洛四十五日，明日居天宮四十六日，明日居玄委四十六日，明日居倉果四十六日，明日居新洛四十五日，明日復居葉蟄之宮，曰冬至矣。」是爲太一遊八宮之說。以下尚有占驗之說：「太一移日，天必應之以風雨，以其日風雨則吉，歲美民安，少病矣。先之則多雨，後之則多汗。太一在冬至之日，有變占在君，太一在春分之日，有變占在相，太一在中宮之日，有變占在吏，太一在秋分之日，有變占在將，太一在夏至之日，有變占在百姓。」似解「太一九宮占盤」之用。再後尚有占病說：「因視風所從來而占之，風從其所居之鄉來，爲實風，主生長養萬物，從其衝後來，爲虛風，傷人者也，主殺、主害者，謹候虛風而避之。」「太一入徙立於中宮，乃朝八風以占吉凶也。風從南方來，名曰大弱風，其傷人也，內舍於心，外在於脈氣，主熱……風從東南方來，名曰弱風，其傷人也，內舍於胃，外在肌肉，其氣主體重。此八風，皆從其虛之鄉來，乃能病人。」

　　漢戴德《大戴禮記・明堂》曰：「明堂者，古有之也，凡九室，一室而有四戶八牖，……赤綴戶也，白綴牖也。二九四，七五三，六一八，……或以爲明堂者，文王之廟也，朱草日生一葉，至十五日生十五葉，十六日一葉落，終而復始。」是古帝王法太一居「九宮」，建「明堂」，行十二月之令。其「洛書」縱橫十五之數寓意於朱草。

　　《乾鑿度》發揮〈繫辭上〉「一陰一陽之爲道」曰：「《易》

一陰一陽合而爲十五之謂道。陽變七之九，陰變八之六，亦合於十五。……故太一取其數，以行九宮，四正四維，皆合於十五。」鄭玄進而注曰：「太一者，北辰之神名也。……四正四維，以八卦神所居，故亦名之曰宮。……太一下行八卦之宮，每四乃還於中央。中央者，北神之所居，故因謂之九宮。天數大分，以陽出，以陰入，陽起於子，陰起於午，是以太一下九宮，從坎宮始。坎中男，始亦言無適也。自此而從於坤宮，坤，母也。又自此而從震宮，震，長男也。又自此而從巽宮，巽，長女也。所行者半矣，還息於中央之宮。既又自此而從乾宮，乾，父也。自此而從兌宮，兌，少女也。又自此而從於艮宮，艮，少男也。又自此而從於離宮，離，中女也。行則周矣。上游息於太一天一之宮，而返於紫宮。」是注蓋在「太乙游八宮」之說基礎上，少加變化而成，即沿九宮八卦數以變更巡行路綫耳。至此，「洛書」已合盤托出，只待圖式化而已。

　　「太乙九宮」經漢晉歷南北朝至隋唐，用者不衰，且有增益。梁蕭子顯撰《南齊書・高帝紀》：「案《太乙九宮占》推漢高五年，太乙在四宮，主人與客俱得吉，計先舉事者勝，是歲高祖破楚。……昇明元年，太一在七宮，不利爲客，安居之世，舉事爲主人，應發爲客。袁粲、沈攸之等反，伏誅。是歲太一在杜門，臨八宮，宋帝禪位。」是「八門」之說入「九宮」矣。

　　後晉劉昫撰《舊唐書・禮儀志》：「天寶三年，有術士蘇嘉慶上言，請於京東朝日壇東置九宮貴神壇。……東面曰招搖，正東曰軒轅，東北曰太陰，正南曰天一，中央曰天符，正北曰太一，西南曰攝提，正西曰咸池，西北曰青龍。五爲中，

戴九履一，左三右七，二四爲上，六八爲下，符於遁甲。」「謹按《黃帝九宮經》及蕭嵩《五行大義》，一宮其神太一，其星天蓬，其卦坎，其行水，其方白。……九宮其神天一，其星天英，其卦離，其行火，其方紫。」是「太乙九宮」衍「遁甲」之跡可尋。世傳「遁甲」肇始於黃帝，其爲《黃帝九宮經》歟？《隋唐・經籍志・五行》始見「遁甲」之作，以次載有：《黃帝九宮經》一卷，《九宮經》三卷，（鄭玄注，梁有《黃帝四部九宮》五卷，亡），《黃帝陰陽遁甲》六卷，後復載多種「遁甲」之書，可爲佐證。「遁甲」之作當始於「太一九宮」後，漢之哀平間，亦讖緯之類也。雖《隋書・經籍志・五行》載有《遁甲決》一卷，《遁甲文》一卷，注爲伍子胥撰，蓋僞也。

　　然則，「洛書」九數之安排，其說緣何？蓋「河圖」五行數也。「洛書」當爲八卦數矣。是爲戰國《易》學者所定之八卦數歟？抑或縱橫十五之數圖出而配以八卦歟？

　　朱震《漢上易傳・卦圖》以九數之「洛書」認作「河圖」曰：「『河圖』劉牧傳於范諤昌，諤昌傳於許堅，堅傳於李溉，溉傳於种放，放傳於希夷陳摶。」以十數「河圖」作「洛書」曰：「劉牧傳之。」與朱熹《周易本義》所傳之「河圖」、「洛書」相反，後世遂聚訟不已。要之，「河洛」公開於劉牧《易數鈎隱圖》，似無疑議（《易數鈎隱圖》之「洛書」分作「洛書五行生數」與「洛書五行成數」兩圖），既然爲劉牧所傳，當以劉牧爲是。然則，「圖書」非古，自漢人始，即無定論。漢孔安國、劉歆以「九疇」爲「洛書」，似「洛書」數九，故《四庫提要》曰：「至蔡元定，則以爲與孔安國、劉歆所傳不合，即以十爲『河圖』，九爲『洛書』，朱子從之。」

按《太玄經・玄圖》之「一與六共宗」說，爲後世附會「河圖」數十之濫觴。《後漢書・劉瑜傳》載：「瑜少好經學，尤善圖讖、天文、曆算之術」。於延熹八年上書曰：「古者天子一娶九女，娣姪有序，河圖授嗣，正在九房。」劉瑜之言「河圖」數九也，「九房」即九室。其爲「明堂」附會「河圖」之始歟？又《後漢書・楊厚傳》云，楊厚之「祖父春卿善圖讖學」，其父楊統「就同郡鄭伯山受河洛書及天文推步之術」。《後漢書・景鸞傳》曰：「少隨師學經。」「兼受河洛圖緯。」是知東漢後期「河圖」、「洛書」與讖緯並傳矣。又《大戴禮・明堂篇》於「二、九、四、七、五、三、六、一、八」注曰：「記用九室，謂法龜文，故取此數，以明其制也。」據《北史・盧辯傳》云：「辯字景宣，少好學，博通經籍，正光初舉秀才，爲太學博士，以《大戴禮》未有解詁，辯乃注之。」是爲「明堂」明確附會「洛書」之始歟？可知，隋唐即有以「明堂」數附會「河洛」者。「河圖」、「洛書」數之迷，由來尚矣！如此，後世兩存其說可也。

「河圖」、「洛書」出，褒貶不一，自有宋始。

宋俞琰《讀易舉要・河圖洛書之附會》曰：「關子明以五十五數爲河圖，四十五數爲洛書。劉牧又兩易之，以五十五數爲洛書，四十五數爲河圖，可謂以謬攻謬也。」「朱子曰：『聖人說數，說得簡略高遠疏濶。《易》中只有奇耦之數，天一至地十，是自然之數也，大衍之數是揲蓍之數也。惟此二者而已。』愚亦曰：舍此二者之外，《易》中豈有所謂『戴九履一』之數哉？乃漢儒牽合附會雲爾。」實則「洛書」四十五數，四正四維，皆合於十五，乃所揲蓍數陰（八）、陽（七）之合

數及老陰（六）、老陽（九）之合數，雖出緯書，亦爲《易》數之衍化耳。

　　《讀易舉要・論易數之是非》曰：「愚見趙虛齋《易說》九宮數有兩圖，一以五居中，戴九履一，左三右七，二四爲肩，六八爲足，而無十，其數縱橫皆十五。一以六居中，戴二履十，左八右四，九七爲肩，五三爲足，而無一，其數縱橫皆十八。古有此二圖，今人但知其一，雖於《易》無取，亦可爲五六居中之證也。」夫九宮數兩圖，皆以天地數缺一構成。「戴九履一」數傳自先秦，「戴二履十」數乃後人效尤。然則效尤者是視九宮數非神奇也。今人復有視「河圖」、「洛書」爲《周易》八卦之源者，並極盡附會之能事，大可不必矣。更有大言破譯「河洛」密碼者，謬矣。

　　至於「河洛」於數術等領域之運用，則又見仁見知矣。

　　「圖書」之說，焉知後世不有若萊布尼茲之於伏羲先天卦序見二進制者，則大益於世矣。

## （四）先天八卦圖（伏羲八卦圖）

　　朱震《漢上易傳・卦圖》稱：「伏羲八卦圖，王豫傳於邵康節。」邵雍《皇極經世・觀物外篇》曰：「一分爲二，二分爲四，四分爲八。」是說基於〈繫辭上〉「易有太極，是生兩儀，兩儀生四象，四象生八卦」，乃用二分法，於太極上生陰陽（兩儀），兩儀各復生陰陽，則成四象（老陽、少陽、少陰、老陰），四象上再各復生陰陽，則成八卦。其排列，則如《觀物外篇》所云：「順數之，乾一、兌二、離三、震四、巽五、坎六、艮七、坤八。」成「先天八卦次序圖」。這一陰陽

秩序井然之八卦圖,作成八卦方位圖,則稱作「先天八卦方位圖」。其排列爲乾南、兌東南、離東、震東北、巽西南、坎西、艮西北、坤北。如此一畫,則賦予了〈說卦〉「天地定位,山澤通氣,雷風相薄,水火不相射,八卦相錯」以新義。若《觀物外篇》所云:「起震終艮一節,明文王八卦也;天地定位一節,明伏羲八卦也。」

沿着「二分法」,即《觀物外篇》「八分爲十六,十六分爲三十二,三十二分爲六十四」之法,將「伏羲八卦次序圖」繼續分下去,共六層次,則得六十四卦陰陽爻井然有序之卦圖,稱作「先天六十四卦次序圖」。這一次序可作圓與方兩種排列,則得「先天六十四卦圓圖」與「先天六十四卦方圖」。以圓含方,朱熹《周易本義》稱:「圓於外者爲陽,方於中者爲陰。」是爲「伏羲六十四卦方位圖」。

推本而論,八卦之作,說法不一。〈繫辭下〉曰:「古者包犧氏之王天下也,仰則觀象於天,俯則觀法於地,觀鳥獸之文與地之宜,近取諸身,遠取諸物,於是始作八卦。」是明言八卦之作,蓋擬天地萬物之象耳,可謂《易》象數派之言,亦八卦爲古文字說所據。〈繫辭上〉「《易》有太極,是生兩儀,兩儀生四象,四象生八卦。」是爲八卦生成推始者之言也。後世解之者三歧焉:一言天地自然之生成,一言八卦卦畫之作,一言揲蓍以衍八卦也。《東坡易傳》曰:「太極者,有物之先也。夫有物必有上下,有上下必有四方,有四方必有四方之間,四方之間立而八卦成矣。」是言天地自然之生成。朱熹《周易本義》曰:「太極者,理也。兩儀者,始爲一畫以分陰陽。四象者,次爲二畫以分太少。八卦者,次爲三畫而三才之象始備。」

是以卦畫推始八卦之作也。《周易集解》引虞翻曰：「太極太一分爲天地。」「兩儀謂乾坤也，乾二五之坤，成坎、离、震、兌、震春、兌秋、坎冬、离夏，故兩儀生四象。」「乾二五之坤則生震、坎、艮，坤二五之乾則生巽、离、兌，故四象生八卦。」是混言自然與卦畫而生八卦也。《漢上易傳・卦圖》曰：「大衍之數五十，其一太極不動，而四十九運而爲八卦，重而六十四。」是揲蓍以衍八卦也，取〈繫辭上〉「大衍之數」章義。「大衍」章以數衍卦，爲八卦生成源於「河圖」數說所本。〈繫辭上〉：「河出圖，洛出書，聖人則之。」其言含蓄，未嘗明言八卦之生也。且前更有「天生神物，聖人則之，天地變化，聖人效之，天垂象，見吉凶，聖人象之」之語。是總言聖人效法天地萬物之象也。〈繫辭下〉：「《易》之興也，其於中古乎？作《易》者，其有憂患乎？」「《易》之興也，其當殷之末世，周之盛德也，當文王與紂之事也。」蓋言《易》卦爻辭之作也，非爲八卦之作，爲後世以史解《易》立論。要之，〈繫辭〉說法不一，後世則意見齟齬。至若重卦之說則又衆說紛紜。據近代考古，數字卦多爲六畫卦，難以確定三畫至六畫之分界，故又有三畫卦原於六畫卦之說。《易經》成書，六十四卦已完備，前此以往，迷矣，難以定論。然則，八卦、六十四卦框架成，何者先，何者後，便產生序卦問題。因之相繼產生了意義敘說。

　　若認準《易經》經文，則世傳「乾坤屯蒙」卦序爲六十四卦最合理最原始卦序無疑。即孔穎達所謂「二二相耦，非覆即變」的卦序，這一卦序達到了卦畫卦義的統一。漢代爲筮占需要，對卦序作了不少改造。若《帛易》卦序、《焦氏易林》卦

序、京房《易傳》卦序，可通稱爲「分宮」卦序。[8]延及宋代「先天六十四卦方圓圖」之卦序，則使六十四卦序沿着漢代整齊卦畫的方向登峰造極矣。構成陰陽卦畫逐層相遞增加的次序，此一卦序無疑導源於「先天八卦次序圖」，而「先天八卦次序圖」乃根據〈繫辭上〉「易有太極，是生兩儀」這一「二分法」思維畫成，故而「先天八卦六十四卦次序圖」當然內含萊布尼茲二進制。冠以「伏羲先天」之名，正是卦序整齊化終極的贊辭。

　　八卦以表方位之象，肇始難考。至〈說卦〉則八卦八方之位即定。曰「帝出乎震，齊乎巽，相見乎離，致役乎坤，說言乎兌，戰乎乾，勞乎坎，成言乎艮」，是也。又曰：「震，東方也。」「巽，東南也。」「離也者，明也，萬物皆相見，南方之卦也。」「坤也者，地也，萬物皆致養焉。」「兌，正秋也。」「乾，西北之卦也，言陰陽相薄也。」「坎者，水也，正北方之卦也，勞卦也，萬物之所歸也。」「艮，東北之卦也，萬物之所成終而所成始也。」宋代所謂「文王八卦方位」是也。這一八卦方位對八卦之方位、季節、五行等歸屬點到爲止，但總的八卦方位是明確的。其方位順序意義，以一年萬物（主要爲農作物）之生長成熟收藏立論，爲漢卦氣說之先導。就八卦方位與八卦主象而言，其中乾天坤地，天居西北，坤居東南之偏位，則不無憾焉，與〈說卦〉「天地定位」自然現象說相悖。又乾爲君，爲父，坤爲母，處偏位與倫理道德亦難符合。但要解決這一問題，也並非容易。強扶之正，則其他六卦作何安排？漢人爲此曾作過努力。〈繫辭上〉：「陰陽之義配日月。」《周易集解》引荀爽注此曰：「謂乾舍於离，配日而

---

8　參見前文《帛〈易〉芻議》。

居，坤舍於坎，配月而居之義是也。」而注乾〈彖〉：「大明
終始」曰：「乾起坎而終於離，坤起於離而終於坎，離坎者，
乾坤之家而陰陽之府。」夫乾天坤地，離日坎月。天地，陰陽
也；日月，亦陰陽也。因之以乾配日，以坤配月之說立。故而
《周易集解》於同人卦〈彖〉辭注引《九家易》曰：「謂乾舍
於離，同而爲日。天日同明，以照於下，君子則之，上下同人，
故曰同人。」綜上所述，乃一卦氣運行論也。以「文王八卦方
位」言，蓋謂乾之陽氣，起於正北之坎位順行（左旋），陽漸
盛，至正南之離位而極。坤之陰氣，起於正南之離位逆行（右
行），陰漸盛，至正北之坎位而極。這一卦氣運行說，調合了
乾坤偏位之弊。而漢之陰陽卦氣起止之說不一。《淮南子・詮
言訓》曰：「陽氣起於東北，盡於西南；陰氣起於西南，盡於
東北。」《周易集解》引荀爽注坤〈文言〉「夫玄黃者，天地
之雜也」曰：「消息之卦，坤位在亥。」總之，漢人運用卦氣
說，從思想上調合了乾坤偏位之弊，但欲正式移位，則必須對
其他六卦以交待。其「離坎者，乾坤之家而陰陽之府」一語，
即可見坎離猶難得移位，其他四卦更不復論矣。是漢代儒者卦
氣理論難當此重任矣。

　　以《易》「太極」理論爲始基建立的宋理學，必須對《易》
這一乾坤移位問題作出圓滿回答，這一重任是由邵雍來完成
的。他在前人學說基礎上，對〈繫辭上〉「《易》有太極」作「二
分法」即層次陰陽二分的處理，得出的「伏羲八卦次序圖」，
爲建立新的八卦方位創立了新的論說。爲安定乾南坤北，故而
乾一至震四，作乾南、兌東南、離東、震東北的排列，從巽五
至坤八，作巽西南、坎西、艮西北、坤北的排列。這一圖象的

完成，恰與〈說卦〉「天地定位，山澤通氣，雷風相薄，水火不相射，八卦相錯」相符。於是「天地定位」遂被理解爲古卦序之一，〈說卦〉所以未言，正因「先天」失傳之故。依「二分法」作六層次陰陽二分的處理，得出「六十四卦次序圖」，再依「乾坤定位」法處理成圓圈，則得六十四卦方位圓圈，但離坎已東西移位矣。是知八卦、六十四卦象數意義不一，正可謂「不可爲典要」也，圖象難免顧此失彼，本無可深責，各取所需而已。

「伏羲先天方位圖」的完成，加固了「天地定位」之理論基礎，爲宋理學的完善作出了巨大貢獻。《宋史・邵雍傳》稱邵雍「衍宓羲先天之旨，著書十餘萬言」，「河南程頤初侍其父，識雍，論議終日，退而嘆曰：『堯夫，內聖外王之學也。』」尋根導源，「先天卦序」爲其學之根基也。

誠如《邵雍傳》所言：「（北海李之才）曾造其廬，謂曰：『子亦聞物理性命之學乎？』雍對曰：『幸受教。』乃事子才，受河圖、洛書、宓羲八卦六十四卦圖像。之才之傳遠有端緒，而雍探賾索隱，妙悟神契，洞微蘊奧，汪洋浩博，多其所自得者。」《周易本義》亦曰：「伏羲四圖，其說皆出邵氏，蓋邵氏得之李之才挺之。」是邵雍先天之作，似亦有源。然則探賾索隱，衍伏羲先天，有所自得，闡明，公開，弘揚，與有力焉。

邵雍《皇極經世書》乃《周易》象數學之衍也，其「先天卦序」的史學開拓。分歷史爲大小各段落曰：一元十二會，以十二支表會。一會三十運（每運合三百六十年）。以先天卦圖次序，每會統五卦（乾坤坎離除外）。一運十二世，一世

三十年，一年十二月，一月三十日，一日十二時，一時三十分，一分十二秒。即元經會，會經運，運經世，世經年。年經月，月經日，日經時，時經分，分經秒。進而尚可擴元會運世時間層次於無限。通過卦爻陰陽之變，詳細推衍卦象層次於無極，使任一時間皆有卦象相比附，借以極深研幾，彰往察來，數往知來。如《四庫提要》所言：「起於帝堯甲辰，至後周顯德六年己未，而興亡治亂之蹟皆以卦象推之。」總觀其法，客觀而密整，其理則主觀意濃，超出《易》象數遠矣。雖後多儒家言，繼而述之者多有，皆術數之類也。

　　北宋道學家融合道家、數術家《易》，爲《易》學的圖象化完成了重點工程。

## 三、南宋《易》學

　　南宋《易》學家繼承北宋圖像《易》並做出巨大貢獻者當首推朱熹。其《周易本義》對有宋以來形成的象數圖作一肯定整理，並置於卷首，成爲《易》之本原。計有：河圖、洛書、伏羲八卦次序、伏羲六十四卦次序、伏羲六十四卦方位、文王八卦次序、文王八卦方位以及卦變圖九圖。

　　夫卦變之論始於《易》傳，考之於《易》，確然不虛。蓋萬物之象動靜而已。《易》之取象，亦有靜取與動取之分。前文《〈周易〉象數學》所述之父母卦象、本卦本象、互卦之象、爻位之象、卦名卦義、方位之象、主爻卦象皆爲靜取。《〈周易〉象數學》所論之爻變之象、兩卦相易、消息之象皆爲動取。動取者皆有爻變，爻變則卦變矣。漢之學者著《易》重象數。今文《易》重卦氣，勿與論矣。古文《易》學者若虞

翻言卦變至多。前文《漢〈易〉象數學》概其爻變取象計有：乾坤爻變、消息爻變、旁通爻變、失位爻變及上下象易。

　　宋人言卦變多源於虞翻。據朱震《漢上易傳》載李挺之「卦變反對圖」八篇及「六十四卦相生圖」一篇曰：「康節之子伯溫傳於漢陽陳四丈，陳傳之李挺之。」其「六十四卦相生圖」曰：「凡卦五陰一陽者皆自復卦而來，復一爻五變而成五卦；凡卦五陽一陰者皆自姤卦而來，姤一爻五變而成五卦；凡卦四陰二陽者皆自臨卦而來，臨五復五變而成十四卦；凡卦四陽二陰者皆自遯卦而來，遯五復五變而成十四卦；凡卦三陰三陽者皆自泰卦而來，泰三復三變而成九卦；凡卦三陽三陰者皆自否卦而來，否三復三變而成九卦。」朱熹於《周易本義》卦變圖則曰：「凡一陰一陽之卦各六皆自復姤而來；凡二陰二陽之卦各十有五皆自臨遯而來；凡三陰三陽之卦各二十，皆自否泰而來；凡四陰四陽之卦各十有五皆自大壯觀而來；凡五陰五陽之卦各六皆自夬剝而來。」是除乾坤卦外，各卦皆自同陰陽爻之消息卦而來矣。消息爻變（卦變）至朱熹整矣，繁矣。考之於《易》十二消息卦之說尚欠確徵，況其變乎？《周易本義‧圖說》曰：「〈彖傳〉或以卦變爲說，今作此圖以明之，蓋《易》中之一義，非畫卦作《易》之本指也。」是朱氏深知「《易》不可爲典要也。」

　　至若「文王八卦次序圖」蓋取〈說卦〉乾坤父母及六子卦義而作也。「文王八卦方位圖」蓋取〈說卦〉「帝出於震」章之義而作也。

　　宋《易》圖要者九，朱熹表之於《本義》之首矣。其餘

若劉牧《易數鈎隱圖》所言之:「太極生兩儀」「天地數十有五」「兩儀生四象」「四象生八卦」「大衍之數」「人秉五行」乃至「八卦變六十四卦」諸圖,多敷衍《易》說,少新義。若朱震《漢上易傳・卦圖》所言之:「太玄準意圖」「乾坤交錯成六十四卦圖」「十二律相生圖」「六十四律相生圖」「天文圖」「斗建乾坤終始圖」「日行二十八舍圖」「北辰左行圖」「納甲圖」等乃附會解漢《易》卦氣說者,存之以作卦氣說之圖解可也。

　　朱熹解《易》,象數理占不偏廢。《周易本義・序》曰:「《易》之爲書,卦爻象象之義備而天地萬物之情見。《易》者陰陽之道也,卦者陰陽之物也,爻者陰陽之動也。」是卦乃陰陽之物象也。其注蹇卦曰:「爲卦艮下坎上,見險而止,故爲蹇。」是以卦象之義解卦也。若注乾初九「潛龍勿用」曰:「潛,藏也。龍,陽物也。初陽在下,未可施用,故其象爲潛龍,其占爲勿用。凡遇乾而此爻變者,當觀其象而玩其占也。」注乾卦辭「元亨利貞」曰:「此聖人所以作《易》教人卜筮而可以開務成務之精意。」視《周易》爲筮占之書。即認可《易》之象數理矣。蓋舍象數,則事無實證,處理易差,亦難得占斷矣。

　　朱震《漢上易傳》爲兩宋之際一部較重要的象數《易》著述。《四庫提要》稱其《易》學「以象數爲宗,推本溯源,包括異同,以救莊老玄無之失。」其《漢上易傳原序》曰:「聖人觀陰陽之變而立卦,效天下之動而生爻。變動之別,其傳有五:曰動爻、曰卦變、曰互體、曰五行、曰納甲。」其言動爻:(1)一、三、五陽位,二、四、六陰位。(2)七八者陰陽之

稚，六九者陰陽之究，究變稚不變。並曰：「七八者《連山》、《歸藏》也，六九者《周易》也。」其《連山》、《歸藏》之說蓋出自臆度。（3）策三變而成爻，爻六變而成位。變者以不變爲體，不變者以變者爲用。其言卦變：（1）乾生三男，坤生三女，乾交坤、坤交乾成十二辟卦。（2）四正卦主四時，十二辟卦主月。（3）乾貞於子而左行，坤貞於未而右行，左右交錯，六十卦周天而復，繫陰陽之升降，四時之消息，天地之盈虛，萬物之盛衰。（4）乾生四卦，坤生四卦，八卦變復生六十四，坎離肖乾坤，大過小過頤中孚肖坎離，此卦變之中又有變焉者也。其言互卦：一卦含四卦，四卦之中復有變動，若離震合而有頤，坤離具而生坎，其言五行：一生水而成六，二生火而成七，三生木而成八，四生金而成九，五生土而成十。並謂之原於〈繫辭上〉「天地之數」與〈說卦〉「巽木、坎水、離火」之說。其言納甲：「乾納甲壬、坤納乙癸……」蓋取京房《易傳》。

朱震認爲：自一二三四言之謂之數，自有形無形言之謂之象，自推考象數言之謂之占（《漢上易傳・序》）。其解乾〈象〉曰：「《易》者象也，有卦象，有爻象」。而解乾爻〈象〉曰：「初九變坤，下有伏震，潛龍也。」蓋言乾初爻陽變陰，內卦爲巽、巽伏震。是爻變後取飛伏之卦象。「三變離兌，日在下，終日也。」「九四變離兌，兌爲澤。」「九五坎變離，離爲飛，乾爲天，離淵而飛，飛龍在天也。」「上九變兌，兌爲毀折，亢滿之累也。」是結合京房之飛伏言爻變也。較之虞翻言爻變又過之矣。

《漢上易傳表》曰：「濮上陳摶以先天圖傳种放。」其

所言太極、河圖、洛書傳世說，爲後世「圖書」聚訟家所常引。

　　《漢上易傳》注〈說卦〉詳而繁，可見朱震對《易》象之鍾愛。然亦有簡賅者。其注解「乾，健也；坤，順也；震，動也；巽，入也。」曰：「動陷止皆健之屬也，入麗說者順之屬也，不離乎乾坤也。」蓋仿張載《橫渠易說》注文。

　　《四庫提要》載：「魏了翁曰：『《漢上易》太煩』。」「胡一桂曰：『觀其取象，亦有好處，但牽合處多，且文詞繁雜，使讀者茫然』。」信矣。綜觀其象數解《易》，無出漢人左右。

　　程大昌之《易原》則專《易》數是論。其「河圖」「洛書」遵劉牧《易數鉤隱圖》說，以四十五數爲「河圖」，五十五數爲「洛書」，並深信其爲《易》之源。其引《易傳》爲據曰：「《易》雖不言何者爲圖，何者爲書，而意指所及可究考也。其於『開物成務，冒天下之道』則歸諸十全數。而『成變化，行鬼神』又歸五十五數也。夫此十全數者五十五數也，則皆『洛書』也。」「參伍以變，錯綜其數，通其變，遂成天地之文，極其數，遂定天下之象。此之參伍即十五也。通參伍而三之則四十有五也，四十有五者『河圖』也。」然則程氏對漢之卦氣說多持異論矣。於「六日七分」說詬之尤甚。曰：「秋冬之氣不可以入之春夏，亦猶陰卦之爻不可入諸陽卦也。今也不分四季之屈信，不立八卦之分際，概以一日析爲八十分，而凡卦均受七分，固可傳足乎周天之度矣，而其大不通者，勢必至於分爻以出卦外，則必有卦陽而爻陰者矣，亦有卦陰而爻陽者矣，其爲破碎不待多辨也。」其他對漢之「分爻當日」「分爻記月」說及邵雍「復姤小父母」論亦力駁焉。

其於「卦數」論之曰：「夫子未嘗正言卦數也，獨於〈說卦〉命坎為水，故論數者得以知坎為一而離震兌之當為二三四也。非必他證也，以類而推則一行可準四行也。然則乾九巽八其必〈說卦〉之謂為金為木者而命之為九為八也矣。是亦夫子之言故亦不必真辨也。惟夫配坤以六，配艮以七，〈說卦〉既無明指，又且坤既為地而復以水為，艮既為山而復以火配，人因疑之，此不足疑也。《易》象變遷，蓋有不勝其言者矣。」是以「河圖」五行生成數配八卦也。與唐崔憬乾九、震七、坎五、艮三、坤六、巽八、離十、兌二，相合為大衍之數五十之八卦數不同。

趙彥肅《復齋易說》擇文以注，〈繫辭〉而下無注。注《易》以象數言義理，於卦務求所以。其所言數主以爻位，言象主以陰陽剛柔之爻象。如解屯六二曰：「陽為馬，凡陽皆乾之分體也。」亦間言卦象。如解屯九五曰：「坎水乘震為雲，澤未流也。」離九三曰：「離中虛為缶。」《四庫提要》稱：「論《易》與朱子不合，故《朱子語錄》謂其為說太精，取義太密，或傷簡易之趣。」雖曰有理，然則並非至確之論。

蔡淵《易象意言》象數理俱重，認為：「世儒乃欲忘象忘言，果聖人作《易》之意乎？聖人之意正在乎言象之間也。」其論象數計有：爻位之象、主爻卦象、陰陽剛柔之象、爻之升降、八卦之象（本卦本象）、互卦之象。

其言「河圖」與八卦關係曰：「或謂河圖與卦畫不相似，伏羲則之而畫卦若之何而則之？夫河圖之數自一至十，一三五七九為陽，二四六八十為陰。一者陽之始，二者陰之始，

故聖人取一以畫 ── （乾），取二以畫 ▬▬ （坤）。造化之道，氣有二而行有五。一三五七九者陽之行也，二四六八十者陰之行也，二非五則不能變化，五非二則不能自行。」是論以陰陽爲體，五行爲用耳。只說明「河圖」之陰陽五行數。至若陰陽卦畫之始乃臆斷耳。

其曰：「《易》有太極，形而上之道也，儀象八卦，形而下之器也。」「《易》有太極，理也。兩儀氣也。形（氣）化形也，有理斯有氣，有氣斯有形，本一道也」得朱熹之傳。宋之以理爲本體，多因「太極」立論。

吳沆《易璇璣》二十七篇。其〈法天篇〉以天地人三才立意：「天得於陽，地得於陰，人兼陽而兼陰，天一於動，地一於靜，人能動而能靜。天體於剛，地體於柔，人有剛而有柔。」〈通六子篇〉以八卦之象詁六畫卦之卦義，而以通爲貴。以爲「坎無常險，離無常明，艮不必止，巽不必行，震動有機也，兌說有宜也。」〈貴中篇〉極贊中位曰：「上下之理貴乎中通，聖人之道貴乎中庸。」〈初上定位篇〉以爲：「初上有陰陽定位。」並認爲：「二四同功則上之爲陰可知也，以三五同功則初之爲陽亦可知也。」是對王弼《周易略例‧辯位》：「初上者體之始終，事之先後也，故位無常分，事無常所，非可以陰陽定位也」而發。〈六五定名篇〉曰：「〈繫辭〉云：『參天兩地而倚數』蓋合地二與四以爲六，而爲老陰。合天一三五以爲九而爲老陽。又合六九之數縱橫之皆十有五而爲河圖，又以天一至地十合數五十五而爲洛書。是故大衍之數起於洛書，而六九之名定於河圖。」是以四十五爲河圖，五十五爲洛書，從劉牧說。定大衍之數爲五十有五也。古之解「參天兩地而倚

數，」說多歧異，吳沆是以「河圖」「洛書」兩解之。〈論變有四篇〉曰：「《易》變有四，卦變其始，爻變其次，倒卦不足又繼之以反類，舍是以還則有乎互體而已。」〈有象篇〉曰：「蓋有象，然後有卦，有卦然後有辭。」「苟明乎象則理罔不通。」「有《易》之象也。有卦之象，有爻之象，天地風雷水火山澤，《易》之象也。木上有水謂之井，頤中有物謂之噬嗑，此卦之象也。渙以機，剝指床，困取赤紱，坤言黃裳，此爻之象也。」是吳沆論《易》變，論《易》象皆簡括也。〈明位篇〉曰：「一陽爲主者六卦，而獨於比言樂，一陰爲主者亦六卦，而獨於大有言衆。」「是知陰陽致一未爲貴，致一而得中未爲貴，致一得中而又得位，乃足爲貴。」沆以此闡明〈繫辭下〉「聖人之大寶曰位。」五位者，「聖人之大寶」也。〈存互體篇〉明互體之未可獨廢也。其餘〈明君道篇〉、〈明君子篇〉等皆以卦象明理者也。

綜觀《易璇璣》以象數解《易》明理，語簡而韻，尊乎《易傳》，於漢《易》卦氣論無涉。

稅與權《易學啟蒙小傳自序》言：因朱熹「以伏羲先天理數之原特於《易學啟蒙》而抉其秘，圖象咸本諸邵氏，間與袁機仲談後天易，則謂嘗以卦畫縱橫反復求之，竟不得文王所以安排之意。」而稅與權「曩從先師鶴山魏文靖公講，竊邵氏諸書迺於〈觀物篇〉得後天易上下經序卦圖，反覆視之，皆成十有八卦，然後知乾、坤、坎、離、頤、中孚、大小過不易之八卦爲上下二篇之幹，其互易之五十六卦爲上下二篇之用。」稅氏以此說進而推之：「上下經皆爲十八卦者，始終不出九數而已。九者究也，萬類盈物於天地間者究之象也，是故《易》

以十八變而起卦，《玄》以十八策而生日，大抵《易》六十四卦，不越乾坤奇偶之九畫，而乾坤奇偶之畫又重為二九而窮。窮則變，故革在先天當十八，二九之究也，在後天當四十九，蓍數之極也。四十九而革去故，五十而鼎取新，開物於寅，帝出乎震，而循環無窮矣。蓋天地五十有五之數，河圖、洛書實互用之。先天則河圖之九而分左右，皆疊二九而周乎六十四。後天衍洛書之九而分上下亦合二九而總乎三十六，邵氏此圖豈非明羲文之《易》同中異，異中同也欤？」是綜以「河洛」數言先後天卦序，可備一說。

其「後天《易》上下經序卦圖反復視之皆成十有八卦」「上下經皆為十八卦者，始終不出九數而已」之論解《易》上經三十卦，下經三十四卦，僅以數言，理靡不通。但無視卦義之互相聯繫，若蒙需之繼，訟師之續則仍「不得文王所以安排之意」，蓋《易經》六十四卦之序，乃畫與義，卦象與卦理之有機結合耳。

雷思齊《易圖通變》以四十五數為「河圖」作圓圖「河圖四十徵誤之圖」曰：「河圖本數兼四方四維共四十員布為體，以天五地十虛用以行其四十，故合天地之數五十有五。舊圖改作方體，且實以天五於其中，故不可推用。」並以「文王八卦方位」配之，則得坎一、坤二、震三、巽四、乾六、兌七、艮八、離九八卦之數，實則為《乾鑿度》鄭注「太一行九宮」之數。雖改方作圓，虛五與十，異與先儒，究其實則一也。其虛五與十之論曰：「一二三四而五同為生數，一至四其實體，五其虛用也；六七八九而十同為成數，六至九其實體，十其虛用也。四象無五，八卦無十，坦然明白矣。」實則八卦與十數配

必虛二數，雷氏所謂「非有體位者也」，然與「四象無五、八卦無十」無涉。

雷氏復曰：「宋之初，陳搏圖南始創古，推明象數，閔其賤用於陰陽家之起例，而蕪沒於《乾鑿度》太一取其數以行九宮之法。起而著爲《龍圖》以行於世，愚幸及其全書。」並曰：「於本圖之外就以五十有五之數別出一圖，自標之以爲形洛書者已，是其初之失也，雖其縱橫錯綜分合體用之意皆在本圖，而五十五之數既離而別出，世遂舍本逐末，因疑圖書並出。雖是若非無以究其詣極而徒長紛紛之論。至其傳及劉牧長民，因之汎出五十五圖，名以《鉤隱》，則又以增異。」「今圖南既別無義例辭說，誤以圖之五十五數別標一圖以爲『洛書』，是其傳疑之始也。原其初意，蓋由漢儒襲傳〈洪範〉，初一之五行，其二曰火，四曰金，……今『河圖』乃置二於西南，置四於東南，是火金改次矣。既不敢遂改『河圖』，乃別以其五十五數析爲洛書，而以〈洪範〉二火次於南，四金次於西，且以七隨二、九隨四，而易置其西焉。以故長民不識其由，至謂火金易位也。」

雷氏此論可見宋代「河圖」「洛書」發自陳搏及衍變之概況。究其意，始有「河圖」未有「洛書」。故其《易圖通變》僅有「河圖四十徵誤之圖」「參天兩地依數之圖」「參伍以變錯綜數圖」「參兩錯綜會變總圖」四圖。若夫推之先秦，《尚書・頤命》「大玉夷玉天球河圖在東序。」是只見「河圖」也。《論語・子罕》「鳳鳥不至，河不出圖」亦只稱「河圖」也。〈繫辭上〉：「河出圖，洛出書，聖人則之。」則增「洛書」矣。豈宋代「河圖」「洛書」之衍亦如之乎？然則「河洛」之

迷，隋唐之前已如之矣。

以上所論南宋象數《易》之概要也。若夫林至《易裨傳》二卷。曰法象曰極數曰觀變。《外篇》一卷。曰反對、世應、互體、納甲、卦氣等。楊萬里之《誠齋易傳》繼《周易口義》而以史解《易》。鄭汝諧《易翼傳》尊程氏「體用」一源，「顯微無間」之論，探《易》之精微。其他若鄭剛中《周易窺餘》，楊簡《楊氏易傳》，項安世《周易玩辭》，趙汝楳《大易輯聞》，王崇傳《童溪易傳》等，於《易》理又各抒己見，然於《易》之象數多無新意。魏了翁《周易集義》集伊川、橫渠、楊龜山、朱震、朱熹諸家之論。董楷《周易傳義附錄》集《程子易傳》朱熹《本義》之論。李衡《周易義海撮要》刪削房審權《周易義海》集鄭玄至王安石近百家之論，復益以伊川、東坡、朱震、龔源之說而成。則不一一贅述。

## 四、兩宋象數《易》之總結

宋末元初學者俞琰於其《大易會要》基礎上集諸說之善而編撰之《周易集說》及《讀易舉要》，對先代易學尤其宋《易》作一論述。其《周易集說序》曰：「當知辭本於象，象本於畫；有畫斯有象，有象斯有辭。《易》之理盡在於畫，詎可舍六畫之象而專論辭之理哉？舍畫而玩辭，舍象而窮理，辭雖明，理雖通，非《易》也。」又曰：「逮夫紫陽朱子《本義》之作，發邵、程之未發，辭必本於畫，理不外於象，聖人之本旨於是乎大明焉。」俞氏並以此原則《經》、《傳》兩分，撰《周易集說》。如其注乾九五曰：「九五君位之至尊，猶天之不可階而升也，故其象為龍之飛而在天，其占為利見在上之大

人。」注未濟六三曰：「居下坎之上，似亦濟矣，而又有五坎在前，蓋亦未濟也，六三位不當，征行且凶，況涉大川乎？紫陽朱子曰：『利字上當有不字。』」可見其效朱熹解《易》，合象數理占爲說也。

《讀易舉要》所論有頗合理者，可作宋《易》初步之總結。

朱熹極論《易》爲卜筮之書，俞琰於《易爲卜筮之書》篇力主其論，恢復了《易》的歷史面目。又分《易》爲伏羲《易》，文王《易》，孔子《易》，於是象數理占各有安排。

〈卦畫取象〉篇記朱子曰：「上世傳流，象數已明，不須更說。故孔子只於義理上說，伊川亦從孔子。今人既不知象數，但依孔子說，只是說得半截，不見上面來歷。」此言亦爲後世只言易理不言象數者說。但認爲孔子不言象數則非。蓋象數理占皆《易傳》首先言明，而《易傳》爲孔子及孔門弟子所述也。

〈卦變〉篇曰：「主卦變之說者，皆謂一陰一陽卦自「復」、「姤」來，……或曰卦變之說，李隆山、王童溪深詆之，古注程傳皆不取，而朱之取之何也？曰：朱子存而不泥，蓋占法用之，不可廢也。」是後人對「卦變圖」亦多異議也。蓋因「卦變」本《易》所有，然則不似「卦變圖」之規矩然，故爭論後世不絕也。

〈卦之主爻〉篇曰：「三畫卦乾坤坎離以中爻爲主；震巽以初爻爲主；艮兌以末爻爲主。六畫卦坎乾以九五爲主；坤離以六二爲主；震以初九爲主；巽以六四爲主。艮以九三爲主；兌以上六爲主。其餘諸卦剛柔雜者亦多取六子剛柔少爻爲

主。」其前尚有「八卦主爻圖」、「十二卦（消息卦）主爻圖」係主爻說的圖象化。其中多有非《易經》原義者。是沿襲「卦變圖」之作也。爲宋《易》圖象化的繼續，後世繼圖者正多。

　　〈論易數之是非〉篇曰：「朱子曰：『大衍之數說著，天地之數說造化生生不窮之理。此外是後人推說出。』愚亦曰：『易數不過大衍之數五十，天地之數五十五，即無所謂四十五數也。四十五數，九宮數也，乃後人推出以附會於易數爾。』」此乃以數推論「洛書」後出。考之於〈繫辭〉是正確的。俞琰復於《河圖洛書之附會》篇中引進歷史記載力辯「河圖」「洛書」後出，認爲「九宮數術家用之，非易數也。」且曰：「九宮數《子華子》言之，《乾鑿度》言之，初不知此數爲『洛書』，亦不知此數爲『河圖』。蘇東坡曰：『九宮不經，蓋緯書所言之數，非《易》數也。』」又〈魏晉以後唐宋以來諸家著述篇〉：「錢塘葉昌齡，治平間人，撰《周易圖義》以證劉牧《鈎隱圖》之失。」是北宋「河圖」、「洛書」出則有異議也。

　　〈卦氣之附會〉篇曰：「六日七分說歷家用之，《易》無取焉。」「卦氣之說巫史附會之說，非聖人之意也。」〈納甲之附會說〉篇曰：「或問泰有坤故言乙，歸妹無坤而亦言乙何也？蠱無乾而言甲，巽無震而言庚又何也？曰：『納甲之法惟術家用之，於《易》無預焉』。」是推「卦氣」、「納甲」諸說而歸之漢之數術家之作，立論基本正確，宋代《易》學家注《易》採用者少，推其源，王弼《易注》與有力焉。

　　綜觀俞琰《讀易舉要》對先代《易》，尤其宋《易》圖書之說作出較爲中肯的評價，然則並非定論。後世更襃貶不一。且「圖書」之風至明清而有增焉。

　　明趙撝謙《六書本義》[9]有「天地自然河圖」並附文曰:「此圖世傳蔡元定得於蜀之隱者,秘而不傳,雖朱子亦莫之見,今得之陳伯敷氏,當熟玩之。」此「天地自然河圖」當爲後世「陰陽魚太極圖」之祖。此圖陰魚有界而陽魚無界,四圍排列先天八卦。與趙撝謙同代人趙仲全《道學正宗》載「古太極圖」係圓圈內之陰陽魚,皆有界之太極圖,圓圈外亦標以先天八卦。這一「太極圖」大約肇始於陰陽各半之圓圈圖。《讀易舉要》曰:「朱子曰:『楊龜山過黃亭詹季魯家,季魯問《易》,龜山取一張紙畫一圈子,用墨塗其半曰:「這便是《易》。」此說極好。《易》只是一陰一陽,做出許多般樣。』」幾經衍化,最後成就之「陰陽魚太極圖」,若「太極分兩儀」、「《易》之陰陽相合」、「陰陽消長」等等,是圖皆可涵蓋,且發人深省。後世遂取周敦頤「太極圖」而代之,當屬「圖書」衍而有成者。

　　清李光地《御纂周易折中》於《易》圖尊朱熹《易學啟蒙》篇重「河洛」之數演。其於《啟蒙附論》云:「今摭圖書卦畫蓍數之所包蘊,其錯綜變化之妙,足以發朱子未盡之意者。」[10]纂「河洛」諸圖以闡其數理。是宋後多有欲以圖像闡明《易》之數理者矣。

　　夫《易》圖之興,有來者漸矣。〈繫辭〉以先,所言「河圖」「洛書」無考。《史記‧天官書》涉及星占。《漢書‧藝文志‧天文》載《泰一雜子星》二十八卷。《圖書祕記》十七篇等二十一家四百四十五卷星占書籍。然則天文占驗星象圖當

---

9　參見李申《太極圖淵源辨》載《周易研究》1991年第1期。
10　見清李光地《御纂周易折中》,上海古籍出版社,1990年,521頁。

對後世《易》圖以啟迪。戰國年間五行與自然數相配之運用，如《墨子‧迎敵祠》所言者，爲後世之衍「河圖」始作俑。戰國秦漢間之《太乙九宮占盤》、《靈樞經》之「九宮圖」等直接爲後世「洛書」所本。其「太乙九宮占盤」顯係占卜之用，本於解《易》無涉。若西漢京房氏擅占候之學，創「納甲」諸說，本亦爲占卜所需，東漢學者卻附益之以解《易》。後世「圖書」之解《易》類之，至東漢後期「五行生成數」，「九宮數」漸指爲「河洛」數矣。

　　《隋書‧經籍志‧經部》於《周易繫辭義疏》後注曰：「梁有《周易乾坤之象》、《周易新圖》各一卷，又《周易普玄圖》八卷，薛景和撰。」其《周易新圖》、《周易普玄圖》當屬今知史載最早以圖解《易》之書。其曰《周易新圖》似有舊圖。《隋書‧經籍志‧五行》載錄有：「《九宮八卦式蟠龍圖》、《易通統卦驗玄圖》、《易斗圖》、《周易分野星圖》」等《易》圖多種。並注曰：「梁有《周易八卦五行圖》」。《隋書‧經籍志》又於緯書目錄中記有：「《河圖》二十卷。」並注曰：「梁有『河圖』、『洛書』二十四卷，目錄一卷亡。」復記有：「《河圖龍文》一卷」。是梁時已有「河洛」專著。但梁之「河洛」是否類宋之「河洛」，今人很難確知。然則古人列之緯書，已知非《周易》正源。《經籍志》繼曰：「光武以圖讖興，遂盛行於世。漢時又詔東平王蒼正《五經》章句，皆命從讖。（讖緯入《經》矣）俗儒趨時，益爲其學。篇卷第目，轉加增廣。」「宋大明中始禁圖讖。梁天監以後，又重其制。及高祖受禪，禁之愈切。煬帝即位，乃發使四出搜天下書籍，與讖緯相涉者皆焚之。爲吏所糾者至死，自是無復其學，

祕府之內亦多散亡。」

　　《新唐書·藝文志·經部》載錄有「《大衍玄圖》一卷」，於《五行》載錄有「《周易雜圖序》一卷，《周易八卦斗內圖》一卷，又三卷，《九宮經解》三卷」。《舊唐書·經籍志》載有「《易緯》九卷，宋均注」，「《六經緯》五卷，宋均注」。《舊唐書·經籍志·五行》載有「《九宮經解》二卷」，皆不復有「河洛」之籍。梁之「河洛」已從祕府逐出歟？《宋史·藝文志》載有「陳摶《易龍圖》一卷。」其《易龍圖》與梁之《河圖龍文》及《隋書·五行》所載：「《九宮八卦式蟠龍圖》」有無淵源關系，不得而知。然則祕府不備，復得世間，或幾經衍化，至陳摶而復出，亦不爲妄猜。《宋史·藝文志》載：「范諤昌《大易源流圖》一卷，劉牧《易數鈎隱圖》一卷」。「河洛」之學復進祕府。朱震《漢上易傳》所言陳摶傳「圖」之說，似當有所據。而把「河洛」之學扶正者當推朱熹。其《周易本義》出，天下學子影從，雖有異議，終不免形成圖象解《易》之軒然大波矣。

　　回思梁薛景和所撰《周易新圖》、《周易普玄圖》當屬以圖解《易》之濫觴。《新唐書·藝文志》載錄《大衍玄圖》、《周易雜圖·序》等當是其繼。宋後圖象解《易》之作層出，其圖似當涵蓋梁後之圖矣。

　　《易》圖之興，是非不一。平心而論，神之者非也，譏之者亦非。千年《易》圖之衍，由緯入經，至宋朱熹終登《周易》殿堂，雖有所濫，佳作亦有。況且《易》圖本爲合《易》之象數理爲一而作。因之對明清《易》學象數理占之融貫，不無力焉。

# 第三章 《周易》之筮占

## § 《周易》筮占

〈繫辭上〉曰:「《易》有聖人之道四焉:以言者尚其辭;以動者尚其變;以制器者尚其象;以卜筮者尚其占。」毋庸諱言,《周易》在古代是曾用作筮占的。古筮占之法儘管〈繫辭〉有關於大衍之數揲蓍求卦之法的論述,但涉及具體占取之術,卻又闕而不論。故後世於此歧異頗多。尤其《左》、《國》(指《左傳》、《國語》,下同)「遇八」之說更是莫衷一是。古法不明,遂生家法,宋有朱熹,今有高亨,皆有詳述。本文擬考之《左》、《國》,評其得失,冀解千古筮謎。

## 一、《左》、《國》筮占考

研究先秦《周易》筮占之法的大多引《左》、《國》筮例為據。然則《左》、《國》中筮例至今有很大疑點,主要是對於「艮之八」、「泰之八」、「貞屯悔豫皆八」的理解,由於理解不同,考證其占法也就有異。以下簡略引述《左》、《國》筮例,以見周人對《周易》之筮,占取的概況。

《左傳‧莊公二十二年》:「陳厲公……生敬仲,其少也,周史有以《周易》見陳侯者。陳侯使筮之,遇觀 ䷓ 之否 ䷋。」此例六四一爻變,占取本卦變爻爻辭,兼及本卦、之卦卦象。

　　《左傳‧閔公元年》：「初，畢萬筮仕於晉，遇屯 ䷂ 之比 ䷇。」此例初九一爻變，占取卦名卦義及本卦、之卦卦象。（卦名卦義亦屬卦象。）

　　《左傳‧閔公二年》：「成季之將生也，桓公使卜楚丘之父卜之，又筮之，遇大有 ䷍ 之乾 ䷀。」此例六五一爻變，占取本卦、之卦卦象。

　　《左傳‧僖公十五年》：「秦伯伐晉。卜徒父筮之，吉。涉河，侯車敗，詰之。對曰：『乃大吉也，三敗必獲晉君』。其卦遇蠱 ䷑。」此例乃無爻變之卦，占取本卦卦象，兼及時令。

　　《左傳‧僖公十五年》：「初，晉獻公筮嫁伯姬於秦，遇歸妹 ䷵ 之睽 ䷥。」此例上六一爻變，占取本卦、之卦變爻爻辭，兼及本卦、之卦卦象。

　　《左傳‧僖公二十五年》：「狐偃言於晉侯曰：『求諸侯莫如勤王⋯⋯今為可矣』。」公曰：「筮之。筮之，遇大有 ䷍ 之睽 ䷥」此例九三一爻變，占取本卦變爻爻辭，兼及本卦、之卦卦象。

　　《左傳‧宣公六年》：「鄭公子曼滿與王子伯廖語，欲為卿。伯廖告人曰：『無德而貪，其在《周易》豐 ䷶ 之離 ䷝ 弗過之矣』。」此非筮例，但類筮占一爻變者，取本卦變爻爻辭之義而論。

　　《左傳‧宣公十二年》：「知莊子曰：『此師殆哉。《周易》有之，在師 ䷆ 之臨 ䷒，曰：師出以律，否臧凶。』」此非筮例，但類筮占一爻變者，取本卦變爻爻辭兼及本卦、之卦卦象而論。

　　《左傳‧成公十六年》：「楚晨壓晉君而陳。……公筮之，史曰：『吉。』其卦遇復䷗。」此例乃無爻變之卦。筮者之辭乃占取本卦卦象。

　　《左傳‧襄公九年》：「穆姜薨於東宮，始往而筮之，遇艮䷳之八，史曰：『是謂艮之隨䷐，隨其出也，君必速出。』姜曰：『亡！是於《周易》曰：隨，元亨利貞，无咎。』」此例艮之初、三、四、五、上共五爻變，稱「遇艮之八」爲「艮之隨」。杜注曰：「艮下艮上，《周禮》：『太卜掌三易』，然則雜用《連山》、《歸藏》、《周易》三易，皆以七、八爲占，故言『遇艮之八』。」杜注「艮之八」，未明所以然。然則，筮者乃占取之卦卦辭而論。

　　《左傳‧襄公二十五年》：「齊棠公之妻，東郭偃之姊也。東郭偃臣崔武子。棠公死，偃禦武子以吊焉。見棠姜而美之，使偃取之……武子筮之，遇困䷮之大過䷛。」此例六三一爻變，占取本卦變爻爻辭，兼及本卦、之卦卦象。

　　《左傳‧襄公二十八年》：「子大叔歸，復命，告子展曰：楚子將死矣。不修其政德而貪昧於諸侯，以逞其願，欲久得乎？《周易》有之，在復䷗之頤䷚：『迷復凶。』其楚子之謂乎？」此非筮例，然同一爻變之占，取本卦變爻爻辭。

　　《左傳‧昭公元年》：「晉侯求醫於秦，泰伯使醫和視之，曰：『疾不可爲也，是謂近女室，疾如蠱。』」「在《周易》女惑男，風落山，謂之蠱䷑，皆同物也。」此非筮例，但類筮占無爻變者，取卦象而論。

　　《左傳‧昭公五年》：「初，穆子之生也，莊叔以《周易》

筮之，遇明夷 ䷣ 之謙 ䷎ 。」此例初九一爻變，占取本卦變爻爻辭，兼及本卦、之卦卦象。

《左傳·昭公七年》：「衛襄公夫人姜氏無子，嬖人婤姶生孟縶。……孟縶之足不良，弱行。孔成子以《周易》筮之，曰：『元尚享衛國，主其社稷。』遇屯 ䷂ 。又曰：『余尚立縶，尚克嘉之？』遇屯 ䷂ 之比 ䷇ 。以示史朝。」此例初筮屯爲不變卦，後筮初九一爻變，初筮占取卦辭，後筮占取本卦卦辭，兼及本卦變爻爻辭。

《左傳·昭公十二年》：「南蒯枚筮之，遇坤 ䷁ 之比 ䷇ ，曰：『黃裳元吉。』以爲大吉也，示子服惠伯曰：『即欲有事，何如？』惠伯曰：『吾嘗學此矣，忠信之事則可，不然必敗。』」此例六五一爻變，占取本卦變爻爻辭，兼論及德行。

《左傳·昭公二十九年》：「魏獻子問於蔡墨……對曰：『《周易》有之，在乾 ䷀ 之姤 ䷫ ，曰：『潛龍勿用。』其同人 ䷌ 曰：『見龍在田。』其大有 ䷍ 曰：『飛龍在天。』其夬 ䷪ 曰：『亢龍有悔。』其坤 ䷁ 曰：『見群龍无首，吉。』坤 ䷁ 之剝 ䷖ 曰：『龍戰于野。』若不朝夕見，誰能物之？』」此非筮例，五例類筮占一爻變者，取本卦變爻爻辭之義而論，一例類筮占六爻皆變者，取之卦卦辭而論，乾、坤取二用。

《左傳·昭公三十二年》：「趙簡子問於史墨曰：『季氏出其君，而民服焉，諸侯與之，君死於外，而莫之或罪之也。』對曰：『……在《易》卦，雷乘乾曰大壯 ䷡ ，天之道也。』」此非筮例，但類筮占無爻變者，取卦象而論。

《左傳·哀公九年》：「晉趙鞅卜救鄭，遇水適火……

陽虎以《周易》筮之，遇泰 ䷊ 之需 ䷄。」此例六五一爻變，占取本卦變爻爻辭。

　　《國語‧周語下》：「晉孫談之子周，適周，事單襄公，……襄公有疾。召頃公而告之曰：『必善晉周，將得晉國，……成公之歸也，吾聞晉之筮之也。遇乾 ䷀ 之否 ䷋，曰：『配而不終，君三出焉。』一既往矣，後之不知，其次必此』。」此例初九、九二、九三共三爻變，另取本卦、之卦卦象占之。

　　《國語‧晉語四》：「公子親筮之，曰：『尚有晉國？』得貞屯 ䷂ 悔豫 ䷏ 皆八也。筮史占之，皆曰：『不吉，閉而不通，爻無爲也。』司空季子曰：『吉，是在《周易》，皆「利建侯」。不有晉國以輔王室，安能建侯？』」此例之筮，眾說不一。然則，筮者占取卦名卦義及兩卦卦辭，兼論兩卦卦象。

　　《國語‧晉語四》：「秦伯納公子，董因迎公於河，公問焉，曰：『吾其濟也？』對曰：『必有晉國，臣筮之，得泰 ䷊ 之八，曰「是謂天地配，亨，小往大來」，今及之矣，何不濟之有？』」此例筮得泰之八，占取泰卦卦辭，兼及卦象。

　　《左》、《國》或用《周易》以占，或引《周易》以論事，其占取概況如下：

　　六爻皆不變之卦：筮三例，一例占取卦象；一例占取卦辭；一例占取卦象兼及時令。論一例，取卦象。

　　一爻變之卦：筮十例，二例占取本卦、之卦卦象；二例占取本卦變爻爻辭，四例占取本卦變爻爻辭及本卦、之卦卦象；一例占取本卦、之卦爻辭及本卦、之卦卦象；一例占取本卦卦辭及本卦變爻爻辭，論八例，七例取本卦變爻爻辭，一例取本

卦變爻爻辭及本卦、之卦卦象。

　　二爻變之卦：無明顯筮例。

　　三爻變之卦：筮一例，占取本卦、之卦卦象。

　　四爻變之卦：無筮例。

　　五爻變之卦：筮一例，亦稱「遇八」之卦，占取之卦卦辭。

　　六爻變之卦：無筮例，論一例，乾卦取「用九」。以理推之，坤卦當取「用六」。其他卦當取之卦卦辭，當亦可取之卦卦象。

　　「遇八」「得八」之筮：筮四例，其中《左傳‧襄公九年》：穆姜之筮，遇艮之八，史曰：「是謂艮之隨」即五爻變之卦，占取之卦卦辭。三例占取本卦卦辭及卦象。

　　以上《左》、《國》筮占，見諸典籍。然則，周人占取之法應怎樣認識？「遇八」之說又作何解釋呢？

## 二、《周易本義》筮占篇

　　先秦撰著求卦之法見諸〈繫辭〉，而占取論卦之術不見敘述，故後世無定論焉。宋朱熹於《周易本義》曰：「凡十有八變而成卦，乃考其卦之變而占其事之吉凶。」

　　「六爻不變則占本卦之彖辭；一爻變則占本卦之變爻；二爻變則占本卦之二變爻，仍以上爻為主；三爻變則占本卦及之卦之彖辭，仍以前十卦主貞，後十卦主悔；四爻變則占之卦二不變爻，仍以下爻為主；五爻變則占之卦不變爻；六爻變則乾坤占『二用』，余卦占之卦彖辭。」

　　朱熹占取法主卦辭與爻辭而全不及卦象，於古法已有所失。當然卦辭與爻辭乃《易》編纂者視卦象而聯綴成辭。故朱熹之占取象辭或爻辭，與《左》、《國》占取卦辭、卦象或爻辭原則不悖。故朱熹「六爻皆不變則占本卦之象辭（即卦辭）」與《左》、《國》筮例所占取基本相符；「一爻變則占本卦之變爻」，朱熹所謂變爻蓋指變爻爻辭，雖於《左》、《國》筮例有缺，但基本還是相符的；「二爻變則占本卦之二變爻，仍以上爻爲主。」此說以《左》、《國》筮例推之，朱說欠當；「三爻變則占本卦及之卦之象辭，仍以前十卦主貞，後十卦主悔。」此說與《左》、《國》筮例基本尚符，但其「前十卦主貞，後十卦悔」之說於《左》、《國》無徵；「四爻變則占之卦二不變爻，仍以下爻爲主，」此說《左》、《國》無筮例可證，但以《左》、《國》筮例推之，朱說欠當；「五爻變則占之卦不變爻。」此說考之《左》、《國》大相徑庭。因《左傳‧襄公九年》：「穆姜之筮，遇艮之八」，乃五爻變之筮。而占取之卦卦辭；「六爻變則乾坤占二用，余卦占之卦象辭」，《左》、《國》雖無筮例，但考之《周易》「用九」、「用六」之設，《左傳‧昭公二十九年》：蔡墨論乾之坤卦，以及《左》、《國》無變爻之筮占取卦辭、卦象，三爻變之筮占取本卦、之卦卦辭、卦象，可推知此說基本正確。

　　總之，朱熹論《周易》筮占，取卦辭與爻辭，錯綜不一，似很合理，但卻一半非古，且對《左》、《國》「遇八」（「得八」）之說欠缺全面考慮，故於二、四、五爻變之卦，不徵周人成法，而臆造焉。

## 三、《周易古經今注》筮占篇

現代《周易》學者全面論述《周易》筮占之術者當屬《周易古經今注》作者高亨先生。高先生於該書第七篇《周易筮法新考》中曰：「每爻各有一種營數，六數之和，可稱之曰卦之營數……天地之數五十有五，比營數之最大者多一。……余以爲欲定變卦，當以卦之營數與爻之序數湊足天地之數，其法於五十五內減去卦之營數，以其余數自初爻上數，數至上爻，再自上爻下數，數至初爻，更自初爻上數，如此折回數之，至余數盡時乃止，所止之爻即宜變之爻也。」

「要而言之，以天地之數與卦之營數爲定變爻之主干。不變之卦，則以『本卦』卦辭占之；全變之卦，則以『之卦』卦辭占之（乾坤例外）。此二者外，若宜變之爻與可變之爻相值，則以『本卦』變爻爻辭占之。若宜變之爻與可變之爻不相值，可變之爻少於不變之爻，則以『本卦』卦辭占之；可變之爻多於不變之爻，則以『之卦』卦辭占之；可變之爻等於不變之爻，則以『本卦』、『之卦』卦辭合占之。」

高先生尚有筮法細則，并引《左》、《國》筮例以實徵，此不盡摘。

以下對高先生筮法詳論之：

高先生把天地之數與筮數進一步聯繫起來，使天地之數在筮占中得到具體應用。古今學者對天地之數與筮數的關係不無爭論，僅據《周易正義》所載：京房云：「五十者，謂十日、十二辰、二十八宿也。」荀爽云：「卦各有六爻，六八四十八加乾坤二用，凡五十。」鄭康成云：「天地之數五十有五、以

五行氣通，凡五行減五，大衍又減一，故四十九也。」姚信董
遇云：「天地之數五十有五者，其六以象六畫之數，故減之而
用四十九。」可見古人對大衍之數是五十還是五十五持不同意
見。高先生之解筮占更增加了大衍之數爲五十五的合理性。他
經過大膽的設想，把天地之數與筮之營數進行運算，以求卦之
宜變之爻是前無古人的。儘管其中不是無瑕疵的，但考其說於
《左》、《國》筮例基本是相符的。高先生如果能對下列問題
作出合乎邏輯的解釋，那麼其總的筮法是可以成立的。

（一）以高先生之法數之，可能得「遇八」之卦，也可
能得「遇七」之卦。高先生遂稱「某卦遇七」、「某卦遇八」。
但徵之《左》、《國》僅有「遇八」之說，而無「遇七」之語。
其原因何在？按高先生筮法是很難說明的。

（二）把有宜變之爻與可變之爻相值的一爻變、二爻變、
三爻變、四爻變、五爻變之卦均劃爲一爻變之卦而觀其宜變爻
辭之說，從《左》、《國》中是無任何蛛絲馬跡可尋的，因此
很難證其古。

（三）其把《國語・晉語》：重耳「筮得貞屯悔豫皆八」
認作三爻變之卦，并解曰：「當其筮時蓋得屯卦，其營數爲
四十八，自五十五減四十八余七，依法數之，至上爻而七盡，
故上爻爲宜變之爻，而上爻爲『八』，乃不變之爻。是得屯之
八也，不得以屯之上六爻辭占之矣。遂變屯之九爲六，六爲
九，則得豫卦。屯卦上爻之八，亦即豫卦上爻之八。故曰：『得
貞屯悔豫皆八也。』貞者本卦，悔者之卦也。故以屯豫兩卦卦
辭合占之。」以高先生筮法數之，既然「遇八」之卦是本卦宜

變之爻爲八，那麼本卦此爻爲八，其之卦此爻必定爲八。如此是「貞屯悔豫皆八」同於「屯之八」了。那麼爲什麼《左傳·襄公九年》：穆姜之筮，遇艮之八，史曰：「是謂艮之隨」而不曰：「貞艮悔隨皆八」。《國語·晉語》：董因之筮得「泰之八」而不曰：「貞泰悔某皆八」呢？這個問題以高先生說是很難解通的。實則，先人關於「貞、悔」之釋有三：內卦爲貞，外卦爲悔；本卦爲貞，之卦爲悔；初筮之卦爲貞，再筮之卦爲悔。此處「貞屯悔豫皆八」當是兩筮之稱。即初筮遇屯之八，再筮遇豫之八。從《左》、《國》看，皆八之卦與某卦之某卦迥然不同。觀《國語·周語》單襄公曰：「……吾聞晉之筮之也，遇乾之否」，此爲三爻變之卦，而不曰：「遇貞乾悔否皆八」即知。

　　總之，高先生「天地之數減營數」之筮法雖然基本可以解通《左》、《國》筮例，但設想周人占筮多數卦皆需逐次輪番數之，何不厭其煩耶？今徵之《左》、《國》其占取論卦自有簡便之法，不似高氏如是之繁也。

## 四、《左》、《國》筮占新論

　　《左傳·昭公二年》「晉侯使韓宣子來聘……見《易象》與《魯春秋》。」是春秋時人稱《易》爲「易象」。〈繫辭下〉曰：「《易》者，象也。」亦足見《易》以卦象爲主。故《左》、《國》之筮，占取主以卦象。

　　〈繫辭上〉曰：「象者，言乎象者也。」是說卦辭乃纂《易》者取所需卦象綴辭而成。但因事變時遷，則很難完全符合後世占者所求，故筮者往往又從卦中自取卦象結合卦（爻）辭而論，

這就是《左》、《國》筮占取卦（爻）辭後往往雜以自取卦象合論的原因。

〈繫辭下〉：「彖者，材也。」是言卦辭取一卦之象，斷一卦之義。〈繫辭下〉：「六爻相雜，唯其時物也。」是言爻辭取其爻象，論一爻一時之義。如是則卦辭言全體，而爻辭言部分。此即《左》、《國》之筮在取辭時多卦辭而少爻辭的原因。〈繫辭下〉所謂：「知者觀其彖辭，則思過半矣！」蓋有以也。

《左》、《國》筮例除一爻變之卦取其本卦變爻爻辭外（僅一例兼取之卦爻辭），其他均取卦辭及卦象，且一爻變卦除取本卦變爻爻辭外，亦多論及卦象。是知《易》之筮，占取首重卦象，次卦辭、再次爻辭。

〈繫辭下〉：「爻也者，效天下之動者也。」「天下之動，貞夫一者也。」兩語道出了《易》之筮，占取爻辭的原則。取爻辭需「動」需「貞夫一」。即取動爻爻辭，且取一爻爻辭，而不當及同卦第二爻辭。所以《左》、《國》占筮，一爻變常取此變爻爻辭。那麼二、三、四、五爻變何所取呢？《左》、《國》自有柳條以洩露其「春光」，其中：

三爻變之卦，《國語·周語》「遇乾之否」是其例。變爻、不變爻各三，占取本卦、變卦卦象，是舍爻辭之雜而貞夫卦象之一者也。

五爻變之卦，《左傳·襄公九年》：穆姜之筮，「遇艮之八」是其例，變爻之數過不變爻之數，占取之卦卦辭。是舍爻辭之雜，而貞夫之卦卦辭之一也。此例爲解開《左》、《國》「遇

「八」卦說提供了一把鎖鑰。

　　二爻變之卦，因變爻之數少於不變爻之數，當占取本卦卦辭、卦象，舍爻辭之雜而貞夫本卦卦辭、卦象之一。《國語·晉語》董因之筮，「得泰之八」，占取泰卦卦辭、卦象。《國語·晉語》公子之筮，「得貞屯悔豫皆八」，即初筮得「屯」，再筮得「豫」皆「八」，是兩筮皆遇二爻變之卦也。舍爻辭之雜而貞夫兩卦卦辭、卦象之一也。

　　四爻變之卦，亦當稱「遇八」之卦，當占取之卦卦辭、卦象。是舍爻辭之雜而貞夫之卦卦辭、卦象之一者也。《左》、《國》雖無筮例，但理當如此。從二、三、五爻變之卦占取可推知。故二、四、五爻變之卦皆可稱「遇八」之卦也。「遇八」之卦即雜變之卦，欲貞夫一，遂舍爻辭之雜而貞夫卦辭、卦象之一也。《左》、《國》中一爻變之筮例十余，而無一言「遇八」者，可以佐證。從這一意義說，三爻變之卦，儘管《左》、《國》未稱「遇八」，是亦可稱「遇八」之卦也。是知二爻變之卦，貞夫本卦卦辭、卦象之一，故只言「遇某卦之八」即可，無需說出之卦；三爻變之卦，貞夫本卦、之卦卦辭、卦象之一，故曰：「遇某卦之某卦，」因本卦、之卦皆需要明了；四爻變，五爻變之卦，稱「遇八」之卦，然需言明之卦，因貞夫之卦卦辭、卦象之一。《左傳·襄公九年》穆姜之筮，「遇艮之八」，若不進一步闡明，則是二爻變之卦矣！故史曰：「是謂艮之隨」，始占取隨卦卦辭、卦象。

　　〈繫辭上〉所謂：「以卜筮者尚其占」的活動就是古人借大衍之數的推演，以完成人的實踐活動與六十四卦所固有的形式、內容之間信息的互相溝通，并進而分析象、數、理以推

斷預測吉凶的過程。故揲蓍求卦、占取有一定的大法可循。然則時代更移，事物變遷，固守則泥，必須變通入世，因此占者不拘於一端，隨機而斷，亦在允許之列。總《左》、《國》之筮例，有下列幾種變通情況：卦、爻辭不足以盡說明問題，則更求卦象；結合當時時令，以求與時相合；結合筮者德行，以求與事相符。凡此種種原因，所以同是筮得其卦而論占有異，則不足爲奇。

綜上所述，周人對《周易》占取之法可概之如下：

（一）六爻皆不變之卦：占取本卦卦辭、卦象。

（二）一爻變之卦：主要占取本卦變爻爻辭，或及本卦、之卦卦辭、卦象。

（三）二爻變之卦：亦稱「遇八」之卦，因不變爻四，多於變爻，占取本卦卦辭、卦象。

（四）三爻變之卦：亦可稱「遇八」之卦，因變爻、不變爻數相同，占取本卦、之卦卦辭、卦象。

（五）四爻變之卦：亦稱「遇八」之卦，因變爻四，多於不變爻，占取之卦卦辭、卦象。

（六）五爻變之卦：亦稱「遇八」之卦，因變爻五，多於不變爻，占取之卦卦辭、卦象。

（七）六爻皆變之卦：乾坤占取「二用」，其他占取之卦卦辭、卦象。

此其大法也，若變而通之，則在占者。

以上所述《周易》筮占之法簡而合乎《左》、《國》筮例。

高先生筮占法繁且有疵，取繁抑取簡，學者自摘焉。

## § 《周易》思維模式與預測

　　《周易》以其獨特的六十四卦框架結構構築起宇宙系統之象數思維模式。反過來，古老的東方民族用之去認識宇宙萬物、說明宇宙萬物，認識人類社會，說明人類社會，並以之推斷未來，它統攝了解釋與預測兩大功能，頗受世人的青睞。

　　作為《周易》思維模式功能的反思，必須正本清源，先從建構象數思維模式談起。

### 一、象數思維模式的建構

　　《周易》象數思維模式的建構是隨著《周易》的逐漸形成而建構起來的。〈繫辭上〉：「易有太極，是生兩儀。」是古人對事物對立統一觀的本體論概括。最後定型為陰陽（ —— ）（ — ）。陰陽的對立乃「小大」對立的抽象昇華。據考古發現，符號卦係數字卦演化而成，陰之數六（小）陽之數九（大），乾卦辭「小往大來」，否卦辭「大往小來」，及大畜、小畜、大過、小過卦名皆可證。「小大」以形象言對立，「陰陽」則抽象矣。〈繫辭上〉：「兩儀生四象，四象生八卦。」是八卦為陰陽衍化而成。以太極為本體，以陰陽為始基構築起的八卦框架，既具有陰陽之屬性，又具其特性。古人以之模擬宇宙萬物及其功能產生了卦象說。〈說卦〉所列八卦之卦象、卦義為其範例。三畫卦不足以擬盡變化，於是古人有重卦之作，產生六十四卦，三百八十四爻，後綴卦爻辭以說明之而《易經》

成矣。王弼《周易略例・明象》稱之爲「意以象盡，象以言著」，〈繫辭下〉：「《易》之爲書也，廣大悉備，有天道焉，有人道焉，有地道焉，兼三才而兩之，故六，六者，非它也，三才之道也。」〈說卦〉：「昔者聖人之作《易》也，將以順性命之理。是以立天之道曰陰與陽，立地之道曰柔與剛，立人之道曰仁與義，兼三才而兩之，故《易》六畫而成卦，分陰分陽迭用柔剛，故《易》六位而成章。」於是《易》之六十四卦文章範圍了陰陽，天地人三才，構築了古人模擬認識宇宙萬物變化，解釋推測宇宙萬物變化的思維模式。

　　〈繫辭下〉：「《易》者，象也。象也者，像也。」此爲《易》之比類取象，以六十四卦象徵宇宙事物。〈繫辭上〉：「聖人有以見天下之賾而擬諸其形容，象其物宜，是故謂之象。」那麼，聖人是怎樣擬諸形容，象其物宜的呢？這就涉及《易》之取象法。萬物之象，「動」「靜」而已。《易》六十四卦取象法亦有動取靜取之分。靜取者如：「父母卦象」、「本卦本象」、「互卦之象」、「爻位之象」、「卦名卦義」、「方位之象」、「主爻卦象」等；動取者有：「爻變之象」、「爻之升降」、「旁通之象」、「倒卦之象」、「兩卦相易」、「消息之象」等。[1]總之，宇宙萬物之象及其衍化，《易》之六十四卦皆可予以模擬。

　　《左傳・僖公十年》載韓簡之語：「物生而後有象，象而後有滋，滋而後有數。」是先象而後有數的自然認識過程。〈繫辭上〉：「參伍以變，錯綜其數，通其變，遂定天下之文，

---

1　參見前文《〈周易〉象數學》。

極其數，遂定天下之象。」此乃通過大衍之數的推衍以求卦，據卦象與數的分析而測知未來的人的筮占活動。客觀事物的衍化是有其一定的時空形式的，《周易》則是通過數來反映的。《易》之數大體呈以四種形式：筮數、位數、時數、物（事）數。而《易》之位數與時數乃客觀世界事物反映到《易》中來的存在形式。綜位數與時數構成《易》之時空觀。[2] 總之，《易》之編纂者認爲可以通過象數來認識宇宙事物及其衍化。換言之，宇宙事物變化通過象數的運演可以呈現出來——《易》範圍了天地之化。

## 二、象數思維模式的特點

人類在對主客觀世界的認知過程中會逐漸在思想意識中形成諸多模式，這些模式有形象的、有抽象的、有經驗的、有理性的。反之，人們又依憑這些模式的建立不斷提高著自己的認知力，去觀察認識事物，預測事物的發展，指導人類社會實踐活動。並借助於語言、符號、文字等工具使之廣爲流傳，優擇劣汰，日積月累，構成人類文明的主網絡。《周易》六十四卦象數思維模式就是諸多模式中的佼佼者之一。

瑞士心理學家皮亞傑認爲：「客體肯定是存在的，客體又具有結構，客體結構也是獨立存在於我們之外的。但客體及其恒常性只是借助於運演結構才爲我們所認識，人們把這些運演結構應用到客體身上，並把運演結構作爲使我們能達到客體的那種同化過程的構架。」[3]

---

2　參見前文《〈周易〉象數學》。

3　參看皮亞傑《發生認識論原理》，第 103 頁，商務印書館 1981 年。

　　《易》六十四卦象數思維模式也就是這樣一種認識宇宙事物的符號文字化了的運演結構。

　　綜《周易》象數思維模式而言，其特點主要取決於八卦、六十四卦符號的形象性與抽象性，即取決於形象與抽象的整合，此即其思維模式的第一大特點。

　　（一）陰（ ▬▬ ）陽（ ▬ ）符號的形象與抽象：陰陽符號爲構成八卦乃至六十四卦的始基，它從客觀事物的形象、性質、功能等的對立統一（如大小、剛柔、健順等）抽象而成。這期間經過數字的階段，但陰陽符號一旦建立，就使事物對立統一觀得到了既形象又抽象的體現。它既是諸多抽象概念總體的形象的表示，又是諸多形象符號化的高度抽象，並且達到了和諧的同一。

　　（二）六十四卦符號的形象與抽象：由陰陽符號構建起三畫卦（八卦），古人又根據八卦的形象進一步以事物之形態、性質、功能等運用聯想（對比、相似、接近）規劃宇宙事物，分之爲八大類，如〈說卦〉所言。進而又重卦爲六十四，以推衍宇宙事物的變化，建構起如前所述的象數思維的框架結構。六十四卦符號同樣爲形象與抽象之整合。它既具有陰陽符號之共性，又增其較陰陽符號具體詳細之特性。如鼎卦 ䷱，鼎爲烹飪之器，卦畫下偶象足，中三奇象腹，腹上有偶象耳，耳上有奇象鉉。又乾爲金爲鼎質，離中虛爲鼎腹，巽下斷爲鼎足，卦巽木離火，以木取火爲烹飪之象。是具有抽象的形象性。又如頤卦 ䷚，上下兩奇象輔車，中四偶象齒，故曰頤，其義則下動（下震，動也）上止（上艮，止也），爲頤，具有形象

的抽象性矣。總之，六十四卦符號之取義皆爲形象與抽象的整合，只是或顯或隱而已。

　　《周易》象數思維的又一大特點是邏輯思維與直覺思維的整合。

　　邏輯思維一般指以概念、判斷、推理程序爲特點的思維活動；而直覺思維是指不通過概念、判斷等中介環節而直接覺悟、直接結論的思維活動。《周易》象數思維模式既不同於西方邏輯思維，也不同於純直覺思維，其關鍵在於八卦比類取象的模糊性，即八卦概念內涵界定的不確定性，由此帶來八卦外延的泛化。因此盡管象數思維亦是通過概念、判斷、推理等手段，但缺少應有的邏輯嚴謹性，這主要表現在比類取象的主觀性，因此具有不同程度的直覺性。這一特點直接導源於八卦，六十四卦符號的形象抽象的整合。

　　象數思維的這一特點又是與其解釋、預測兩大功能密切相關的。限於宇宙事物的多樣性及其變化規律的複雜性，人類認識能力的有限性，古人很難（現代人也很難）憑借理性思維正確邏輯地認識、解釋、預測事物發展變化的一切，而《周易》編纂者正如〈繫辭上〉所言：「《易》與天地準，故能彌綸天地之道。」「感而遂通天下之故。」〈繫辭下〉：「以通神明之德，以類萬物之情。」即窮盡事理，畢知人事。然則尤其人事吉凶存在大量偶然性，絕非僅憑邏輯思維可概括者，這就難免補充以直覺思維，爲此需要，古哲人創造了這一別具特色的東方象數思維模式。當然，中華民族象數思維模式的創建是有其歷史淵源的，原因非一，但象數思維模式一旦建立，又拒斥了嚴密的邏輯思維體系的建構也是毋庸置疑的。

以下就訟卦 ䷅ 九二與九五爻辭以說明之：

九二，不克訟，歸而逋，其邑人三百戶，无眚。

注：本爻與五爻爭而訟，五位上，二位下，弗能勝，故「不克」，坎爲隱伏，故「歸而逋」。二位大夫，「三百戶」乃下大夫之邑。又坤爲邑，爲戶，坎爲三，乾爲百，九二居坤中，故有「歸而逋，其邑人三百戶」語。以示二不勝訟，逋竄其邑而藏匿。「无眚」是藏而得脫災難之謂，蓋因二處下卦中，以象有中正之德者，故「无眚」。

九五，訟，元吉。

注：本爻位尊勢優（「中正」）訟無不勝，故「元吉」。

於此，我們清楚可見編纂者運用象數以形象的比喻事物，然後進行的邏輯推理。

凡位尊者與位卑者訟，尊者勝，九五位尊，九二位卑。故九五訟元吉，九二不克訟。至於大前提的判斷又是經驗加理性矣。

既然《易》能「彌綸天地之道」，就需要對「道」進行總體把握。只有分門別部，以類相取，才得以完成，具體入微是難得做到的。因此產生了象數思維的第三大特點——系統性與辯證性。

〈繫辭上〉：「《易》有太極，是生兩儀，兩儀生四象，四象生八卦。」就是對《易》系統性與辯證性的概括。古人認爲宇宙同源（太極），而宇宙間事物的對待與流行正是因太極生兩儀造成。太極大系統包含兩儀分系統，兩儀的衍化又生

出八卦子系統，再衍化則爲六十四卦子系統。《易》就是這樣提綱挈領地認識宇宙事物的衍生變化。而六十四卦的卦序又是「二二相耦，非覆即變」的，體現了事物對立的轉化，即辯證性。這一天才的認識雖然直覺思維意味頗濃，但又不可否認分析、歸納推理的運用。

　　由於系統性與辯證性，使象數思維從事物之間的相互關係中，從發展變化中去思考問題，可以防止某些片面性，得以從整體上把握事物。

　　總之，因六十四卦象數思維模式具有以上諸多特性，才得以使其涵蓋宇宙萬事萬物，統攝解釋與預測兩大功能，被譽之爲「宇宙代數學」。

## 三、象數思維模式與預測

　　〈繫辭上〉：「一陰一陽之謂道。」朱熹《周易本義》曰：「陰陽迭運者，氣也，其理則所謂道。」是言天地事物變易之理，出自陰陽迭運，即陰陽對待、流行。其「道」反映於《易》，廣言之即《周易》別具特色的思維模式。此模式乃肇始於一陰一陽的對立統一。故而如〈繫辭上〉所言能「知周乎萬物」、「範圍天地之化而不過」。據此，古人運用它來解釋，來預測。〈序卦〉：「有天地，然後萬物生焉，盈天地之間者，惟萬物，故受之以屯。屯者，盈也，屯者，物之始生也。物生必蒙，故受之以蒙……」是用六十四卦卦序之義解釋天地萬物人類社會生化過程。〈繫辭上〉：「《易》有聖人之道四焉，以言者尚其辭，以動者尚其變，以制器者尚其象，以卜筮者尚其占。」其「尚辭」、「尚象」、「尚變」兼解釋與預測功能，

「尚占」則主要爲預測功能矣。其解釋功能的內容不是本文重點論述的，本文的重點是象數思維與預測。

我們從《周易》六十四卦思維模式的建構來看，古人是要兼融宇宙事物及其變化於其中的。換言之，即欲以之容納宇宙全部信息。然則六十四卦有數，宇宙之變化無窮，以有數容無窮，如是矛盾生焉。〈繫辭上〉曰：「書不盡言，言不盡義。」但聖人卻「立象以盡義，設卦以盡情偽，繫辭焉以盡其言，變而通之以盡利，鼓之舞之以盡神。」〈繫辭下〉：「《易》之爲書也不可遠，爲道也屢遷，變動不居，周流六虛，上下無常，剛柔相易，不可爲典要，唯變所適」，唯其如此，故要求人們發揮主觀能動作用，充分認識六十四卦思維的特性，變而通之，以消除這一矛盾。這樣一來，大體上可以找到客觀世界信息與《易》固容信息的對應點。換言之，如皮亞傑所言：「人把這些運演結構應用到客體身上。」因之，〈繫辭上〉：「近取諸身，遠取諸物，於是始作八卦，以通神明之德，以類萬物之情」，「君子將有爲也，將有行也，問焉而以言，其受命也如響，無有遠近幽深，遂知來物」。〈說卦〉：「數往者順，知來者逆，是故《易》逆數也」。以此，《易》具備了萬能的預測功能。但問題並沒有真正的解決，其關鍵則在於預測的準確性如何？

以下引《左傳》、《國語》中有關《周易》應用之例以說明之。

（一）《左傳·宣公六年》：「鄭公子曼滿與王子伯廖語，欲爲卿。伯廖告人，曰：無德而貪，其在《周易》豐䷶之離䷝，

弗過之矣」。引取豐上六爻辭：「豐其屋，蔀其家，闚其戶，闃其無人，三歲不覿，凶」，以證「無德而貪」的後果。此乃不假筮占，直接運用《周易》象數思維模式進行預測之例。曼滿「無德而貪」待測信息與《周易》中豐之離（豐上六）象數所呈現的固容信息（明示信息）相類，故引以爲證而斷，這之間運用了類比等推理。

此類之例，《左傳》中尚有：

《宣公十二年》：「知莊子曰：『此師殆哉！《周易》有之，在師 ䷆ 之臨 ䷒ 曰：師出以律，否臧，凶。』」

《襄公二十八年》：「子大叔歸，復命，告子展曰：『楚子將死矣，不修其政德，而貪昧於諸侯，以逞其願，欲久，得乎？』《周易》有之，在復 ䷗ 之頤 ䷚ 曰：『迷復，凶。』其楚子之謂乎？」

《昭公元年》：「晉侯求醫於秦，秦伯使醫和視之，曰：『疾不可爲也，是謂近女室，疾如蠱。……在《周易》，女惑男，風落山，謂之蠱 ䷑ ，皆同物也。』」

（二）《左傳·莊公二十二年》：「（陳厲公）生敬仲，其少也，周史有以《周易》見陳侯者，陳侯使筮之，遇觀 ䷓ 之否 ䷋ 曰：是謂『觀國之光，利用賓于王』。」（觀六四爻辭）此例假大衍之數的推衍以求卦，所得之卦象數所呈現的固容信息（以卦爻辭爲主——明示信息）與客觀現實待測信息相類，即分析象數所呈現的固容信息以進行預測，這之間運用蓍草之筮數作爲信息之溝通術，此類溝通術「靈驗」。

此類之例，《左傳》中尚有：

　　《僖公十五年》：「初，晉獻公筮嫁伯姬於秦，遇歸妹
䷵ 之睽 ䷥。」

　　《僖公二十五年》：「狐偃言於晉侯曰：『求諸侯，莫
如勤王。……今爲可矣。』……公曰：『筮之。』筮之，遇大
有 ䷍ 之睽 ䷥。」

　　《襄公二十五年》：「齊棠公之妻，東郭偃之姊也，東
郭偃臣崔武子，棠公死，偃御武子以弔焉。見棠姜而美之。……
武子筮之，遇困 ䷮ 之大過 ䷛。」

　　《昭公五年》：「初，穆子之生也，莊叔以《周易》筮之，
遇明夷 ䷣ 之謙 ䷎。」

　　《昭公十年》：「孔成子以《周易》筮之，曰：『元尚
享衛國，主其社稷。』遇屯 ䷂。又曰：『余尚立縶，尚克嘉之。』
遇屯 ䷂ 之比 ䷇。」

　　《哀公九年》：「陽虎以《周易》筮之，遇泰 ䷊ 之需 ䷄。」

　　《國語》中尚有：

　　《晉語四》：「公子親筮之，曰：『尚有晉國。』得貞
屯 ䷂ 悔豫 ䷏，皆八也。」

　　《晉語四》：「秦伯納公子，……董因迎公於河，公問
焉。曰：『吾其濟乎？』對曰：『……必有晉國，臣筮之，得
泰 ䷊ 之八。』」

　　（三）《左傳·襄公九年》：「穆姜薨於東宮，始往而
筮之，遇艮 ䷳ 之八。史曰：『是謂艮之隨 ䷐，隨，其出也，
君必速出。』姜曰：『亡！是於《周易》曰：『隨，元、亨、

利、貞，无咎。』……有四德者，隨而无咎，我皆無之，豈隨也哉！我則取惡，能無咎乎？必死於此，弗得出矣。』」此例假大衍之數之推衍以求卦，所得之卦象數所呈現的固容明示信息，與客觀現實待測信息不相類（相反），於是捨象數所呈現的固容明示信息，作出與之相反的結論，以符合客觀現實待測信息。這之間用著草之筮以求數作爲信息溝通術，此類溝通術未「靈驗」。

此類之例，《左傳》中尚有：

《昭公十二年》：「南蒯枚筮之，遇坤 ䷁ 之比 ䷇，曰：『黃裳元吉。』以爲大吉也，示子服惠伯，曰：『即欲有事，何如？』惠伯曰：『吾嘗學此矣，忠信之事則可，不然，必敗。』」

（四）《左傳・閔公二年》：「成季之將生也，桓公使卜楚丘之父卜之，又筮之，遇大有 ䷍ 之乾 ䷀，曰：『同復于父，敬如君所。』」此假大衍之數之推衍以求卦，所得之卦象數所呈現之固容明示信息（卦爻辭）與客觀待測信息不相類，乃至風馬牛不相及，於是占者另辟新徑，利用八卦概念內涵的不確定性，外延的泛化，根據需要重新從固容信息庫中提取認爲與客觀現實待測信息相類者加以分析，作出預測。真是「運用之妙，存乎一心」。

此類筮例《左傳》中尚有：

《僖公十五年》：「泰伯伐晉，卜徒父筮之。……其卦遇蠱 ䷑。」

《成公十六年》：「楚晨壓晉軍而陳，……公筮之，……其卦遇復 ䷗。」

《國語‧周語下》：「吾聞晉之筮之也，遇乾 ☰ 之否 ☷，曰：『配而不終，君三出焉』。」

　　從《左傳》、《國語》之筮例中看，即如第（三）類筮例中亦不乏筮人之「存乎一心」，另取卦之象數而論者。這是筮占得以歷史地廣泛應用的肯綮所在——八卦比類取象的模糊性得以使八卦涵容天地萬物，每筮所得之卦，即含大量固容信息。取此或取彼，主要在占者。其論之正確與否，與占者靈活掌握《周易》思維模式有關，亦即視其對《周易》思維模式特點的把握程度如何。

　　（五）《左傳‧昭公二十九年》：「魏獻子問於蔡墨，……對曰：……《周易》有之，在乾 ☰ 之姤 ☰，曰『潛龍勿用』，……若不朝夕見，誰能物之？」引《易》證龍之實在，屬解釋學範圍，此不論。

　　綜上所述，可見《易》之預測學可總結概括爲下列兩大情況：

　　（一）不假筮占，憑預測者所掌握的客觀現實待測信息與《周易》思維模式所固容之信息，通過聯想，經過類比，溝通兩者信息，以《周易》之占斷進行預測。此類預測近似前面所提到的瑞士心理學家皮亞傑所認爲，「客觀及其恒常性只是借助於運演結構才爲我們所認識，人們把這些運演結構應用到客體身上，並把運演結構作爲使我們能達到客體的那種同化過程的構架」。而《周易》六十四卦框架結構正是古先哲所創運演結構的符號文字表述。

　　美國心理學家布魯納認爲：解決理性認識的問題不能只

靠邏輯推理，還要發揮人的心理功能。人是生活在一個極其複雜的世界中的，一次所能處理的信息卻是有限的，但是如果人們有一個關於世界的內在模式，就可以把信息大量塞進一些可以處理的小包中，而且還可以利用這一模式來指導我們收集和處理現有的信息。[4] 而從前面論述的《周易》六十四卦框架結構的思維模式特點來看，也正是這樣一個關於世界的內在模式，六十四卦中的每一卦（或兩卦）就是可以把信息大量塞進而進行處理的「小包」。因此，這是《周易》真正的預測功能。以此理解「善爲《易》者不占」（《荀子·大略篇》）一語，將會更確切些。這需要對《周易》六十四卦象數有深刻的理解與靈活的貫通，否則類比、選擇「小包」有誤，預測則落空。然則《周易》模式所構成的「小包」有 $64^2$ 即 4096 個之多，檢索之不易，不言而喻。因之古哲人又發明了以蓍草進行筮占，至今看來仍屬神學範疇的「大衍」信息溝通術。

　　（二）古人在創設大衍之術時，即付之以神學目的論。〈繫辭上〉所言「大衍之數」的推衍，囊括了「兩儀」、「三才」、「四時」、「閏月」、「天地之數」、「當期之日」、「萬物之數」。因之它可以「顯道神德行」，「可與祐神」。故而「蓍之德圓而神；卦之德方以知」，「神以知來，知以藏往」，目蓍筮爲神物。假若每次筮占，信息的溝通都是那麼準確無誤，則似乎誰人都不能否定「神」之存在。今人或謂之「潛意識」作用，則「潛意識」亦神矣。實則不盡然，若穆姜之凶而得「无咎」之占例，大約每一善占常占者都會時有所遇。同一筮卦，而占斷有異，乃至相反，往往而有，何者？原因有二：一乃信

---

4　轉摘自田運《信息與思維》，第 86-87 頁，福建教育出版社，1990 年版。

息溝通術非神,二乃筮占非嚴謹之邏輯推理,結論非一。因此,筮占的「靈驗」與否在很大的程度上要取決於占斷者,勝者神,負者不神矣。一般而論,勝者乃善於利用六十四卦思維模式對客觀信息進行綜合靈活分析所致耳。固守固定模式則常負矣。噫!聖人以《易》之所以能「極深而研幾」,其肯綮蓋出諸此乎?

漢後變筮占爲錢占,演變簡化了信息溝通術(後世信息溝通術的演化尚多,若《梅花易數》等,則取卦更靈活多變矣)。演象數,增干支、五行,擴延並序列化了明示信息。若《奇門遁甲》等之占驗,則模式、溝通術皆有變矣。是乃後世變《周易》建構模式爲設定模式之所作,正所謂「神無方而《易》無體」。但於理則萬變不離其宗,亦可以以上所論目之。

綜上所述,《周易》集古老的華夏民族思維模式之大成,其思維模式貫通運用於哲學、史學、政治、軍事、天文、地理、曆法、中醫、氣功、武術等社會科學與自然科學許多學科領域,爲民族文明史的創始與發展起到不可低估的作用。深入研究,全面揭示其思維特點,必將深化對其他有關學科的認識,這是《周易》研究至關重要的一環,也是弘揚東方文化關鍵的一環。《周易》象數思維模式有其科學合理的內核,繼承發揚它,必將與西方邏輯思維相輔相成,相映成輝,相得益彰,爲人類思維科學的發展做出應有的貢獻。

# 第四章　《周易》論辯

## § 論「剛柔」釋「歸妹」──《周易大傳今注》質疑

李鏡池先生於《周易探源序》中寫道：「卦、爻辭有它的系統組織，要全面比較分析，才得其真義。」[1]此言是也。

李先生致力於《周易》三十餘年，終於從尋章摘句式的研究中醒悟過來。然則，尋章摘句，固云非是，捨棄象數，何以明根。今之研究《周易》置象數於不顧如李先生者亦不在少數。

高亨先生《周易大傳今注》有《經意》、《傳解》，其《易》學觀點覽此可知。蓋闇於象數者也，改文添字解《易》者也。何以如此？高先生於《〈周易〉卦爻辭的哲學思想》一文中答道：「卦象所體現的辯證觀點與卦爻辭所表達的辯證觀點必定有一定的聯繫，可惜我對於這一點理解極少。」[2]

象數不明，何以對證，不解之處，難免改《經》。

---

1 見《周易探源》，中華書局 1978 年版，第 19 頁。
2 見《周易雜論》，齊魯書社 1979 年版，第 16 頁。

## 一、「剛柔分」與「剛柔交」

　　噬嗑卦〈彖〉曰：「頤中有物曰噬嗑，噬嗑而『亨』，剛柔分，動而明，雷電合而章，柔得中而上行，雖不當位，『利用獄』也。」

　　高注「分當作交，形近而誤。」並於《附考》中論之曰：

　　「《易傳》之例，陽卦在上，陰卦在下，爲剛柔分。「節」䷻〈彖傳〉曰：『剛柔分。』節之上卦爲坎，下卦爲兌，坎爲陽卦，爲剛，兌爲陰卦，爲柔，故曰『剛柔分』，即其例。陽卦在下，陰卦在上，爲剛柔交。「泰」䷊《彖象傳》並曰：『天地交。』「泰」之下卦爲乾，上卦爲坤，乾爲天，坤爲地，故曰『天地交。』乾爲陽卦，爲剛，坤爲陰卦，爲柔，故天地交等於剛柔交。即其例。噬嗑之下卦爲震，上卦爲離，震爲陽卦，爲剛，離爲陰卦，爲柔，則當云『剛柔交』，不當云『剛柔分』明矣。」

　　按：屯卦䷂則是上陽卦（坎、剛），下亦陽卦（震、剛），而〈彖〉曰：「屯，剛柔始交而難生」者何？蓋乾爲純陽卦（無陰爻），坤爲純陰卦（無陽爻），繼之者屯，陰陽爻始相交也。非「陽卦在下，陰卦在上」之謂也。明矣。即高注屯〈彖〉亦曰：「陽爲剛，陰爲柔，『剛柔始交』謂陽陰二氣始相接。」

　　以此可見，僅以陰陽卦之上下定「剛柔」之「交」與「分」，非也。

　　而泰䷊〈彖〉「天地交而萬物通」乃謂天氣本上今下，地氣本下今上，是天地之氣相交也。故只曰：「天地交」，而未曰：「剛柔交」。

否 ䷋〈象〉「天地不交而萬物不通也。」乃謂天氣本上今上，地氣本下今下，是天地之氣不相交也。故只曰：「天地不交」，而未曰：「天地分。」

噬嗑 ䷔〈象〉「剛柔分，動而明。」蓋初、五未變之先（噬嗑為否卦 ䷋ 初、五爻升降而成，三陰三陽之卦多具升降往來之義），剛與剛類，柔與柔類，今坤初之乾五，乾五之坤初，是剛與剛分，柔與柔分，以此構成震雷之動，離電之明。

節 ䷻〈象〉「剛柔分而剛得中」亦其類也。蓋三、五未變之先亦剛與剛類、柔與柔類，今乾三之坤五、坤五之乾三，是剛與剛分，柔與柔分。分後而成二（下卦之中）、五（上卦之中）皆成剛（陽爻）——「剛得中」。

還可證以賁 ䷕ 之〈象〉「柔來而文剛，故『亨』，[3] 分剛上而文柔，故『小利有攸往』。[4]」此「分」指剛與剛分，甚明——泰 ䷊ 之九二升上是「分剛上而文柔」；上六降二是「柔來而文剛。」成賁。

高先生把賁〈象〉標點成：「賁『亨』，柔來而文剛，故『亨』。分，剛上而文柔，故『小利有攸往』。剛柔交錯，[5] 天文也。文明以止，人文也。」並注曰：「「賁」之下卦為離，上卦為艮。離為陰卦、為柔，又為文；艮為陽卦，為剛。然則「賁」之卦象是『柔來而文剛』……其次，分謂剛柔之分也，

---

3　當作「亨小」。
4　當作「利有攸往」，《易》卦辭有四處亨下有小字：賁、遯、既濟、未濟。皆當從小斷句，而〈象〉賁、遯、既濟、未濟均從亨處斷，皆非，唯既濟斷句以「亨小」是也。
5　今本此四字無，高氏据郭京本補。

承上句省剛柔二字。「賁」卦是陽卦之艮在上，陰卦之離在下，是爲剛柔『分』……再次，上卦艮爲山，山有草木之文；下卦離亦爲文。然則「賁」之卦象又是『剛上（在上）而文柔』。」

　　按：「柔來而文剛」與「剛上而文柔」，其「來」「文」「上」顯然皆爲動詞，以爻之升降往來解之恰如其分。「來」謂柔（陰爻）從外卦來之內卦；「上」謂剛（陽爻）從內卦上之外卦。「文」，文飾也。而高注「上」爲「在上」，則「來」難乎確注矣。高氏只好解以「柔來文剛則是柔爲副而剛爲主」。若此高氏卦之剛柔說，當解「來」爲在下，可乎？且高氏把一「分」字獨立解爲「剛柔分」，已使文義不屬——「柔來而文剛」已釋「亨」矣；「剛上而文柔」已釋「小利有攸往」矣。卦辭已釋，何中間又加以「剛柔分」之贅筆。又且「分」既爲「剛柔分」矣，何後又有「剛柔交錯」之蛇足。[6]

　　以下分析《周易・彖》之「剛柔」，以見所指：

　　坤 ䷁〈彖〉「柔順」，指卦言。

　　蒙 ䷃〈彖〉「『初筮告』以剛中也。」高注：「九二爲陽爻、爲剛，居下卦之中位，是爲剛中。」是也。指爻言。

　　需 ䷄〈彖〉「剛鍵」，指下乾卦言。

　　訟 ䷅〈彖〉「上剛」，指上乾卦言。「剛來而得中」。高注「九五爲陽爻、爲剛，居上卦之中位；九二亦爲陽爻、爲剛。居下卦之中位，是『剛來得中』。」是也。指爻言。

　　師 ䷆〈彖〉「剛中而應」。高注「卦之九二爲陽爻、爲剛，

---

6　「剛柔交錯」一句補上以對「文明以止」是可以的。若以爻之升降解之則甚明，柔來而剛上自然成「剛柔交錯」。

居下卦之中位是爲『剛中』。」是也。指爻言。

比 ䷇〈彖〉「以剛中也」。高注「九五爲陽爻、爲剛，居上卦之中位，是爲剛中。」是也。指爻言。

小畜 ䷈〈彖〉「柔得位」。高注「六四爲陰爻、爲柔，處於陰位（第四爻爲陰位），是爲『柔得位』。」是也。指爻言。「剛中而志行」。高注「九二爲陽爻，爲剛，居下卦之中位。九五亦爲陽爻，爲剛，居上卦之中位，是爲『剛中』。」是也，指爻言。

履 ䷉〈彖〉「柔履剛也。」高注「履之下卦六三爲陰爻、爲柔，九二、初九皆爲陽爻，爲剛。六三在九二、初九之上，是爲『柔履剛』。」是也。指爻言。「剛中正」。高注「履之九五爲陽爻、爲剛，又居上卦之中位，是爲『剛中正』。」是也。指爻言。

否 ䷋〈彖〉「內柔而外剛。」高注「坤爲陰卦，爲柔；乾爲陽卦，爲剛。」是也。指卦言。

同人 ䷌〈彖〉「柔得位得中」。高注「六二爲陰爻爲柔，居陰位（第二爻位陰位），是爲『柔得位』……六二居下卦之中位是爲『柔得中』。」是也。指爻言。

大有 ䷍〈彖〉「柔得尊位大中」。高注「六五爲陰爻爲柔居上卦之中位，……是爲『柔得尊位』，柔得『大中』。」是也。指爻言。

豫 ䷏〈彖〉「剛應」。高注「上下五柔應一剛，是爲『剛應』。」是也。指爻言。

　　隨 ䷐〈彖〉「剛來而下柔，動而悅」。高注「隨之下卦爲震，上卦爲兌，震爲陽卦、爲剛；兌爲陰卦、爲柔，然則隨之卦象是剛居柔下，是爲『剛來而下柔』。」「震，動也；兌，說（悅）也。然則隨之卦象又是『動而說』。」似此以卦言，解「來」字總不確。此乃三陰三陽之卦，不如以爻之升降言爲確切：此卦爲乾、坤變卦而來，乾之上九（剛）來居坤之初六（柔）成震，爲「動」；坤之初六往居乾之上成兌，爲悅，故曰：「剛來而下柔，動而說。」此可證以隨之兩卦相易之卦歸妹 ䷵。歸妹是柔卦（兌）居剛卦（震）之下，不曰「柔來而下剛」，而曰「柔乘剛」——柔居剛上。高注：「歸妹下卦是一陰爻在兩陽爻之上，上卦是兩陰爻在一陽爻之上，皆是柔乘剛。」是也。指爻言，而不得以卦之剛柔爲解。

　　蠱 ䷑〈彖〉「剛上而柔下」。高注「艮爲陽卦、爲剛；巽爲陰卦、爲柔。……是『剛上而柔下』。」可通。或解作乾初之坤上，坤上之乾初（三陰三陽之卦）爲「剛上而柔下」，爲佳。其他如咸、恒卦亦然。

　　咸 ䷞〈彖〉「柔上而剛下……男下女。」高注「「咸」之上卦爲兌，下卦爲艮，兌爲陰卦，爲柔；艮爲陽卦、爲剛……是『柔上而剛下』……男爲剛，女爲柔，「咸」之卦象是女上而男下，即『男下女』。」可通。或解作坤三之乾上（柔上），成兌之少女，乾上之坤三（剛下），成艮之少男。而致「男下女」之象。爲佳。

　　恒 ䷟〈彖〉「剛上而柔下。……剛柔皆應。」高注「上卦爲震，下卦爲巽。震爲陽卦，爲剛；巽爲陰卦、爲柔……是『剛上而柔下』……恒之初六爲陰爻、爲柔；九四爲陽爻，爲

剛。兩同位爻剛柔相應，九二位陽爻，爲剛；六五爲陰爻、爲
柔，……是『剛柔皆應』。」可也。或解作乾之初升四（剛上），
坤之四降初（柔下）成「剛柔皆應」之象，爲佳。蓋同〈彖〉
之中剛柔皆以爻之陰陽解之也。

以上可見〈彖〉之「剛柔」所指之梗概。爲簡化行文，
後與高注同者，只注所指，有異議者，則詳論之：

臨 ䷒〈彖〉「剛浸而長……剛中而應」，指爻言。

剝 ䷖〈彖〉「柔變剛」，指爻言。

復 ䷗〈彖〉「剛反」、「剛長」，指爻言。

无妄 ䷘〈彖〉「剛自外來而爲主於內」，指爻言。

大畜 ䷙〈彖〉「剛鍵」指下乾卦言。「剛上而尚賢」之「剛
上」。高注「艮爲山，爲陽卦爲剛，象才德高大之賢人。乾爲
天象朝廷……剛卦在乾卦之上是爲『剛上』。」亦可。然不及
解以：上九以一剛居五上，五君位也，尊而上之，有尚賢之意，
爲佳。蓋以卦論，下乾亦爲剛，何單曰：「剛上」。「剛上」
者，剛爻居柔爻上也。解以剛卦居剛卦上，少欠確切。

大過 ䷛〈彖〉「剛過而中」，指爻言。

坎 ䷜〈彖〉「剛中」，指爻言。

離 ䷝〈彖〉「柔麗乎中正」，指爻言。

遯 ䷠〈彖〉「剛當位」，指爻言。

大壯 ䷡〈彖〉「剛以動」，指爻言。

晉 ䷢〈彖〉「柔進而上行」，指爻言。

明夷 ䷣〈彖〉「外柔順」，指卦言。

睽 ䷥〈彖〉「柔進而上行，得中而應乎剛。」指爻言。

損 ䷨〈彖〉「損下而益上」、「損剛益柔」。

益 ䷩〈彖〉「損上益下」。

夫三陰三陽之卦多取陰陽往來（爻之升降）之義，兌下艮上爲損，損之義爲損下以益上。震下巽上爲益，益之義爲損上以益下。損卦以畫卦而論，是損乾三以益坤上。乾剛坤柔，乾下坤上。是上（君）弱，下（臣民）強，下之過強則易僭上，故損乾三之剛以益上之柔——「損剛益柔」成 ䷨，故卦名損。是「損下益上」與「損剛益柔」義同。即損下之剛益上之柔。益卦以畫卦而論是損乾四以益坤初，是上（君）過強，下（臣民）過弱，下不堪其上。損上以益下，以緩和上下矛盾。即損上之剛益下之柔——盡管〈彖〉不曰：「損剛益柔」，仍是損剛益柔。只是兩卦剛柔所指之上下不同而已。高注以卦之剛柔說，並曰：「『損』之卦象是損下益上即損民益貴族。亦即損柔益剛，此乃經常之道。但亦有時損上益下，損貴族益民，即損剛益柔（此乃幻想）。」是把「損剛益柔」解成「損上益下」，乃益卦之義。顯然非是。

夬 ䷪〈彖〉「剛決柔也」，指爻言；「柔乘五剛也」，指爻言。

姤 ䷫〈彖〉「柔遇剛也」，「剛遇中正」。均指爻言。

萃 ䷬〈彖〉「剛中而應」。指爻言。

升 ䷭〈彖〉「柔以時升」、「剛中而應」。均指爻言。

困 ䷮〈彖〉「剛揜也」,高注以坎陽卦伏兌陰卦之下——「剛被柔所掩蓋」可也。亦可指爻言:初、三柔掩二剛;三、六柔掩四、五剛。「以剛中」,指爻言。

井 ䷯〈彖〉「以剛中」,指爻言。

鼎 ䷱〈彖〉「柔進而上行,得中而應乎剛」。指爻言。

漸 ䷴〈彖〉「剛得中」,指爻言。

旅 ䷷〈彖〉「柔得中乎外,而順乎剛」,指爻言。

巽 ䷸〈彖〉「剛巽乎中正」、「柔皆順乎剛」。均指爻言。

兌 ䷹〈彖〉「剛中而柔外」。指爻言。

渙 ䷺〈彖〉「剛來而不窮,柔得位乎外」,指爻言。

中孚 ䷼〈彖〉「柔在內而剛得中」,指爻言。

小過 ䷽〈彖〉「柔得中」、「剛失位」,指爻言。

既濟 ䷾〈彖〉「剛柔正」、「柔得中」,均指爻言。

未濟 ䷿〈彖〉「柔得中」、「剛柔應」,均指爻言。

至此可進而論之,〈彖〉之言「剛柔」或指卦、或指爻(大多指爻)、或兩指之,隨卦而異,不可以幾卦之見推之全體,更不可援一、二例爲據,擅改文字,強古人以就己意。

## 二、「眇能視」與「跛能履」

顧頡剛先生論解《易》曰:「把其中相同或相類之句子,相同或相類之成語,相同或相類之文字,不憚細瑣,一一鈔出

比較。」[7]此語很值得注意。

　　李鏡池先生論《易》曰：「每卦有一個中心問題，有內在聯繫，所以我們研究它，首先要找出它的中心問題，內容思想，不能孤立的來看一條卦、爻辭。」[8]

　　《周易》不僅每卦是一個整體，就是卦與卦之間也有一定聯繫。其中許多相同詞語的句子在不同卦中出現，往往有其相似之象數，更應當加以注意，否則，很容易解釋得前後矛盾。

　　履 ䷉ 六三，眇能視，跛能履，履虎尾，噬人，凶。武人為于大君。

　　高注「目盲而視物，足跛而走路，此視不明而踏虎尾，以行不便而被虎咥，是凶矣。」

　　歸妹 ䷵ 初九，歸妹以娣。跛能履，征吉。

　　高注：「歸妹可以其娣陪嫁。『跛能履』謂其足疾已愈，利於出行，猶之國力以壯，利于出征。故筮遇此爻，出征則吉。」

　　九二，眇能視，利幽人之貞。

　　高注「盲者而能視，乃去黑暗而復光明之象，正如囚人出牢獄而復自由，故囚人占得此爻則利。」

　　按，同為「眇能視」，一曰「視不明」，一曰「復光明」；同為「跛能履」，一曰「行不便」、一曰「足疾愈」。何其相反乃爾。

---

7　見《周易探源》，第 401 頁。

8　見《周易探源》，第 226 頁。

　　高先生注《易》，不注卦名，蓋認爲「卦名多不代表全卦之意義」故也。因而一卦之內在聯繫不求，望文生義之弊出焉。

　　我們先以象數論之：震得乾之初，乾上兌下爲履，有「跛能履」「眇能視」之象；震上兌下爲歸妹，亦有「跛」「眇」之象。且兩卦初至四爻皆同。履六三以互離之目、震之足（一陰一陽之卦象多取象旁通，履旁通謙 ䷝，三至五互震）、巽之股，遇兌之毀折而「眇」「跛」；歸妹初、三以爻之初稱足，互離稱目，亦遇兌之毀折而「眇」「跛」。蓋「眇」，偏盲也。[9]「眇能視」，視欠明也。「跛」，足偏廢也。[10]「跛能履」，行而慢矣。

　　履卦之「履」，含義有三：「履」，鞋也。《字書》：「草曰扉，麻曰屨，皮曰履。」《爾雅·釋言》：「履，禮也。」又「履」，踐也。如「素履」之「履」，鞋也，引申爲禮；「履虎尾」、「跛能履」之「履」，踐也；「夬履」、「視履」之「履」，禮也。

　　履卦所討論者乃國家禮制之利弊。〈象〉所謂「辯上下，定民志。」是也。

　　六三，「眇」「跛」之象既如上述。而兌西方卦爲虎，乾爲人，乾兌合有「履虎尾」之象。兌爲口，「咥」象。視不明，行而慢，履虎尾，則有咥人之凶也。乾爲大君，大君爲制禮者。乾爲武人，武人尚專斷。「武人爲于大君」喻大君制禮

---

9　見《正韻》。

10　見《篇海》。

專斷。專斷之禮則如「履虎尾」而「咥人」然——非吉而凶。

　　歸妹繼漸，兩卦辭皆言古之婚嫁之義，爻辭兼論漸進之義。漸為卦艮上巽下，艮止而巽入，其進也不速，故其義為漸。卦辭「女歸吉，利貞」，蓋古婦以夫家為家，故謂嫁為歸。艮少男，巽長女，古時男「三十而有室」，女「二十而嫁」。[11] 今女長於男，已為衍期，然則待聘而歸，這於古婚姻之道為正，正則「利」而「吉」。又古之昏禮大約經過六種形式：納彩、問名、納吉、納徵、請期、親迎。[12] 故女歸有漸進之義，「漸」有按次序而進之義，能如此則正。正則「吉」而「利」。

　　歸妹卦辭曰：「征凶，无攸利。」

　　蓋女子以嫁為歸，「妹」，少女之稱。其卦震動兌悅，悅而動則無漸進之序。以象言之，震長男，兌少女，女先男，是女之急於進也。急則恐無詳審顧慮之意，故設「征凶，无攸利」之戒辭。《禮記‧內則》：「聘則為妻，奔則為妾。」聘為漸進，奔為急征。聘合禮，奔非禮，故漸與歸妹涉及對古婚禮的認識。

　　以下全注歸妹爻辭。

　　初九，「歸妹以娣，跛能履，征吉。」

　　注：《六書故》：「古之嫁女者以姪娣從，自適而下凡謂之娣。」〈說卦〉：「兌為妾。」娣象。「歸妹以娣」謂歸妹以娣從。初為足，「履」象。以兌之毀折而「跛」，「跛」能側行而不能正行。「娣」之行似之，故曰「跛能履」。「征」，

---

11　見《禮記‧內則》。

12　見《儀禮‧士昏禮》。

進也。如此進行與古婚禮合，故曰「吉」。又「跛」之「征」非急進之謂，故「吉」。

九二，「眇能視，利幽人之貞。」

注：二處兌澤之中，幽隱、幽靜之象。所謂「眇能視」即睜一眼閉一眼視不明也。幽隱之人視世事與世無爭似之，蓋非急於進取者，持心如此，正所謂幽人之正也。正則利矣！推之於歸妹，乃嘉幽靜之人而婚姻合禮者。

六三，「歸妹以須，反歸以娣。」

注：本爻以陰處陽，其位不當。又上無正應，故「歸妹以須」。「須」，待也。三須上不得，則反而為娣。此爻辭蓋戒婚嫁不能待時而奔者。

九四，「歸妹愆期，遲歸有時。」

注：本爻在離日之末，阻於坎險，「愆期」之象。震春（上卦震）、離夏（二至四互卦離）、兌秋（下卦兌）、坎冬（三至五卦坎），「期」雖「愆」而四時備，只是遲之而已。「遲歸有時」謂終得所歸也。

六五，「帝乙歸妹，其君之袂不如其娣之袂良。月幾望，吉。」

注：本爻得中而應，故設「吉」辭。得中則非為娣，以陰處陽之君指小君言。卦名歸妹，則是帝乙之歸妹似之。「其君之袂不如其娣之袂良」乃貴而忘其為貴之謂。乾為衣，為圜，「袂」乃衣之圜者，故稱「袂」。「帝乙（殷帝乙乃紂之父）歸妹（嫁女於周文王）」當是人間歸妹之盛滿者。「月幾望」

乃不自滿之象。坎爲月，偏對離日，爲「幾望」之象。貴而忘其爲貴，儉也；不自滿，謙也。儉以歸妹，謙以進，故「吉」。

上六，「女承筐无實，士刲羊无血，无攸利。」

注：本爻歸妹而無正應。震爲竹，故稱「筐」，震在上，故「承筐」。陽爲實，上非陽，故「女承筐无實」。兌爲羊，坎爲血卦，離日乾之，六三非應，故「士刲羊无血」。「无實」、「无血」是禮不備，故「无攸利」。《詩·召南·采蘋》即寫女歸采蘋采藻盛之筐筥以尸祭祀之事。「刲羊」亦爲祭獻之事。

從六爻辭看，初、三、四、五皆明言「歸妹」（婚嫁），上六爻辭有以奴隸主壓迫剝削奴隸爲解者，非是。高先生亦認爲此爻「指婚禮而言」。而獨把九二爻辭「幽人」解作「囚人」可乎？解「眇能視」、「跛能履」前後義反可乎？

## 三、結語

高先生解《易》於卦、爻辭字句多有改動。於難解處即疑某爲某而改之。當然，改之有據，無可非議，但《易》卦爻辭共四百五十條，被改動者達一百條之多，則《易》之面目易矣，原義泯矣。其解亦難以信眾。

或曰：解《易》何需象數理？《易》產生於三千年前，乃卜筮書而已，當時人之思想簡單，盡可不必以複雜視之。此語非也。李鏡池先生解《易》不及象數，但其論《易》曰：「《周易》卦、爻辭……是出於編者的匠心編著，不少地方，不特是編者有意識地組織編排，而且還有哲學意義和藝術性。」[13] 蓋

---

13　《周易探源》，第 192 頁。

《易》之卦、爻辭先後之聯繫，象數之參合，非潛心深思不可得之，若簡單視之，隨文演義，不特易出紕漏，甚至乖於事理。如高注明夷初九爻辭「明夷于飛，垂其翼。君子于行，三日不食。有攸往，主人有言」曰：「鳴雉在飛，因左股受傷而垂其左翼。君子逐之，忍饑三日，往投人家乞食，竟遭主人之譴責。」使人讀後未免要問：一鳴雉已左股受傷垂其左翼矣，何得久「飛」而使君子爲忍饑三日之逐。君子逐一受傷鳴雉，不惜忍饑三日，又何其貪婪也？臆說如斯，誰其信之？

《周易》編纂時代最早不會超出周初。即周初論之，考之《書經》，周之基業貽謀者周公之思想已相當不簡單矣。且一代有周，思想家諸子百出，我們能否因其古而疑孫武不得爲《孫子兵法》。實則，《易》之象數源遠流長，甲骨占卜視「兆」論吉凶，「兆」蓋殷甲骨卜辭之象數也。《左傳》、《國語》所載之筮例，主以象數，蓋古法相傳也。要之，即《易》解《易》，有則有，無則無，是簡單則簡單論之，是複雜即複雜論之，存先入之見，有害而無益，非實事求是者爲。

## § 「利用爲依遷國」考

《周易》益卦六四爻辭曰：「中行告公從，利用爲依遷國。」

郭沫若先生在《周易之製作時代》一文中把「中行」解成《左傳·僖公二十八年》「晉侯作三行以禦狄，荀林父將中行……」之荀林父。並說：「「益」六四的『爲依遷國』當是僖三十一年『狄圍衛，衛遷于帝丘』的故事。衛與郭古本一

字，《呂覽・慎大》『親郼如夏』，高注云『郼讀如衣』則『爲依遷國』即『爲衛遷國』。」郭先生並根據《易》中有關「中行」的五處爻辭分析斷定：「《周易》之作決不能在春秋中葉以前。」[14]

此說陳夢家先生於《書後》論之曰：「所謂『中行』，見於《易》的五條，都當作行道的行。『中行』猶在道。中爲副詞，或是《詩》中達即達中之例，中行即行中。以卦爻自相印證，知中行決非人名。」「《易》無成於春秋中葉以後的確證。」

李鏡池先生在《周易的編纂和編者的思想》一文中駁「中行」爲荀林父之說曰：「按荀林父在邲之戰爲楚所敗，曾請死。雖然還繼續做了幾年將軍，到宣公十六年（公元前 594 年），由士薈代將中軍，但據《左傳》所載，莊公二十二年（公元前 672 年）懿氏卜妻敬仲，周史有以《周易》見陳侯者，陳侯使筮之，其繇辭和今《易》同，早於中行氏八十年，斷不能反出其後。」[15]

于省吾先生另有一解：

「『利用爲依遷國』依與衣古通用，衣應讀作殷。甲骨文和金文的殷祭均作衣。又沈之它簋的『克衣』即『克殷』，是其證。『利用爲依遷國』即《書序》所說的『成周既成，遷殷頑民』。」[16]

---

14　《青銅時代》，第 58-59 頁。

15　《周易探源》，第 191-192 頁。

16　《社會科學戰線》，1978 年第 2 期。

郭沫若曾論及「衣」與「殷」的來歷：

「根據卜辭的記載看來，殷人自己自始至終都稱爲商而不自稱爲殷的。在周初的銅器銘文中才稱之爲殷，起先是用『衣』字，後來才定爲殷。衣是卜辭中的一個小地名，是殷王畋獵的地方，周人稱商爲衣、爲殷，大約是出於敵愾。」[17]

要證「衣」與「殷」不乏其例，如〈康誥〉「壹戎殷」而《中庸》作「壹戎衣」。西周金文《天亡𣪘》之「衣王」等皆是。根據本爻辭的內容看，解「依」爲「殷」是正確的。但認爲「利用爲依遷國」即《書序》所說的「成周既成，遷殷頑民」之說卻值得商榷。

《逸周書・作雒》：「俾康叔宇於殷。」即《書序》「成王既伐管叔蔡叔，以殷余民封康叔」事。如此可見殷大部分民並未曾遷。而《書序》所言：「成周既成，遷殷頑民……作〈多士〉。」其說少有謬誤。蔡沈《集傳》於〈多士〉一篇有所闡發：「所謂『遷殷頑民』當在作洛之前。」我們不管是前還是後，但總是遷了一部分殷之頑民於洛的了，然而這是遷民的問題，與「遷國」似不甚吻合。

爲探討此爻辭全部含義，不妨對益卦卦辭及與此爻辭相類的六三爻辭加以分析：

益，利有攸往，利涉大川。

〈序卦〉「損而不已必益，故受之以益」。以象言之，震爲雷，巽爲風，風雷相助，其勢益大。以畫卦而言，乾四益

---

坤初，爲上益下，故取名益。益則「利」，故卦辭專以利言。「利有攸往」謂平時之利。「利涉大川」謂歷險亦有利。震爲行，外巽（順）則行無所阻，「利有攸往」之象；益有舟象，舟得巽風而動，爲「利涉大川」之象。

損卦言損下以益上。下（臣）之勢強（陽），上（君）之勢弱（陰），當損強以益弱，使下不過強，下之過強則易僭越犯上。

益卦繼損。觀益卦爻辭有損上益下之意。損上益下，即上（君）施恩惠於下（臣），以緩和上下的矛盾。矛盾緩和則有利於爲事，故卦辭有「利有攸往，利涉大川」之語。

六三，益之用，凶事无咎。有孚、中行告公，用圭。

「益之用，凶事无咎」謂上益下可起到調和上下矛盾歸之於平安。「圭」，瑞玉也，上圓下方。以封諸侯，從重土。[18]乾爲玉，「圭」象。坤爲國，「公」象。震爲言，「告」象。「告」，告誡也。如《尚書・康誥》「予惟不可不監，告汝德之說」之「告」。「公」謂所擇封土授以圭之諸侯。「有孚、中行告公，用圭」謂以孚信中正之德行告誡公，且授以封國之圭。

此爻意謂：擇人而封土建侯，以益下來調和上下矛盾。

六四，中行告公從，利用爲依遷國。

「告公」，告誡公侯也。「公從」謂公侯順從五君也。坤爲國，四由初來，有「遷國」之象。故以「利用爲依遷國」

---

18　見《說文・第十三篇下》。

爲喻。「依」解作殷是正確的。那麼此句確指何事呢？

《尚書・書序》「成王既黜殷命，殺武庚，命微子啟代殷後」，是封微子於商丘，而改國號曰宋，以奉湯祀。這就是說把殷從朝歌之商邑遷到商丘去了——「爲殷遷國」。而宋是公國，那麼「公」則指微子而言。《尚書・周書・微子之命》稱微子：「爾惟踐修厥猷，舊有令聞，恪慎克孝，肅恭神人，予嘉乃德……庸建爾于上公，尹茲東夏。」觀此可解六四爻辭。全句說：「以中正之德行告誡公，公從之，利以作遷殷國到商丘（宋）之事。」《微子之命》又說：「欽哉？往敷乃訓，慎乃服命，率由典常，以蕃王室。」看來微子封宋確實對周王室是一件有益的事了。

六三寫封土，六四寫遷國。一封一遷皆以益五君之志爲目的（九五爻辭曰：「有孚惠心，勿問元吉，有孚惠我德」可證）。準六四之事例，疑六三所言「告公，用圭」亦有特指，當即《尚書・書序》「成王既伐管叔蔡叔，以殷余民封康叔」事，有〈康誥〉爲佐證。

《微子之命》及〈康誥〉所載之事的時代相近，與《周易》益卦六三、六四先後兩爻之爻辭所言大可相互印證。

## § 「小人剝廬」辯

《易》剝卦上九爻辭曰：「碩果不食，君子得輿，小人剝廬。」

王闓運在《周易說》中解之曰：「廬蓏通用字，艮爲果蓏，

《詩》：『中田有廬，是剝是菹』，言天子藉田樹果蓏，剝取以薦，是小人之職，果在木，象陽，廬在田，象陰也。『得輿』言當恤下，不可自高。」[19]

若《詩・信南山》如王氏所引，則此處之「廬」爲植物自當無疑。因言剝廬（廬舍）及剝蓏皆可通，但廬舍不能菹。然而原詩是：「中田有廬，疆埸有瓜，是剝是菹，獻之皇祖。」如是「廬」盡可作廬舍解，而剝削淹漬的是疆埸之瓜。

郭沫若先生在《奴隸制時代・蜥蜴的殘夢》一文中論之曰：「不過我覺得解『廬』爲蘆菔，恐怕還要妥當些，詩上既說『中田有廬，疆埸有瓜』，是以兩種東西對言，而蓏乃瓜屬，似嫌重複。又《周易》『君子得輿』的『輿』字……案當解爲蕷，即藷蕷，薯蕷、山藥。結在樹上的果子雖大而不能食，老爺只好吃山藥，伺候老爺的只好啃蕪菁。……山藥與蕪菁同在地下埋藏，而碩果是在空中懸掛，相爲對待，大約就是陰陽相對吧。陽氣未盛，暫仰息於陰元，不得其時，不可亢進，「剝」之上九的爻辭大約也就是這樣的意思吧。」[20]

郭先生在《十批判書・古代研究的自我批判》一文中解「廬」爲蘆菔：「廬與瓜是相對待著說的，下邊統言剝言菹，可以知道廬必與瓜爲類，斷不會是居宅廬舍之廬。」[21]

案《信南山》詩於此前句有「疆埸翼翼，黍稷彧彧，曾孫之穡，以爲酒食，畀我尸賓」句，是說：「整飭的疆埸，茂盛的黍稷，這是主祭者的稼穡，可以爲酒食，獻之於尸。」因

---

19　見《奴隸制時代》，人民出版社，1973 年，77 頁。
20　見《奴隸制時代》，人民出版社，1973 年，77 頁。
21　見《十批判書》，1945 年，重慶群益出版社，26 頁。

黍稷爲主糧，雖不言生長處，當是生長在中田而不是疆場，故後有「疆場有瓜」句。又「剝、菹」不同，若單對瓜而言：「剝」是把瓜剝落，剝削；「菹」是把瓜淹漬成酢菜。所以此句解「廬」爲廬舍（農夫住處，或存放物品之處，或暫憩之處，或爲看瓜之屋）並非不合理。

附帶說一下，郭先生在《古代研究的自我批判》一文中解「廬」爲「蘆」還有一證，那就是《詩·南山有臺》：「南山有臺，北山有萊……南山有桑，北山有楊……南山有杞，北山有李。」並論之曰：「臺既與萊爲對文，而其餘數章又都是桑楊杞李等植物名彙，則臺斷非亭臺樓閣之臺。……和這相同，與瓜爲對文，而可剝可菹的廬，也必然是假借字，我看這一定是蘆的假借。」[22]

似這種兩詩互證法可以參考，但不能做絕對之證。因爲詩作者非爲一人，這樣互證總是有一定距離的。即便是一人也不敢肯定其筆法一定純一。若我們從《南山有臺》一詩自證臺爲薹是完全可取的，因「其餘數章都是桑楊杞李等植物名彙。」若我們引《信南山》詩來自證，那麼「疆場翼翼，黍稷彧彧」，一寫田畛，一寫植物，非爲同類。緊接著下句「中田有廬，疆場有瓜」，一寫房舍，一寫瓜果，非爲同類，也就很可以理解了。我們總不能想法把「疆場」也「以爲酒食」吧！

因此《詩》句中之「廬」無一定要通假要「菹」的理由；《易》中之「廬」也無一定要通假的理由。推之於「輿」亦然。所以今人解《易》若尚秉和《周易尚氏學》、李鏡池《周易通

---

22 見《十批判書》，1945 年，重慶群益出版社，26-27 頁。

義》、徐志銳《周易大傳新注》、金景芳《周易全解》於斯皆不取通假義。乃至於擅長以通假解《易》的高亨《周易大傳今注》亦不取。而《易》中「得輿」「剝廬」自有其一定的寓意。那麼怎麼來理解剝上九爻辭呢？我們先談一下剝卦 ䷖。

　　剝卦是陰息陽消之卦。所謂陰息即陰氣長——過賁（剝卦繼賁卦。賁，飾也），尚虛的緣故；陽消即正氣消——惡儉素，不務實的緣故（尚虛，惡儉素等內容寓意在賁卦中）。處剝時事多不利，故卦辭曰：「不利有攸往。」

　　以下注釋爻辭：「碩果不食，君子得輿，小人剝廬」文義。

　　注：艮爲果，上陽爻，陽大陰小，陽爲碩（「碩」，大也），故稱「碩果」。「食」，蝕也。陰蝕（剝）陽至五，惟上九一陽尚存，故曰：「不食」。坤爲輿，陽爲得。「君子」指陽言；「小人」指陰言。陽處上據坤如「得輿」然。廬所以覆物，上一陽覆下如「廬」然，陰在下剝如「剝廬」然。《易》編纂者以一陽在上望其剝之不盡，復生於後（正氣不被剝盡，終得正氣恢復，故剝卦後繼以復卦 ䷗。復卦爲一陽長於下之卦，是陽息陰消之卦），故曰「碩果不食」——正陽之氣不被剝盡；「君子得輿」——正陽之氣得行；「小人剝廬」——陰邪之氣剝廬而非剝輿，即陰邪之氣終不能害正陽之氣，這樣事物終將走向它的反面，剝盡而復，邪除而正復。

## § 論《易》之「朋」象

　　學者論《易》之「朋」象，或曰：「兌爲朋」（虞氏「逸

象」）；或曰：「陰得陽爲朋」。[23] 皆非其解。蓋「朋」之象爲坤。坤䷁卦辭「西南得朋，東北喪朋」之「朋」取象爲兌乎？爲陰得陽乎？坤爲西南之卦，「西南得朋」之「朋」非坤而何？（反乎西南爲東北，西南得朋，故東北則喪朋）《易》中之「朋」有兩義：一、十貝爲朋，則朋爲貝象。如損䷨六五、益䷩六二均曰：「十朋之龜」是，其取象爲互大離䷝。因離爲贏爲蚌，「貝」象。若震䷲六二「億喪貝」之「貝」即取象互大離䷝。二、朋友之朋，則取象坤。蓋推義於「坤爲衆」。「易」中取是義之朋除坤卦辭外尚有六處。若泰䷊九二「不遐遺朋亡」；豫䷏九四「勿疑朋」；復䷗卦辭「朋來无咎」，其坤象顯然。（損䷨六三之「友」坤象亦明）咸䷞九四「朋從爾思」，乃取象於爻之升降——咸爲相正應的三陰三陽之卦，其卦之來，蓋以乾、坤卦爻之升降。「易」中似此之卦、爻辭多具乾象或坤象。而最值得深究者：蹇䷦九五「大蹇朋來」、解䷧九四「朋至斯孚」，此乃除三陰三陽之卦外而其他以爻升降取象者。蹇卦辭「利西南」；解卦辭「利西南」——其他六十一卦辭無「西南」之語——深有意焉。蹇〈彖〉曰：「『蹇，利西南』，往得中也。」即謂陽升坤之中（五）成坎——九五「大蹇朋來」；解〈彖〉曰：「『解，利西南』往得衆也。」即謂陽升坤之四成震——九四「朋至斯孚」。是蹇，解卦本爲坤上之卦升降成此。纂「易」者於蹇，解卦言坤象之「朋」，蓋蹇難需衆朋之力始解也。所謂「朋來」乃蹇六二復升五成坤也；「朋至」乃解初六復升四成坤也。

　　坤之「朋」象非如其他顯明可見之象之易求，故論者多

---

23　見近人尚秉和著《周易尚氏學》，中華書局 1980 年版，31 頁。

異。曰：「兌爲朋」者，蓋以兌〈象〉「麗澤兌，君子以朋友講習」爲據。夫兌〈象〉之論，蓋即整個兌卦取象：兩澤（兩兌）相麗，互受其潤。「朋友講習」，互受其益似之。又兌有兩口相向（兌爲口，一至五爻☴兩兌相向）之象。兩口相向而皆悅（兌爲悅），有「朋友講習」之象。是其象爲「朋友講習」，非徒取「朋」象而論也。

尚秉和先生主「陰得陽爲朋」說。然則其釋蹇☵「利西南」曰：「坤在西南。五往居坤中，得中有應。故曰『利西南』」。釋解☵「利西南」曰「坤位西南，四居坤初，前臨重陰。陽得陰則通，故『利西南』。」是釋「西南」爲西南方也。而釋坤☷「西南得朋」曰：「消息卦自西而南陽日增……增則得朋」，是釋「西南」爲「自西而南」矣。同一「西南」所釋不同者，蓋強求「朋」象爲「陰得陽」使然。

索得《易》之某象，必須驗之與某象所有有關之文而不泥，方可。


## § 「喪牛于易」與「喪羊于易」解

《周易》旅卦上九爻辭曰：「鳥焚其巢，旅人先笑後號咷，喪牛于易，凶。」

顧頡剛先生以爲此爻是記商之祖先王亥喪牛羊于易的故事。[24]

據《山海經·大荒東經》載：「有易殺王亥，取僕牛。」

---

24　《周易卦爻辭中的故事》，載於《燕京學報》第6期。

《竹書紀年》載：「殷王子亥賓於有易而淫焉，有易之君縣臣殺而放之。」這與「旅人先笑後號咷，喪牛于易，凶」相符，故此爻辭為王亥之事說可從。

顧先生更以《周易》大壯卦六五爻辭：「喪羊于易，无悔。」亦為王亥故事。細思之恐未然。何者？因《大荒東經》載：「取僕牛。」未及於羊。且兩爻辭果若寫一事，則不應一曰「凶」。一曰「无悔」。

甲骨卜辭亦有「喪羊」之語，如：

凡不隹喪羊。（《殷墟書契前編》8.11.4）

可見記「喪羊」，為古時常有，與王亥大可無關。

或曰：顧先生「喪羊于易」為王亥之事說，證在《楚辭・天問》：「該秉季德，厥父是臧，胡終弊於有扈？牧夫牛羊。」

其中「該」是亥，「扈」為易，這不是有牛有羊嗎？

按《天問》所問之事，現多無史料可考，此節證為王亥之事是可取的。但「牧夫牛羊」句之「羊」很可能為與「臧」叶韻而由牛及羊。再者「牧夫牛羊」句也看不出喪失牛羊之意。《天問》於此節後尚有：

「幹協時舞，何以懷之？平脅曼膚，何以肥之？有扈牧豎，云何而逢？擊床先出，其命何從？恆秉季德，焉得夫樸（僕）牛？何往營班祿，不但還來？」

這其中詳細故事情節現已無史料可供驗說，但「牧豎」之「牧」很明顯與「牧夫牛羊」之「牧」有關。陳夢家先生論

此曰:「僕、服、牧都是一聲之轉,指王亥始牧牛羊。」[25] 我們於此只能看出王亥牧過牛羊,而不能證實喪失牛羊。且「焉得夫僕牛」句未及於羊。得者因前之失,故知得喪者僅「僕牛」而已。

李鏡池先生於此兩句別有一說:

「喪羊于易」、「喪牛于易」,或即太王被狄人侵逼,由邠遷岐的故事。由孟子說,既然事之以皮幣、犬馬、珠玉,難道不事之以牛羊嗎?而且被逼遷徙,踰梁山而東走一直逃到岐山,難道養的那些肥牛啦,肥羊啦,不會被狄人搶去?……周民族遷到岐山之下,得到肥沃的地盤,然後定居,而文化發展。[26]

這樣太王由邠遷岐的事是確實「无悔」的了,但用來解「喪牛于易,凶」,卻又不當。

兩說皆有斷章取義之弊,置「无悔」、「凶」於不顧,則兩說皆可通。然則以全爻辭乃至全卦內容來理解,則「喪牛于易」為王亥之事說可取,而「喪羊于易」兩說均不可取,何以言之?我們就「喪羊于易」所在的卦作以全面探討即可知。

䷡ 乾下震上

大壯,利貞。

初九:壯于趾,征凶有孚。

九二:貞吉。

---

25　《殷墟卜辭綜述》,科學出版社 1965 年版,第 339 頁。
26　《周易探源》,中華書局 1978 年版,第 97-98 頁。

九三：小人用壯，君子用罔。貞厲，羝羊觸藩，羸其角。

九四：貞吉，悔亡。藩決不羸，壯于大輿之輹。

六五：喪羊于易，无悔。

上六：羝羊觸藩，不能退，不能遂，无攸利，艱則吉。

以上是大壯卦辭與爻辭全文。《周易》卦爻辭初視多不甚了了。必需通過《易》之象數深入進去才能解其隱義。以下分別注釋之：

大壯，利貞。

注：此卦名大壯。〈序卦〉：「物不可以終遯，故受之以大壯。」此卦繼遯卦而來，遯 ䷠ 爲陰息，大壯爲陽盛。以象言之：雷在天上，震甦萬物，物剛（乾剛）以動（震動），故「壯」。又「壯」，傷也。《楊子方言》：「凡草木刺人，北燕、朝鮮之間謂之策，或謂之壯。」郭璞注曰：「今淮南亦呼壯爲傷是也。」乾爲健，震爲威，健以行其威，多至於傷。所以本卦六爻凡過剛者多凶。大壯爲陽盛，盛而不正，則陰乘間而起，故「利」於「貞（正）」。

初九：壯于趾，征凶有孚。

注：初爲趾，處大壯卦，故曰「壯于趾」。震爲征。此爻意謂：壯而征（動）——自恃其壯而妄動，則「凶」可信，即必凶也。是戒其莫壯而妄動於初。

九二：貞吉。

注：本爻居下卦之中，意謂不自恃其壯而守中正者，故「貞（正）吉」。

九三：小人用壯，君子用罔。貞厲，羝羊觸藩，羸其角。

注：「小人用壯」謂剛而自矜也。「罔」，無也。「君子用罔」謂君子視壯如無壯也。〈說卦〉「兌爲羊」（取象於「羊」，詳見六五爻辭注），壯時故稱「羝羊」。震爲竹，爲萑葦故爲藩，於卦指九三上一陽（九四）言。「觸藩」謂觸四而進。五畫偶如羊之兩角。角在藩外，故稱「羸（係累）其角」。此與「貞厲（貞，正也，征也，甲骨卜辭征皆作正）」均指「小人用壯」言。與初九「征凶」義同。

本爻與初九均以陽（筮數九爲陽）處陽（位數一、三皆爲陽）──此稱之爲「位當」。似此於他卦之爻辭多吉，於大壯之時有過剛之象，故一「凶」一「厲」。九二以陽處陰、處中故「吉」。

九四：貞吉，悔亡。藩決不羸，壯于大輿之輹。

注：本爻以剛居柔（以陽處陰），無過剛之弊，故設「貞（正）吉，悔亡」之辭。震爲決躁，四以上無阻，故「藩決」。「藩決」則角「不羸」矣。坤爲大輿。「輹」，車軸縛也（見《說文‧卷十四上》）。坤一索而爲震，九四震之下畫，故曰「壯于大輿之輹」。輹輿壯則可往矣──以陽處陰，非征凶者。

六五：喪羊于易，无悔。

注：「羊」與陽同音，外柔內剛，故夬 ䷪、大壯 ䷡ 陽長之卦均取象有「羊」。又〈說卦〉「兌爲羊」。夬上兌，大壯亦因互兌而稱「羊」。五陽位而以「六」易之，故曰「喪羊于易」。「易」，變易也。也就是說，大壯過剛則傷，今去其剛而易之柔，則「无悔」。

上六：羝羊觸藩，不能退，不能遂，无攸利，艱貞吉。

注：上六下應九三，故亦取象「羝羊」。「羝羊觸藩」由四而上則「不能退」，進無所往，故「不能遂」（「遂」，進也。如《尚書・仲虺之誥》「顯忠遂良」之「遂」），因此「无攸（所）利」。處此進退維谷之境，當知其艱難，守正而求其解，則可獲吉。

我們從三、四、五、六爻所涉及「羊」的爻辭看（九四未有「羊」字，但「藩決不羸」當爲「羊」而設），此卦之「羊」與王亥所牧之牛羊，不爲同羊，是顯而易見的。

或曰：「喪牛于易」與「喪羊于易」爲何一是引典，一用象數學解釋，相差甚遠？

答曰：「喪牛于易，凶。」亦有其象數學上的解釋，我們只是於此略而未談罷了。王亥之事與旅卦上九象數及欲隱喻之義合，故《易》編纂者引而用之，我們或者可以說：「喪羊于易」脫胎於「喪牛于易」，是套換成語而變其義。

## § 《易》中「貞」與「孚」字的解釋

《周易》卦爻辭中「貞」字古之解《易》者，多訓爲正，或訓爲固，後殷墟卜辭聞世，遂有歧議。在卜辭中「貞」字恒作「卜問」解，似無異議，但《周易》中之「貞」字是否與卜辭之「貞」義同，這是個值得深究的問題。

李鏡池在《周易筮辭考・貞問及其範圍》一文中是反對《周易》「貞」字訓正的，而主張「貞」皆與卜辭之「貞」訓

「卜問」同。李先生把《周易》卦、爻辭含「貞」字者分爲「貞吉」、「貞凶」、「貞厲」、「貞吝」、「利貞」、「可貞」、「不可貞」、「蔑貞」、「貞」九類，並作了大量句引，然後未加具體分析即得出結論：「從上面這些占辭看來，可知貞之爲卜問而非『正』。若說是正，則『貞凶』、『貞厲』、『貞吝』這些話怎麼說呢？『正』之一字，是一個絕對的『好』名詞，何以會『正』而致『凶』、『正』而致『厲』致『吝』呢？」[27]李先生又把《周易》卦、爻辭貞問的結果分成四類：（1）貞問而吉的；（2）貞而不全吉的；（3）指定一種範圍的貞問；（4）貞問而凶的。[28]把《周易》之「貞」字皆訓「卜問」是否可通？我們先無需貫穿卦、爻之辭來論，僅就這些簡單的占辭作一簡單的字意分析。

其中「貞吉」，「貞吉亨」，「利貞」解作貞問而吉、亨、利，是可以理解的，[29]「貞凶」、「貞厲」、「貞吝」解作貞問而凶，厲，吝也是可以理解的。那麼前者就屬於「貞問而吉的」，後者屬於「貞問而凶的」了。其他如「可貞」解作「可問」或「問而可」屬「貞問而吉」之類；「不可貞」解作「不可問」或「問而不可」屬「貞問而凶」之類，尚屬可解。而坤卦用六「利永貞」，李先生是劃於「貞問而吉」一類的，謂「利永問」則頗費解，若釋作貞問而「利永」，或貞問而「永利」，則也算有解了。但於剝卦初六、六二之「蔑貞，凶」，則李先生於四類貞問結果中無所歸屬，此非疏忽之過，實難於義解，

27  李鏡池《周易探源》，中華書局 1978 年版，第 26-29 頁。

28  《周易探源》，第 31 頁。

29  關於「利貞」後文有詳論。

故難於歸類。若「蔑貞，凶」句不出於《易》而出於殷墟卜辭則自可把「蔑」釋成人名。可惜《周易》非卜辭可比。[30]《易》小過卦九四爻辭「无咎，弗過，過之，往厲必戒，勿用，永貞。」句之「貞」，若訓「卜問」則更費解。單純「永貞」，李先生《周易筮辭考》一文於九類中不具此。而於《周易筮辭續考》一文有所援引，其引文如下：

「无咎。弗過，過之，往，厲，必戒，勿用，永貞（吉）」。[31]

於是，我們可見李先生於「永貞」之「貞」釋「卜問」亦覺難乎其通，故只好疑「貞」後有「（吉）」。若「永貞」句不出於《易》而出於殷墟卜辭，則又可把「永」解成人名而通之，可惜又是《周易》非卜辭可比。卜辭屬殷，《周易》屬周，勿爲殷冔周戴。

實際上《周易》的卦，爻之辭與甲骨卜辭雖同與占有關，卻是大不相同。甲骨卜辭爲殷時占卜的實錄，而《周易》僅從占筮這方面來講當是周人筮占參考用的天書——筮占後據所占卦象及卦、爻辭以斷事之吉凶。

以下我們引陳夢家《殷墟卜辭綜述》一段文字，[32] 對卜辭先作一些簡單了解，然後比之《周易》卦、爻之辭。

「一篇完整的卜辭可以包含四部分，以菁華 2 爲例：

（1）癸巳卜殼貞

---

30　「《易》雖貞事而無年月可查，更不繫貞問的日期、貞問之人物或地點。」《周易探源》，第 108 頁，詳引見後。

31　《周易探源》，第 86 頁。

32　科學出版社 1956 年版，第 43 頁。

（2）旬亡禍

（3）王占曰虫希其虫來嬉

（4）乞至五日丁酉允有來嬉

　　自西沚盛告曰土方𠦪于我東啚田

（1）是所謂前辭，記卜之日及卜人名字；（2）是命辭，即命龜之辭；（3）是占辭，即因兆而定吉凶；（4）是驗辭，即卜之後記錄應驗的事實。這是武丁卜辭。

武丁卜辭又在兆旁記一、二、三等數字的，我們名之爲兆序；又於兆旁記小𡆥、一𡆥、二𡆥、三𡆥，不午黽的，我們名之爲兆記。凡此兩種，都和卜兆有關。康丁卜辭往往在兆旁記吉、大吉、弘吉等，乃是簡化了占辭。又如祖庚卜辭云：癸亥卜王，吉（《河》200）

只有前辭和占辭，如此之例，也是不少的。」

由此可見，卜辭「貞」前之「殼」是人名，是殼進行了此次卜問，而問的事是「旬亡禍。」這於《周易》用「貞」處是不同的。如《周易》乾卦卦辭「元、亨、利、貞」，若把「貞」解成「問」則似乎無意義可言了。《周易》卦、爻辭就筮占一義來說是兆示人以吉凶的，類似於卜辭中之「占辭」。所不同的是：卜辭呈兆之物是甲骨；《易》的呈「兆」之物是蓍草，卜辭的兆是鑿灼甲骨後的不同裂紋；《易》的「兆」（「兆記」）是撰蓍以後所成的六十四卦（「兆」在《易》中稱作「象數」），卜辭的「占辭」是占者視兆而下的斷辭，是否正確，後有「驗辭」可證；《易》的「占辭」是《易》作者參視卦畫等多種因素而預設之辭，用來示人以吉凶。當然更爲不同的是《易》卦，

爻辭的預設加入了作者的政治思想和哲學觀點。

李先生在《周易筮辭續考》一文中也承認：「筮辭的組織，可說是跟卜辭完全不同。《易》不貞旬，不對貞，亦不對簽；卦爻有點像記數，而實大異。《易》雖貞事而無年月日可查，更不錄貞問之日期，貞問之人物或地點。」[33] 這樣說就對了：《易》之「貞」與卜辭之「貞」用法是兩樣的。實際上，《周易》卦、爻之辭無需要也沒有「命辭」的存在。因此也就不需要作「卜問」解的「貞」字的存在了。

我們不妨進而把乾卦卦辭「元、亨、利、貞」作一分析，以李先生之義應斷句作「元亨，利貞」，並且說：「『利』字不能獨立，『貞』字亦要與他詞連結而成文；……只有『利貞』連文，沒有『利』『貞』分立；分開則不能獨立成一種意義——『利』本來可以說是獨存的，因爲『利』與『无不利』是相對待的。」「『貞』的本義，我們可以斷定是『問』的意思。」[34] 關於這四字的兩種斷句都是可講得通的，但這四字的斷句不是主要問題，關鍵是其含義。就單說「利貞」吧！若把「貞」字訓「問」則成「利問」。利問反復之則有兩義：一是利於問，二是問而利。當有人相信筮占時，求得了乾卦，當然就要從筮占上問吉或凶，問利與不利的了。這樣實際上只告人一個「利」字就可以了。難道說「利於問」則不利於行或其他？「問而利」則不問就不利了嗎？《易》六十四卦，卦、爻之辭有許多不著「貞」字者，就不是人可以問的了嗎？因此我們說把「貞」解成「問」則似乎無意義可言了。再者《易》中「利」字是完全

---

33 《周易探源》，第 108 頁。
34 《周易探源》，第 30 頁。

有其獨立意義的。「无不利」不能說是與「利」字相對待，只能說是「利」字程度的加深或範圍的擴大。或疑「不」乃「攸」字之誤，說「无攸利」與「利」相對待尚可。

　　李先生著《周易探源》立論頗新，這自然是需要的。但有時不加具體分析即籠統爲解，則難免欠當。其尤著者除對「貞」字所作之訓外，尚有對「孚」字所作的訓釋。李先生把《周易》卦、爻辭中「孚」字一視同仁解作「俘——俘虜、俘獲」亦是難於叫人接受。李先生首先本著「郭沫若先生說：『古金文俘字均作孚』。」然後進一步下斷語：「在《周易》，孚字凡三十多見，大多數應作名詞或者動詞俘虜解，作別義的很少。」[35]

　　《周易》中除中孚卦及卦辭外，「孚」字凡三十九見，李先生於《關於周易幾條爻辭的再解釋》一文及《周易的編纂和編者的思想》一文共引二十九處。餘十處，除未濟六五：「……有孚吉」這類顯然李先生也會以「孚」作俘解之例外。尚有比初六：「有孚，比之无咎」，泰九三：「勿恤其孚」，解六五：「有孚于小人」，萃初六：「有孚不終」，未濟上九：「有孚于飲酒无咎，濡其首，有孚失是。」等六處是否即屬於「作別義的很少」之例，因爲李先生無解，故此處無需細論。僅就兩文所引作俘虜之「孚」，摘其要者，論之如下：

　　一、《關於周易幾條爻辭的再解釋》一文所引皆係斷章摘句，未就《易》原句作系統解釋。即便是斷章摘句的解釋亦是避難就易。如對「有孚，惠心，勿問」（益九五），「有孚，

---

改命」（革九四），「有孚，盈缶」（比初六）等未加任何解釋即下一主觀斷語曰：「這些『有孚』的孚還是俘虜。」再者把照原字完全可以解釋通的句子爲了強解「孚」作俘虜，不得不任意通假其中的字，如說：「『有孚交如』的『交』通絞，『絞如』與『攣如』義近。」「『有孚攣如』寫俘虜被捆綁的侷促苦楚像。」[36] 更有通假後使人讀了大感特殊者，如對革卦辭「巳日乃孚」的解釋——「『巳日乃孚』之『巳』，古祀字，言祭祀那一天去捉了俘虜來獻祭。」[37] 還有籠統臆說不深不透者如：「『朋至斯孚』，言因貪利而被俘。」其中「至」字之意未解。

二、《周易的編纂和編者的思想》一文對井卦進行了全面的注釋。僅摘取對上六爻辭「井收，勿幕，有孚，无咎，元吉」的解釋作一分析：[38]

「井和阱，古同作井，……當水井用久了……這井便不能用，但它可以改造爲阱。井壁下塌得多，井口大了，可以把它收小。爲裝獸，不爲飲水，不必加蓋，這是所謂『井收，勿幕』。改井爲阱，不同於『舊井無禽』的井，這是新阱，它可以裝獸，故說『有孚』。孚是俘虜之意」。[39]

稍有獵狩常識的人都會知道以阱裝獸，阱「勿幕」是不行的。敞口的阱，獸是不會跳進去的。阱不但要「幕」（「幕」不一定非指蓋大木蓋或石蓋不可），而且要進行巧妙的僞裝，

---

36　《周易探源》，第 185 頁。案，「有孚交如」句當是大有卦六五爻辭「厥孚交如威如，吉」之誤摘。

37　《周易探源》，第 186 頁。

38　李先生引此漏掉「元吉」二字。

39　《周易探源》，第 218 頁。

才能成陷阱裝獸之用，才能「俘獲」。

　　三、再就兩卦爻辭：隨九五：「孚于嘉，吉」及兌九五「孚于剝，有厲。」比較之，即可看出「孚」解爲「俘」欠確。而《關於周易幾條爻辭再解釋》一文解道：「『孚于嘉』言被嘉人所俘，嘉，方國名」[40]本文所引於全爻辭中漏掉一「吉」字，遂把其意解釋反了，因爲我們很難相信被嘉人所俘能算得了「吉」。那麼是否可以把「孚于嘉」解釋成在嘉方俘獲了俘虜呢？這樣言「吉」不是很通了嗎？那就讓我們來分析一下「孚于剝，有厲」吧！《周易的編纂和編者的思想》一文對此做下列解釋：「孚，俘虜，剝可有二解：一、剝，即剝卦之剝，剝，擊也。孚于剝，在被敵人攻擊中被俘。二、剝，地名，在剝地俘虜人或被俘。」[41]李先生第一個解釋與「孚于嘉」無關，我們不論，第二解釋，把剝解成地名，從文義看言剝地被俘而「有厲」才算是合理。而這樣同樣是孚於某，一解成俘人，一解成被人俘，何其相反乃爾！

　　因此「貞」與「孚」在《周易》中如李鏡池先生所說，各自一解到底是難乎其通的。應根據《周易》具體之文而分別爲之解。


## § 〈序卦〉與卦序

　　由任繼愈先生主編的《中國哲學史》有下列文字：「〈序卦傳〉認爲，六十四卦的次序是『二二相耦，非覆則變。』

---

40　《周易探源》，第 185 頁。
41　《周易探源》，第 221 頁。

（孔穎達《周易正義》〈序卦〉疏語）相反的卦，常在一起，兩卦雙雙對立……〈序卦〉提出了對立物向它的反面轉化的思想。」[42]

案「二二相耦，非覆則變」並非〈序卦〉之言，乃孔穎達之語。因此「〈序卦傳〉認為，六十四卦的次序是『二二相耦，非覆則變』」句稍欠確。

《易經》雖各卦分立，但卦與卦之間有一定的聯繫：一為卦畫上的聯繫，因此可序以畫；二為內容上的聯繫，因此可序以義。

孔穎達《周易正義》於〈序卦傳〉序曰：「今驗六十四卦，二二相耦，非覆則變，覆者，表裡視之，遂成兩卦；屯、蒙；需、訟；師、比之類是也。變者，反覆唯成一卦，則變以對之：乾、坤；坎、離；頤、大過；中孚，小過之類是也。且聖人本定先後，若元用孔子〈序卦〉之意，則不應非覆即變，然則康伯所云：『因卦之次，托象以明義，蓋不虛矣』。」

其「二二相耦，非覆即變」之說即元王申子著《大易緝說》中六十四卦之「反對」關係（王之前如宋稅與權著《易學啟蒙，後天周易序卦圖》亦有此載），現抄錄一斑，即可窺知全豹：

| 乾 | 坤 | 蒙 | 訟 | 比 | 履 | 否 | 大有 |
|---|---|---|---|---|---|---|---|

可見「相耦」即乾與坤偶；屯與蒙偶；坎與離偶；咸與恒偶之類。「覆」即「反」，也就是倒卦關係。如屯卦覆看即爲蒙卦，所謂「表裡視之遂成兩卦」。「變」即「對」，乃陰變陽，陽變陰之謂，於卦乾變坤；坎變離等是。因乾覆仍爲乾，坤覆仍爲坤。故曰：「變者，反覆唯成一卦，則變以對之。」

孔穎達因六十四卦有這種「覆」「變」之關係，因而懷疑〈序卦〉所言各卦之間的關係非《易經》六十四卦次序之原意。

其實，「變」與「覆」應算以畫爲序的關係，它成在以義爲序之先。迨及《易經》成書時代，已具其政治與哲學之具體內容，且卦與卦之間有一定之意義聯繫，則自然可以義爲之序。〈序卦〉正是出現在《易經》成書之後，根據其內容而以義爲之序的。似此兩種卦序並存而不悖的現象是可以理解的。因《易經》的內容在許多卦中正如任先生所說「提出了對立物向反面轉化的思想」。而「覆」「變」正好體現了事物發展向對立面的轉化。

〈序卦傳〉乃序以義；「二二相耦，非覆即變」屬序以畫，兩者區別顯然，自當分清。

# § 讀《易》隨筆

## 一、「黃」與「玄黃」

「坤」六五：「黃裳元吉」，上六「龍戰于野，其血玄黃」。「離」六二：「黃離元吉」。「遯」六二：「執之用黃牛之革」。

「解」九二：「田獲三狐，得黃矢貞吉」。「革」初九：「鞏用黃牛之革」。「鼎」六五：「鼎黃耳金鉉，利貞」。

周族起源於涇渭，即今陝西中部和甘肅東部之黃土高原地帶。《書‧禹貢》所謂「涇屬渭汭……厥土惟黃壤。」據《禮‧檀弓》「周人尚赤」。然則即《易》以上所引，除「黃牛」因牛色多黃之外——兩句亦贊「黃牛之革」之堅。其他如「黃裳元吉」、「黃離元吉」、「黃矢貞吉」、「鼎黃耳金鉉，利貞」之句，不難看出編纂者之尚黃。此正所處地域使然。

「坤」上六：「龍戰于野，其血玄黃」。寫出了兩種勢力的鬥爭，黃與玄各為一方。黃如前所述，周土之色也，以喻周，玄當是殷。〈禹貢〉：「荊河惟豫州……下土墳壚。」[43]《書‧牧誓》記周武王與商紂王決戰，武王軍於牧野，臨戰誓眾之辭。而〈武成〉「會于牧野，……血流漂杵」，正所謂「龍戰于野，其血玄黃」。

〈文言〉：「夫玄黃者，天地之雜也，天玄而地黃。」以「天玄地黃」喻血較難理解。似可解作：「天玄」以喻殷之天子國；「地黃」以喻周之諸侯國。《書‧武成》：「惟其士女，篚厥玄黃，昭我周王。」或解「玄黃」為「玄黃之幣」；或曰：「玄黃，天地之色。篚厥玄黃者，明我周王有天地之德也。」皆欠確。蓋謂「殷之士女，以篚盛玄色及黃色土，明我周王兼有殷周之域也。」

又《詩‧卷耳》「我馬玄黃」句。朱熹謂「『玄黃』，玄馬而黃，病極而變色也。」是以「玄黃」喻色。玄黃誠然喻

---

43 「《釋名》：土黑曰壚。」「壚，黑鋼土也。」均見段注《說文‧第十三篇下》。

色，然實何所指，當具體而論。謂「玄馬而黃」，似略牽強。或曰「馬流汗爲玄黃」，亦不確。蓋《詩》曰：「陟彼崔嵬，我馬虺隤……陟彼高岡，我馬玄黃……陟彼砠矣，我馬瘏矣」。其首言馬罷病不能升高，後言馬病倒不能行，可見馬病漸重。若「玄黃」解成「流汗」，則比「虺隤」反轉輕矣。實則「玄黃」，土色也。謂馬病毛膚色如玄黃土之無光澤也。幾近病倒，故最後「瘏矣」。

## 二、「改邑不改井」

「井」卦辭：「改邑不改井。」

《孟子‧滕文公上》：「方里而井，井九百畝……八家皆私百畝。」《漢書‧食貨志》：「正其經界，六尺爲步，步百爲畝，畝百爲夫，夫三爲屋，屋三爲井，井方一里，……八家共之。」《文獻通考》：「黃帝始經土設井，以塞爭端，使八家爲井，井開四道，而分八宅，鑿井於中，井一爲鄰，鄰三爲朋，朋三爲里，里五爲邑，邑十爲都。」《周禮‧地官‧小司徒》：「四井爲邑，四邑爲丘。」又《載師》「以公邑之田任甸地，以家邑之田任稍地」。注：「『公邑』謂六遂余地，『家邑』，大夫之采地。」《管子‧士農工商》：「官成而立邑。五家爲伍，十家而連……四鄉命之曰都，邑制也。」《史記‧五帝紀》：「舜一年成聚，三年成邑。」《論語‧公冶長》：「十室之邑」。是邑制隨代而改。《書‧湯誓》：「率割夏邑」；《詩‧商頌》：「商邑翼翼。」《書‧武成》：「用附我大邑周。」《詩‧文王有聲》：「作邑於豐。」是京畿亦可稱邑。

以上文載，可爲「改邑不改井」之註腳——邑則代有更

改，井則方里八家。

於此可見，「改邑不改井」之「井」兼指井田之制而言。

## 三、「巽乎水而上水，井」與「木上有水，井」

「井」卦之〈彖〉曰：「巽乎水而上水，井。」〈象〉曰：「木上有水，井。」皆指井象而言。

「井」卦下巽上坎，巽爲繩爲木爲入。坎爲水。三至五互離，離中虛，爲甕（罐）瓶之屬，繩繫瓶（甕）入水，汲水之象，故曰：「巽乎水而上水，井。」

「木上有水，井」，何哉？

大抵洪荒之世，渴飲飢食，其取水之法，以意揣之，可能擇川澤之有水者而以草木爲之限隔，以避泥沙，後鑿井而飲，以〈象〉言揣之，古當以木爲底。可喜此象已爲河北藁城台西村商代前期遺址的考古材料證實：「發現一口保存較好的水井，井口呈圓形……井底發現有用四層圓木搭成的『井』字形井盤，井內發現的陶罐有的頸部還殘留繩子捆綁的痕跡……這應該是目前發現的商代第一口水井。」[44]

〈彖〉、〈象〉之言驗之有據。「井」卦辭「羸（毀也）其瓶」亦驗之有據。「井」之卦象不謬也。

## 四、「富」與「不富」

「小畜」九五：「有孚攣如，富以其鄰。」〈象〉曰：「『有孚攣如』，不獨富也」。「泰」六四：「翩翩不富以其鄰」。

---

44　《商周考古》，文物出版社，1979 年，第 71-72 頁。

〈象〉：「翩翩不富，皆失實也。」「謙」六五：「不富以其鄰。」「无妄」六二〈象〉：「不耕穫，未富也。」「家人」六四：「富家大吉」。〈象〉：「富家大吉，順在位也。」「升」上六〈象〉：「消不富也」。

《易》言「富」均指巽。如「小畜」、「家人」是。蓋巽，入也，入而不出終富。〈說卦〉：「巽近利市三倍。」以其入也。

《易》言「不富」均指震。如「泰」互震、「謙」互震、「无妄」下震、「升」互震。蓋震，出也。震與巽對，出者入之反，「不富」「富」之反，出而不入焉得富。《易》之貧富之術，深入節儉之道。

## 五、「食舊德」

「訟」六三：「食舊德，貞厲，終吉。或從王事，无成。」解者多歧。

蓋古者卿大夫得世祿，不得世位。父爲大夫，死，子得食其故采地。若才賢，則復父位。[45]《尚書‧盤庚上》：「世選爾勞」；《詩‧大雅‧文王》：「凡周之士，不顯亦世」；《孟子‧梁惠王下》：「文王之治岐也，耕者九一，仕者世祿」是也。「訟」六三「食舊德」即食父之故采。才柔不足稱賢，故「或從王事，无成。」謂不能世位也。

## 六、江、河、海

《易》取象於「天地萬物」。〈說卦〉：「坎爲水，爲溝瀆。」「兌爲澤」。而《易經》之文言有淵、河、霜、冰、

---

45　此義見《禮‧王制》「內諸侯祿也，外諸侯嗣也」鄭注。

大川、雲、雨、井、泉。

據《說文·第十一篇上》:「河,河水,出敦煌塞外昆崙山,發原注海。」「江,江水,出蜀湔氐徼外崏山入海。」「淵,回水也。」《說文·卷十一下》:「川,貫穿通流水也。」又《書·禹貢》:「奠高山大川。」《傳》:「大川,四瀆。」《疏》:「川之大者莫大於瀆,四瀆謂江淮河漢也。」《爾雅·卷二》:「江河淮濟爲四瀆,四瀆者發源注海者也。」

夫稱「水」,南北同也。「大川」,大水之通稱也。《易》之文言「河」,不言「江」。又積水之多者莫過於海。《尚書·禹貢》:「江漢朝宗於海。」「四海會同。」而《易》無海字。此皆與編纂者所處之地域有關也。


# § 學《易》札記

## 一、亨小

賁卦辭曰:「亨小,利有攸往。」

〈彖〉曰:「『賁亨』,柔來而文剛故『亨』,分剛上而文柔,故『小利有攸往』。」

夫〈彖〉斷卦辭之句於「亨」。古之解《易》者於此卦辭斷句多依之。然則「亨」則「利有攸往」矣!何故曰:「小利」。若「亨小」者是欲其「利有攸往」進而得「亨」也。是卦乃以升降取象之三陰三陽之卦。其卦由 ䷊ 泰二、上兩爻升降而成。言「柔來而文剛」乃上六降至六二;「分剛上而文柔」乃九二升至上九。又《易》例:陰小陽大,陰柔陽剛。故〈彖〉:

「柔來而文剛」釋「亨」則不如釋「亨小」。「分剛上而文柔」釋「小利有攸往」，則不如刪「小」字。

六十四卦辭與此相類者尚有三：遯卦辭：「亨小，利貞」。〈彖〉仍以「亨」處斷句，古之解《易》者亦多從之。亦可解，但不及以「亨小」作句爲優。既濟卦辭「亨小，利貞」。〈彖〉則以「亨小」爲句。古之解者如王弼、孔穎達輩皆從之，爲確。[46]未濟卦辭「亨小，狐汔濟，濡其尾，无攸利。」〈彖〉以「亨」處斷句。解之亦可通。然就卦辭之義看，「亨」而「无攸利」則不如「亨小」而「无攸利」近理。更以〈彖〉「『未濟亨』，柔得中也」來看，因陰柔陽剛，陰小陽大，故「柔得中」釋「亨」則不如釋「亨小」——小亨。又巽卦辭稱「小亨」，〈彖〉以「柔皆順乎剛」釋之。旅卦辭「小亨」，〈彖〉以「柔得中乎外而順乎剛」釋之，可資參考。

或曰：旅、巽言「小亨」而賁、遯言「亨小」者何？對曰：「小亨」與「亨小」義略同。如離卦辭：「利貞，亨，畜牝牛吉。」咸卦辭言：「亨、利貞，取女吉。」所言「利貞亨」與「亨利貞」字有先後而義則相同。又如未濟九四：「貞吉，悔亡（无）」；六五「貞吉，无悔」義同。

古之解《易》者於賁、遯、既濟、未濟四卦辭斷句多從〈彖〉，其以〈彖〉爲孔子所贊歟？故莫敢「小」動。

今之注《易》者於此四卦辭斷句亦基本未脫古人之窠臼。[47]

---

46　朱熹《周易本義》曰：「『亨小』當爲『小亨』。」

47　尚秉和《周易尚氏學》、李鏡池《周易通義》、高亨《周易古經今注》等四卦皆從「亨」處斷句。

## 二、有孚盈缶

比卦初六爻辭曰：「有孚，比之无咎，有孚盈缶，終來有他，吉。」

蓋比者，親輔也，亦含有阿比之意。〈序卦〉：「眾必有所比，故受之以比。」以眾相比，則親輔與阿比兼之。比卦 ䷇ 繼師卦 ䷆，是師後比也。以卦義言之：一陽當位，其下順從，眾之所比也。以卦象言之：水附於地，自然附流。「孚」，信也。親輔需信，故曰：「有孚，比之无咎。」而「有孚盈缶，終來有他，吉。」則解者多歧矣。如：《程傳》：「孚信之在中也，誠信充實於內，若物之盈滿於缶中也。」（《周易折中》）而近人李鏡池曰「『有孚』：抓到戰俘，『盈缶』：指裝滿酒飯給俘虜吃」，是「用足夠的酒飯款待俘虜」，[48] 皆為望文而生義。

實則，「缶」方國名也。謂孚信盈滿缶方國（是征服而此曰信服）因此缶方國終來比之。後缶獲犬方國亦來比之，故「有他，吉。」

根據甲骨卜辭知「缶」為武丁時方國名：

王敦缶，受又（《殷虛文字甲編》261）

我 𢦏 缶（《殷契遺珠》463）

缶不其隻犬（《殷契粹編》939）

缶 𤰞 𤰖 受年（《殷虛文字乙編》6423）

缶不其來王（《殷虛文字乙編》5393）

商王國與缶方國的關係大約分四類：第一，王親征缶，

---

48 《周易通義》。

多臣及我吏 弋 之；第二，卜缶之來王與來見；第三，卜缶之獲犬與否？第四，卜缶與犬之受年？

以理推之，初缶非商臣服方國，後師征而服之，并助商獲犬方國，後缶、犬皆成爲商王國的藩屬——故卜其受年。[49]

以上引證可作爲「有孚盈缶」的史注。

## §《周易》研究之路

李鏡池先生數十年對《周易》進行研究，其主要論文已編輯成《周易探源》一書。《周易通義》爲其後期之作。讀此，將會了解李先生最終之《易》學觀點。

李先生經過多年崎嶇研《易》之路，終於悟出了：《周易》六十四卦「大多數卦都是有中心的，一卦說一類事」[50] 這是對尋章摘句，斷章取義研究法的否定，而斷章取義地研究往往會陷入自相矛盾不能自圓其說的地步。

就研究方法而論，無疑李先生下列觀點也是正確的：「有時在解不通感到前後矛盾的地方，則隨意改易原文。這些都是不可取的。」（第 10 頁）

爲此，《周易通義》對於某些卦爻辭的認識是有自己獨到見解的。如對益卦的認識，尤其對六四爻辭「中行告公從，利用爲依遷國」認爲是「周公把殷宗室微子啟封於商丘。」（第 84 頁）認爲井卦不只講水井而且講井田——「改邑不改井」（第

---

49　見陳夢家《殷墟卜辭綜述》，第 294 頁。

50　《周易通義》，中華書局出版社 1981 年版，第 6 頁，以下只注頁數。

95 頁），這些都是非常正確的。

　　盡量用通俗的語言注解古奧艱深的句子，使讀者易懂，這是《周易通義》一書的特色。

　　然則，《周易》最後成書，已具有了三方面的內容：一象數、二政治哲學思想、三筮占。換言之即象數理占。且象數與理與占有一種不可分的關係，即象數以寓理，占以象數理。《周易通義》僅從理占上著手，對象數持否定態度，盡管其從全卦考慮，仍難免有前後矛盾，乃至不甚入理之處。

　　一、論爻位：李先生認爲「〈象〉小傳繼〈象〉大傳而作，……提倡爻位說……上爻在君位之上，所以都壞，二爻是下卦之中間一爻，凡中位都好」（第 8-9 頁），兩「都」字把爻位吉凶全部說死，驗之《經》、《傳》皆無。應該承認，《經》、《傳》作者皆有尚中思想，但論斷「吉凶」也不獨憑一「中」字，還有其他條件。「都」字僅出自李先生手筆。〈繫辭下〉：「二與四同功而異位，……二多譽，四多懼。」「三與五同功而異位，三多凶，五多功。」用一「多」字，而不見「都」字。

　　二、一卦中解說自相矛盾：訟卦辭「有孚，窒惕，中吉，終凶」解曰：「獲得俘虜，……有一段時間沒事（中吉），但終於逃跑了（終凶）。」（第 15 頁）是奴隸逃跑稱「凶」。而九二爻辭「不克訟，歸而逋其邑人三百戶，无眚」解曰：「一個貴族爭訟失敗，回到采邑，奴隸逃跑了三百戶，這是個大邑，奴隸大概跑光了，但這只是逃亡，還不是暴動，所以說不至造成災禍。」（第 15 頁）已言奴隸逃跑爲「凶」又曰訟敗奴隸

逃光而「无咎」，前後理難通。

　　三、割裂卦爻辭：既然「《易》之每卦有一個中心，一卦說一類事」，那麼卦中各條卦爻辭之義就不應割裂。卦爻辭後之「吉凶」應視爲對卦爻辭所述之事結果的判斷說明語。李先生在能貫通卦爻辭時則連解之，貫不通時則曰：「屬另一占辭，不一定連讀。」如對訟九五「訟，元吉」的解釋就是這樣（第16頁）。「不一定連讀」說明拿不定主意。對比初六「有孚……吉」的解釋則曰：「吉，不是筮辭，是說明語。」（第20頁）高下取捨從心。這方面的例子很多，不一一贅述。

　　四、超乎一般事理的解釋：比初六「有孚，比之」解曰：「對戰俘不再屠殺，……用足夠的酒飯進行款待。」（第20頁）給人以優待俘虜政策先導之感。小畜初九「復自道，何其咎，吉」解曰：「農民勞動艱辛，經常出事故，能平安回家就吉利了。」使人不禁要問周時農民工傷何其多也？離六五：「出涕沱若，戚嗟若，吉。」解曰：「遭受了敵人的搶掠屠殺之後，大家憂戚悲歎，淚下如雨……壞事可以變好事。……化悲痛爲力量，所以說『吉』。」似這樣遭屠殺後而曰「吉」，理總欠通。

　　小過六二「過其祖，遇其妣」解曰：「在家裡，祖父也可以批評，祖母也可以表揚。」（第13頁）春秋以前家庭褒貶如此民主理論，僅此一見。

　　五、不明卦象：泰卦辭「小往大來」，否卦辭「大往小來」。大小很明顯指陰陽爻而言（陰小陽大）或指乾坤而言（乾大坤小）。而《周易通義》解「小往大來」曰：「所失小所得大」，「由小利轉爲大利」（第25頁），而解「大往小來」曰：「所失

大而所得小，或由大利變爲小利。」（第27頁）「大利變小利」是總不能算著否的。又泰初九「拔茅茹，以其彙，征吉。」否初六「拔茅茹，以其彙，貞吉。」此屬《易》中倒卦取象。《易》中似此還有損六五與益六二；共九四與姤九三；即濟九三與未濟九四等等。而《周易通義》解曰：「（否初六）與《泰・初九》辭同而義異。」（第27頁）兩爻辭皆曰「吉」，何以言「辭同而義異」？順便一提，可見《周易》此處「貞」通假「征」。

六、詞性混淆：解六五「有孚于小人」，解曰：「有孚：戰俘，于：爲，小人：奴隸。……所以戰俘就變爲奴隸。」（第80頁）似此把「于」解作「爲」，再解作「變爲」。「于」變作動詞，實屬獨見。

革六五「未占有孚」解曰：「未必有得。」（第98頁）是把「占」解成「必」，動變副，亦屬獨見。

小過初六「飛鳥以凶」解曰：「以，與，帶來，飛鳥經過，帶來了凶兆。」解「以」爲動詞「帶來」，可乎？

《易》學發展了近三千年，解《易》之著不下千數，至今仍有「迷宮」之稱。鑒於《周易》在中國哲學史、思想史、科技史、醫學史上的地位，以及在國際上的影響，對其進行全面剖析是必要的。細讀一位研究《周易》三十餘年的學者的《周易》著述，以爲借鑒，對探討研《易》之路不無好處。

# § 《讀〈易〉管見》之我見

《中國哲學史研究集刊》第一輯載劉大鈞先生《讀〈易〉

管見》一文（以下簡稱《管見》），讀後有一些不同看法，以此分述於後。

一

　　「《周易》中凡二陽相並之卦，都主吉。」（第263頁）

　　《管見》摘引了二陽相並之五卦「臨」、「升」、「小過」、「萃」、「觀」所有卦、爻辭「吉」者以證，而把「凶」者闕如。這樣是不能證明「都主吉」的。象「臨」卦辭之「八月有凶！」六三之「甘臨，无攸利」。「小過」初六之「飛鳥以凶」；九三之「弗過，防之，以或戕之，凶」；九四之「往厲必戒」；上六之「弗遇，過之，飛鳥離之，凶，是爲災眚」。「萃」六三之「萃如嗟如，无攸利，往无咎，小吝」。「觀」初六之「君子吝」等作何解釋。且六十四卦除卦、爻辭明顯全「吉」、「利」之「謙」卦外，其他如「大有」、「升」、「渙」三卦辭不及「謙」吉，但無明顯「凶咎」之辭。下餘六十卦皆「吉凶」並見，或「吉」多於「凶」；或「凶」多於「吉」。總之，僅摘其「吉」者而刪其「凶」者，則六十四卦都主吉矣！附帶說一下，「謙」卦所以都「吉、利」者，蓋編纂者之美謙德也。

　　「《周易》中凡二陰相並之卦，卦辭中都『利貞』。」（第263頁）

　　《管見》列舉了二陰相並之「遯」、「无妄」、「中孚」、「大畜」、「大壯」以證。並進而斷言「對于探討『貞』字在『周易』中究竟是何含義，是很重要的線索。」

　　按《周易》中非二陰相並之卦有「利貞」者尚有：「乾」、

「坤」、「屯」、「蒙」、「否」、「同人」、「隨」、「臨」、「離」、「咸」、「恒」、「明夷」、「家人」、「萃」、「革」、「漸」、「兌」、「渙」、「小過」、「即濟」等二十卦之多。是知《易》中卦辭繫以「利貞」非因二陰相並。且《易》之卦辭尚有「坤」之「安貞」；「師」之「貞」；「比」之「永貞」；「頤」、「蹇」、「旅」之「貞吉」；「損」之「可貞」；「困」之「亨、貞」；「節」之「不可貞」。若加以爻辭則更有「貞凶」、「貞厲」、「貞吝」、「莧貞凶」等不同「貞」說。因此舉二陰相並之五卦以部分代全體，欲考「貞」字之釋，是難尋其解的。這也就是「貞」字在《周易》中的確切含義，現在和過去在學術界都有爭論的原因所在。

## 二

「統觀《周易》六十四卦，『乾』、『坤』之外，卦辭中繫以『元亨、利貞』者，有：『屯』、『隨』、『臨』、『无妄』、『革』五卦，卦辭中只繫以『元亨』者有：『大有』、『蠱』、『升』、『鼎』四卦。所有這些卦或者六二應九五，或者九二應六五，總之都是剛中而應之卦。」（第264頁）

察《周易》剛中而應之卦未繫以「元亨、利貞」或「元亨」者有：「蒙」、「師」、「比」、「泰」、「否」、「同人」、「觀」、「大畜」、「咸」、「恒」、「遯」、「大壯」、「家人」、「睽」、「蹇」、「解」、「損」、「益」、「萃」、「漸」、「歸妹」共二十一卦。且「乾」、「坤」兩卦皆非剛中而應，爲何又繫以「元亨、利貞」。若「元亨、利貞」「元亨」果因剛中而應，則「乾」、「坤」不當有此語，其他二十一卦

剛中而應者當有此語。故繫以斯語者非因剛中而應可知。

那麼繫此語的原因是什麼呢？

回答這一問題必需按照各卦卦象、卦意分別解釋，僅從卦畫上綜合闡明七卦何以繫以「元亨、利貞」，古往今來，未得足以令人信服之說，然則，我們可作一大略的分析：

《易》首「乾」（純陽）、「坤」（純陰），爲天、地。「乾」以大稱「元」，以「雲行雨施，品物流形」爲「亨」；「坤」以順天稱「元」，以「含弘光大，品物咸亨」爲「亨」。「乾」以「保合太和」爲「利貞」；「坤」以柔順爲「利貞」。「坤」爲「乾」之對，貞體略異，故曰「利牝馬之貞」。兌與震合爲「隨」，震，乾之始，兌，坤之終，由終反始是亦乾坤之全象，故「隨」稱「元亨、利貞，无咎。」乾與震合爲「无妄」，陽之盛也，故亦稱「元亨、利貞」。陽盛而未純，故又曰：「其匪正有眚，不利有攸往。」坤與兌合爲「臨」，陰之盛也，故亦稱「元亨、利貞。」陰盛而未純，故又曰：「至于八月有凶。」坎與震合爲「屯」，坎，乾之中，坎與震合猶乾與震合，故亦稱「元亨、利貞」，而繼以「勿用有攸往」。兌與離合爲「革」。離，坤之中，兌與離合猶坤與兌合，故亦稱「元亨、利貞」，而繼以「巳日乃孚」。「革」之「巳日乃孚」與「臨」之「八月有凶」其意略同。「屯」之「勿用有攸往」與「无妄」之「不利有攸往」其辭意皆同。

或曰：坎與震合爲「屯」，坎上而震下，兌與離合爲「革」，離下而兌上。「元亨、利貞」不繫於「睽」（離上兌下）、「解」（震上坎下）而繫於「屯」、「革」者何？答曰：「屯」，坤

在中（二至四）；「革」，乾在中（三至五），卦辭之設，值
得深思。

又《易》稱「元亨、利貞」者七，「屯」與「乾」初爻類，
「臨」與「乾」二爻類，「革」與「乾」三爻類，「隨」與「乾」
四爻類，「无妄」與「乾」上爻類，九五「乾」之本位，用九
則「乾」反爲「坤」。觀此，《易》言「元亨、利貞」之卦數，
適合「乾」六爻及用九之數，豈偶然哉？

三

「《周易》六十四卦，初爻大半俱備一卦主詣。」（第
264 頁）

按：「詣」當作「旨」。《管見》多處旨皆作詣。當是筆誤。

古學者如王充、馬融、陸績、孔穎達、朱子之儔皆謂文
王作卦辭、周公作爻辭。考之於《易》，卦爻之辭非出一人之
手是可信的。欲證此需筆墨太多。但《周易》之卦辭往往以卦
象、卦名生義，較獨立；六爻多尊卦名卦義以象數設辭，六爻
辭之間往往有一定的先後連屬關係。因此初爻之辭在大多情況
下是很難作爲一卦之主旨的。

四

「『泰』、『否』之象有『小往大來』、『大往小來』之分，
此也體現於六十四卦諸卦之中。」（第 266 頁）

按「泰」卦上（外）坤下（內）乾，外三陰爻，內三陽爻。
以卦論，乾大坤小；以爻論，陽大陰小。因此「泰」卦辭「小
往大來」其意有二：一謂坤往處外——「小往」，乾來居內——

「大來」；二謂陰往處外，陽來居內。故〈彖〉曰：「「泰」『小往大來，吉亨』則是天地交（乾天之氣本在上今居下，坤地之氣本在下今升上，是天地之氣交）⋯⋯內君子而外小人（乾爲君子，坤爲小人；陽爲君子，陰爲小人）。」「否」卦乾上（外）坤下（內）與「乾」卦相反，故「小往大來」，〈彖〉則曰：「天地不交⋯⋯內小人而外君子」。

　　「泰」、「否」爲三陰三陽之卦，有「往來」之說。陰（柔）陽（剛）爻的「來往」實爲《周易》一種取象法——爻之升降〔由下卦（內）升上卦（外）爲往，由上卦（外）降之下卦（內）爲來〕。《周易》中凡三陰三陽之卦多具升降之意。

　　《管見》於此段下所引「益」、「損」、「咸」、「恒」、「既濟」、「未濟」等卦無不是三陰三陽之卦。《易》中除三陰三陽之卦外，四陰四陽之卦具升降之意者亦間或有之，其〈彖〉有所闡發，如〈訟・彖〉「剛來而得中」；〈无妄・彖〉「剛自外來而爲主于內」；〈大畜・彖〉「剛上而上賢」；〈睽・彖〉「柔進而上行，得中而應乎剛」；〈鼎・彖〉「柔進而上行，得中而應乎剛。」以上皆爲四陽之卦。四陰之卦除〈晉・彖〉「柔進而上行」外，尚有「蹇」、「解」卦。[51] 其他一陰一陽之卦與純陰純陽之卦，不論從卦、爻辭及〈彖〉辭看均無「往來」之意。但需指出一點，《易》中所謂十二辟卦，大多具有陰陽消息之意，（其中包有某些一陰一陽之卦）但「消息」不同於「往來」。因此說「『小往大來』、『大往小來』⋯⋯也體現於六十四卦諸卦之中」是不正確的。

---

51　見前文《論〈易〉之「朋」象》。

《管見》：「『訟』彖中『剛來而得中』這個『中』字即指陽剛居坎之『中』。『无妄』彖中『剛自外來而爲主于內』這個『內』字指『震』之陽剛爲主於二陰之『內』。可見『中』與『內』不同。……『離』本陰居『中』，又有陽居中陰之『內』。以『內』陽推『中』陰而成『兌』。『坎』本陽居『中』，又有陰居『中』陽之『內』，以『內』陰蕩『中』陽而成『艮』。」

如前所述，《易》中具升降往來之卦象多是三陰三陽，四陰四陽亦間或有之。如「訟」、「无妄」皆爲四陽之卦，〈訟‧彖〉「剛來而得中」指九二言——居坎之「中」。「訟」外卦爲乾（純陽）。〈无妄‧彖〉「剛自外來而爲主于內」指初九言。「无妄」外卦亦爲乾，而內卦爲震，震爲主，震之初九爲卦之主爻——「震一索而得男，故謂之長男」。故「爲主于內」句謂爲主於內卦也。非謂「陽剛爲主于二陰之『內』。」遍閱〈彖〉之言「內」無有此意者。如：

〈明夷‧彖〉「內文明而外柔順」。「內」指內卦離言，離爲文明；「外」指外卦坤言，坤爲柔順。

〈家人‧彖〉「女正位于內，男正位于外」，「內」指內卦，「正位」指六二；「外」指外卦，「正位」爲九五。

〈旅‧彖〉「柔得中乎外」，「外」指外卦，「中」指六五。

〈中孚‧彖〉「柔在內而剛得中」，「內」指三、四兩爻言，爲全卦之中爻，處全卦之內。「剛得中」謂二、五。

進而言之，「『震』之陽剛爲主于二陰之『內』」說，《易

經》、《易傳》皆無。

　　解《易》必需全面比較，深入分析，忌斷章取義，忌淺嘗則止。

　　以上所見是否亦屬淺嘗之論。

# 第五章　度的哲學

## § 周公《周易》與孔子

　　孔子創立了儒家學派，而儒家的肇始者卻是周公旦。

　　孔子最高層次的理想社會是「大同」，而通向「大同」的道是「仁」。他低一層次的理想社會是「小康」，而通向「小康」的路是「禮」。由「禮」的「小康」過渡到「仁」的「大同」，這就是孔子倫理社會學的思維路數。體認此，對於孔學「仁」「禮」核心說的分歧，及「仁」的無等級性與「禮」的等級性兩相矛盾的論述即可得以合理解釋。

　　「仁」經孔子而構成體系。「禮」卻是承繼周公旦的。孔子由「禮」生出了他的從政觀與治學觀。漢後治國儒術大多淵源於「禮」。

　　子曰：「郁郁乎文哉，吾從周。」[1]是從《周禮》也。子曰：「克己復禮爲仁，一日克己復禮天下歸仁焉。」（〈顏淵〉）是說「周禮」復，天下可臻「仁」的境界。這就是孔子拳拳服膺「周禮」的癥結所在。是與其最高社會理想的追求相一致的。

　　子曰：「加我數年，五十以學《易》，可以無大過矣。」（〈述而〉）是足見孔子對《易經》的崇尚。

---

1　《論語・八佾》，以下所引《論語》只注篇名。

　　而《易經》就其內容所涉及史實來看，大約編纂於周之
成王，周公時代。《左傳・昭公二年》所載晉韓宣子言「易象」
與《魯春秋》。是春秋時人即認定《易》主要出之周公之手。
且與《魯春秋》同是講王天下之道的。周公是周天下的主要安
定者，周典章制度的首要制定者。《尚書》中西周初期文誥大
多出自周公。因之，韓宣子之斷語絕非臆造。可惜《魯春秋》
失傳，《周禮》失眞。因此，本文主要依據《尚書》、《周易》、
《論語》有關內容以研究周公的政治哲學思想，《周易》（《易
經》與《易傳》）編纂者的政治哲學思想及儒家集大成者孔子
的政治哲學思想，並把三者做一比較，將能溯流知源，加深對
先秦儒家政治哲學思想的理解。

# 一、周公與《易經》

　　我們從歷史典籍《尚書》中考察一下周公的政治哲學思
想會發現許多地方與《易經》卦爻辭之政治哲學思想靈犀相
通，以下分別論述之：

　　（一）天道觀：西周初期統治者繼承了殷代的天命觀，
並加以改造，爲己所用。他們對殷之遺民大講天命，所謂治人
以其道。而他們內部卻主要更講「德」。這在周公身上體現得
很明顯。周公不大相信天命，但對殷遺民卻借天說教，大講天
命。如《書・多士》是周公假王命告商之王士，其中多稱「天
命」：「旻天大降喪于殷，我有周佑命，將天明威，致天罰，
敕殷命，終于帝」「惟天不畀」「惟帝降格」等二三十句之多；
《書・無逸》乃周公對成王之訓，則曰「休惠于庶民」，「徽
宗懿恭，懷保小民」，「皇自敬德」。而提到天命只有三處，

卻曰「天命自度，治民祗懼」，「今日耽樂，非民攸訓，非天攸若」，與〈多士〉大相徑庭。

其他較之《書·君奭》、《書·多方》、《書·立政》等篇亦然。可知，周公的天道觀是懷疑了的殷代神天論。

《易經》卦爻辭共三百八十四條，其中言「天命」者僅否九四「有命，无咎」，大有上九「自天祐之，吉」，益六二「王用享于帝，吉」等三處。而大肆宣揚的卻是孚信之德，自強不息的陽剛之德，中正之德。如乾：「元亨利貞。」九二：「君子終日乾乾。」坤：「安貞，吉。」未濟六五：「貞吉，无悔，君子之光，有孚，吉。」等等，打開《易經》，比比皆是。與《尚書》有關篇章相比較，不難看出在天道與人道之間，輕重之分，兩者是如此相似。

（二）允執厥中的哲學思想：「中」道，這是中華民族提出較早的一個哲學範疇。《書·大禹謨》：「惟精惟一，允執厥中。」言及「中」道。誠然，我們不能斷定此語出自夏禹時代，但《書·洪範》：「無偏無陂。」「無黨無偏」「無反無側」皆是對「中」道的陳述，還是可以肯定的。體現於《易經》中便是「尚中」的哲學思想。

「尚中」這一思想，《易經》是通過六十四卦模式形象地呈現出來的。《易經》六十四卦共三百八十四爻（用九、用六除外），而每卦有兩個中爻，即二爲內卦之中，五爲外卦之中，這樣共一百二十八中爻。其中直言「利」「吉」六十八爻；言「无咎」「无恤」「无悔」「无眚」者二十三爻；不言「吉凶」而爻辭之義吉者十六爻；不言「吉凶」而爻辭之義「吉凶」

不明顯者五爻；言「吉凶」相半者六爻；爻辭之義「凶厲吝」者十爻。我們舍去吉凶不明顯者五爻與吉凶相伴者六爻，那麼六十四卦中爻吉凶之比基本是 11:1。此乃《易經》之「尚中」思想。六十四卦的中位代表事物所處的最佳位置或事物發展的中盛期即最佳時期。這一獨特的時空吉凶觀《易經》通過卦爻辭的吉凶陳述而呈現出來。但事物發展的順逆與其時空所處關係並不是絕對的，因之六十四卦中位就不一定全吉。這一辯證思想是「允執厥中」一句話所不能全括的。《易經》巧妙地運用了六十四卦這種結構形式變絕對爲相對，表現了事物因果聯係的多層次性，這是對事物發展變化認識的深化。

　　《易經》卦爻辭論吉凶依據是象與數。爻的位數僅是《易》之數組成之一。就爻位而言，尚有比、應、承、乘、據、中諸多情況。因此，只一「中」位是不能概盡其他因素的。此乃《易經》在前人「無偏無陂」思想認識的基礎上發展了的整體觀。「尚中」思想對後世儒家從認識論到方法論乃至本體論，都產生了巨大的影響。

　　（三）政治思想：只要比較一下《尚書》有關成王周公時的文誥與《易經》中某些卦爻辭，即可看出兩者的政治思想基本是相通的。

　　1、賢人德治思想：任用賢人，即有才德之人，重視德治，這一政治思想是淵源於進步的哲學思想的。即周公較殷商統治者進步的天道觀。《書·無逸》：「徽柔懿恭，懷保小民。」可爲《易》臨六五「知臨，大君之宜，吉」之「大君之宜」作注。是戒賢人君子修德保民。故臨〈象〉曰：「君子以教思无窮，容保民无疆」。《書·康誥》「無康好逸豫」與《易》豫

初六「鳴豫，凶」，同是戒賢人君子勿以逸豫害德。《書‧無逸》「小人怨汝詈汝，則皇自敬德」與《易》履九四「履虎尾，愬愬終吉」，同是戒賢人君子敬德以寡怨。

2、君子同心同德，小人勿用的政治思想：任用賢人則勢所必然要疏遠小人，因此「小人勿用」的思想乃是繼賢人德治思想的必然，所謂冰炭不同器。《書‧立政》「國則罔有立政用憸人」與《易》師上六「大君有命，開國承家，小人勿用」，如出同人一口。《書‧君奭》「今在予小子旦，若游大川，予往暨汝奭其濟」與《易》同人「同人于野，亨，利涉大川，利君子貞」，六二「同人于宗，吝」，皆爲君子需同心共濟以擯棄小人思想的寫照。

3、安而不忘危的政治思想：周滅殷後，封建厥土，製禮作樂，天下平定。然則管蔡之亂，禍起蕭墙，驚醒周公一場太平夢，安危變易，敲響了富有政治頭腦周公的警鐘，從而產生念念不忘危亂，念念不忘王事的思想。《書‧金縢》：「昔公勤勞王家。」《易》蹇六二：「王臣蹇蹇，匪躬之故。」是發後世勤王先聲。《書‧大誥》：「殷小腆，誕敢紀其敘。」《易》中孚上九：「翰音登于天，貞凶。」《書‧大誥》：「有大艱于西土，西土人亦不靜。」《易》小畜：「密雲不雨，自我西郊。」即言管蔡之亂，並深以爲戒。《書‧大誥》：「矧今天降戾于周邦，惟大艱人。」《易》困上六：「困于葛藟于臲卼，曰動悔，有悔，征吉。」《書‧康誥》：「民情大可見，小人難保。」《易》觀上九：「觀其生，君子无咎。」《書‧君奭》：「我不敢知曰：厥基永孚於休，亦不敢知曰：其終出於不祥。」《易》泰九三：「无平不陂，无往不復，艱貞无咎。」《書‧召誥》：

「惟王受命,無疆惟休,亦無疆惟恤。」《易》否九五:「休否,大人吉。其亡其亡,繫于苞桑。」是對治與亂的關係,幾經辯證思考,有的放失之辭也。

4、德治必須以法治為補充的思想:對殷民的天命說教,對自家弟兄的修德告戒,未能換取意想中的太平。終於發生了殷之武庚,周之管蔡霍兄弟叛亂。周公東征,刑殺之事,終不可免,代之而來的是治之以武。《書·康誥》:「于罰之行,今惟民不靜,未戾厥心。」《易》噬嗑上九:「何校滅耳,凶。」《書·酒誥》:「汝勿佚,盡執拘以歸于周,予其殺。」《易》遯六二:「執之用黃牛之革,莫之勝說。」《書·多士》:「爾不克敬,爾不啻不有爾土,予亦致天之罰于爾躬。」《易》益上九:「莫益之,或擊之,立心勿恆,凶。」《書·多方》:「我惟大降爾命,爾罔不知。」「要囚殄戮多罪,亦克用勸,開釋無辜,亦可用勸。」《易》離上九:「王用出征,有嘉折首,獲匪其醜,无咎。」《書·立政》:「其勿誤于庶獄庶慎,惟正是乂之。」《易》噬嗑:「亨,利用獄。」皆為經驗之談,感慨頗深。

誠然,賢人德治與法治交互運用並非周公獨創。《書·堯典》:「克明俊德。」《書·舜典》:「玄德升聞,乃命以位。」「流共工于幽州。……殛鯀于羽山。」《書·湯誓》:「夏德若茲,今朕必往。」「爾不從誓言,予則孥戮汝。」是三代以降,君臨天下,德與法而已矣。然則,迨及周公,卻進而建立了以德為本的禮治。德側重個人修養,而禮偏重人際關係。把個人的德擴展為社會的禮,當然發明權也不是非周公莫屬。但是三代禮治的理論化、完善化還是歸屬於周公的。子曰:

「夏禮吾能言之，杞不足徵也；殷禮吾能言之，宋不足徵也，文獻不足故也。」（〈八佾〉）一則夏殷年代久遠，書缺有間；二則夏殷之禮完善程度恐怕也遠不及周禮。故孔子曰：「周因於殷禮所損益可知也。」（〈爲政〉）是言周禮的逐漸完善過程。因此，孔子才能嘆曰「周監於二代，郁郁乎文哉，吾從周」（〈八佾〉）。

不難看出，周公與《易經》的關係非常密切。因此，《易乾鑿度》：「孔子五十究《易》作『十翼』，師於姬昌，法旦。」馬融、陸績：「爻辭周公。」（《周易正義序》）之說雖不能一言斷定，但《易經》的編纂者當屬西周初期統治集團上層以周公爲首的文人、謀士、太史之流的觀點還是可以成立的，主要原因是它體現了以成王周公爲代表的西周初期上層統治集團的政治哲學思想。

## 二、《易經》與孔子

孔子是否知《易》，大多學者是持肯定態度的。〈子路〉：「子曰：『南人有言曰：人而無恆，不可以作巫醫。善夫！不恆其德，或承之羞。』子曰：『不占而已矣。』」及〈述而〉篇所言「五十以學《易》」皆爲孔子知《易》之明証。故《史記·孔子世家》：「孔子晚而喜《易》，讀《易》韋編三絕。」絕非空言。以下擬以《易經》與孔子的政治哲學思想作一比較，以加深這一觀點。

（一）天道觀：孔子的世界觀基本上是上承周公下繼《易經》的。即少言天道，多言人道。他雖然說過「五十而知天命」（〈爲政〉），可這「天命」與殷周之際所稱「天命」已是大

有區別了。朱熹注此曰：「『天命』，即天道之流行而賦於物者，乃事物所以當然之故也。」誠然，我們從孔子的話中還不能體會到他的天道觀已經不是殷周之際那種可進行賞罰的有意志的神天論了。但從〈陽貨〉「子曰：天何言哉？四時行焉，百物生焉，天何言哉」即可看出，孔子思想中的天是接近自然的天的。總之，對於孔子，天道是很難說清楚的。故而孔子每言天道總有些模糊感，無怪乎〈子罕〉篇曰「子罕言利與命，與仁」。關於這句話朱熹引程子曰：「計利則害義，命之理微，仁之道大，皆夫子所罕言也。」是孔子對「利命仁」皆罕言。或曰：「罕言者僅『利』、『與命與仁』解作『許命許仁』。」「即認可命與仁，重視命與仁。」以筆者所見，應解為子罕言者「利與命」，重者「仁」。因總觀《論語》孔子反對貪私利，論之亦少。論「天命」處皆語而不詳，故《論語・公冶》：「子貢曰：夫子之文章可得而聞也，夫子之言性與天道，不可得而聞也。」對於「仁」則論及頗多，為孔學核心，且有具體所指。綜觀孔子言天道給人的印象是較之周公、《易經》更進一步懷疑了有意志的神天的存在，但也不似朱熹所言：「天道者，天理自然之本體。」達到自然本體論的高度。這也正可看出孔子對周公及《易經》天道觀的繼承與發展。

（二）中庸之道：孔子在「執中」「尚中」思想基礎上進一步提出了中庸之道。孔子把中庸之道首先引入了德行修養。〈雍也〉：「中庸之為德也，其至矣乎？民鮮久矣。」是孔子把中庸之德即無過無不及之常德做為人的最高道德修養。〈述而〉：「子溫而厲，威而不猛，恭而安。」即孔子中庸之德的一個方面。〈先進〉：「子貢問：『師與商也孰賢？』」子

曰：『師也過，商也不及。』曰：『然則師愈歟？』子曰：『過猶不及。』」是以中庸德行品評人物。由此導出認識人與事物的方法論。〈子罕〉：「吾有知乎哉？無知也。有鄙夫問於我，空空如也，我扣其兩端而竭焉。」就是說在認識事物時不應存先入之見，對事物對立面要做全面了解。〈為政〉：「功乎異端，斯害也已。」更進一步指出對事物對立面做偏面認識的危害性。不難看出，作為認識論與方法論的中庸之道是對《易經》「尚中」思想的繼承與發展。

（三）政治思想：孔子繼承了周公與《易經》的政治思想，並具體地多方面進行了闡述，這主要表現在：

1、賢人德治思想：孔子罕言天命，敬鬼神而遠之，所謂「子不語，怪力亂神」（〈述而〉），他的人道觀表現在政治上首先是賢人的德治思想。〈為政〉：「為政以德，譬如北辰，居其所而眾星拱之。」〈子路〉：「其身正，不令而行，其身不正，雖令不從。」〈顏淵〉：「聽訟吾猶人也。必也使無訟乎？」可見孔子非常注重道德的修養和道德教育，尤其是身教。他認為聖德之人在位，上行而下效，可移風易俗，德治是政治的根本。

2、舉直錯諸枉的思想：《易經》「小人勿用」的思想表現在《論語》中則是近君子遠小人的思想。〈衛靈公〉：「放鄭聲，遠佞人。」佞人即巧言令色的小人。〈為政〉：「舉直錯諸枉，則民服，舉枉錯諸直，則民不服。」在〈顏淵〉篇中更進而論之曰：「舉直錯諸枉，能使枉者直。」

3、德治為主，法治為輔的思想：孔子非常注重個人的道

德修養，完善，尤其對居位者更是如此。〈顏淵〉：「君子之德風，小人之德草，草上之風必偃。」同時他也認爲對庶民的教育非常重要。〈子路〉：「子適衛，冉有僕，子曰：『庶矣哉！』冉有曰：『既庶矣，又何加焉？』曰：『富之。』曰：『既富之，又何加焉？』曰：『教之。』」孔子認爲禮教是達到天下「小康」太平的基礎，知禮儀則上下有序，無犯上之舉。〈爲政〉：「道之以政，齊之以刑，民免而無恥，道之以德，齊之以禮，有恥且格。」孔子認爲德禮之教與刑罰之政皆可治國，兩相比較，德禮之教優於刑罰之政。但是理想與現實難免有所差異，他所企望的「君君，臣臣，父父，子子。」（〈顏淵〉）這樣上下有序的社會秩序在春秋時代是難得實現的。因之產生了他的「正名」思想。〈子路〉：「名不正則言不順，言不順則事不成，事不成則禮樂不興，禮樂不興則刑罰不中，刑罰不中則民無所措手足。」於此可見，孔子並不排斥法治。從歷史上看，治國之道禮與法而已矣。區別在於側重點有異。孔子爲政的主要主張不出賢人德治窠臼，並輔之以法。

（四）個人道德修養和精神面貌：

1、孚信之德：《易經》的「孚」即孚信之德在卦爻辭中出現頗多。如需：「有孚，光亨，貞吉。」比初六：「有孚，比之无咎。」《易經》中六十四卦辭，三百八十四爻辭共用「孚」字四十二個。《論語》中孔子言「信」亦多。若「敬事而信，節用而愛人。」（〈學而〉）「人而無信，不知其可也。」（〈爲政〉）「子以四教：文，行，忠，信。」（〈述而〉）「自古皆有死，民無信不立。」（〈顏淵〉）等等。孔子對信之德可謂拳拳服膺。而孔子在祭祀時所要求呈現的態度與《易經》

所言大可相互發明。升九二：「孚乃利用禴。」正是孔子祭祀態度的寫照——「祭如在，祭神如神在」（〈八佾〉），「禘自既灌而往者，吾不欲觀之矣」（〈八佾〉），正可爲《易》觀「盥而不薦，有孚顒若」的注腳。

2、乾乾自強不息的精神：《易》乾九三：「君子終日乾乾，夕惕若，厲，无咎。」君子乾乾自強不息成爲激勵中華民族積極進取的座右銘。〈爲政〉：「吾十有五而志於學。」「君子不器。」〈八佾〉：「子入大廟每事問。」〈公冶長〉：「十室之邑必有忠信如丘者焉，不如丘之好學也。」〈述而〉：「我非生而知之者，好古，敏以求之者也。」「譬如平地，雖復一簣，進吾往也。」以及「知其不可而爲之。」（〈憲問〉）等皆足以見孔子汲汲入世的進取精神。

（五）「利」的肯定與否定：《易經》多言「利」，且予以肯定。如乾：「元亨利貞。」坤：「利牝馬之貞。」屯：「元亨利貞，勿用有攸往，利建侯。」《易經》中之「利」多作「順利」「通利」「益于」解。《論語》中孔子少言「利」，其義爲「利益」。若〈里仁〉：「放於利而行，多怨。」「君子喻於義，小人喻於利。」其「利」爲個人之利，是義的大忌，即不義之利，孔子予以否定。〈堯曰〉：「因民之所利而利之。」其「利」爲民之利，是美政的表現，即惠民之利，孔子予以肯定。時代不同，所言「利」的含義有異故而言殊，非思想本質有異。

## 三、先秦儒家《易傳》與《易經》

戰國時期儒家對《易經》的注釋闡述集中收入《易傳》中，

《漢書·儒林傳》：「自魯商瞿子木受《易》孔子，以授魯橋庇子庸。」與《史記》所記略同，兩位史學大家所言傳《易》體系當有一定來歷。可是對於孔子贊《易》之說懷疑者愈來愈多。那麼孔子與《易傳》的關係到底如何？《易傳》是否屬於儒家著作？我們首先可以肯定的是孔子思想對《易傳》的影響是無篇不在的。對比一下，孔子與《易傳》的政治哲學思想，會加深這一認識。

（一）天道觀的沿革：論《易傳》的天道觀應分《傳》而論之，而《易傳》中論及天道者當屬〈彖傳〉與〈繫辭〉。

1、〈彖傳〉的天道觀：〈彖〉的天道觀有對孔子天道觀的保留。若觀〈彖〉：「觀天之神道而四時不忒，聖人以神道設教而天下服矣。」萃〈彖〉：「用大牲吉，利有攸往，順天命也。」無妄〈彖〉：「天命不祐，行矣哉？」與〈述而〉「天生德於予，桓魋其如予何」，〈八佾〉「獲罪於天，無所禱也」，〈雍也〉「予所否者天厭之，天厭之」義同。其天命論是模糊的，界於神天與自然天之間。更有四時自然天道的論述。豫〈彖〉：「天地以順動，故日月不過而四時不忒。」革〈彖〉：「天地革而四時成。」及節〈彖〉：「天地節而四時成。」與〈陽貨〉「天何言哉，四時行焉，百物生焉，天何言哉？」義同。而最值得提出的是〈彖〉作者借助乾、坤等卦之義道出之徹底的天道自然觀。若乾〈彖〉：「大哉乾元！萬物資始乃統天，雲行雨施，晶物流形。……乾道變化，各正性命。」泰〈彖〉：「天地交而萬物通也。」謙〈彖〉：「天道下濟而光明，地道卑而上行。」咸〈彖〉：「天地感而萬物生。」姤〈彖〉：「天地相遇，品物咸章。」這種天地交泰，生化萬物的天道觀較之

孔子的天道觀顯然是有所發展。

　　2、〈繫辭〉的天道觀：〈繫辭〉明確地變孔子模糊的天道觀爲天道自然觀。〈繫辭〉作者吸收了道家與陰陽家的「陰陽」的概念，用陰陽概括了《易經》兩相對立的卦爻（ ── 大）（ ━━ 小），使《易經》事物對立統一的觀點進一步抽象升華。並運用陰陽觀解說天道，變天道爲天地之道。〈繫辭下〉：「天地之道，貞觀者也。」是說天地示人以規律。又把宇宙間的變化歸之爲陰陽剛柔相推（〈象傳〉已論剛柔）。〈繫辭下〉：「剛柔相推，變在其中矣。」且進而明天道以察人事。〈繫辭上〉：「明於天之道而察於民之故。」徹底推翻了天能祐罰下民的神天觀。借大有「自天祐之，吉，无不利」爻辭，唱出了「祐者，助也，天之所助，順也；人之所助者信也。履信思乎順又以尚賢也，是以『自天祐之，吉，无不利』也」的天道自然助順規律者，人道自然助信德者的祐罰自然觀。

　　從天道觀看，〈象〉的編纂年代應早於〈繫辭〉。

　　（二）人道觀的繼承與發展：罕言天道，多言人道，乃至借天道以明人道，是孔子哲學的特點，同時也是《易傳》哲學的特點。以下仍分《傳》論述之。

　　1、〈象傳〉的人道：《易傳》分別從不同的角度，不同的側重面，以不同的方式闡述《易經》卦爻辭的內容及其政治哲學思想。〈象傳〉則主要以爻之剛柔及爻位當否論卦辭。即以象數解卦辭之吉凶。然則也時時借卦辭而闡發儒家的德行修養及政治思想。若師：「師，衆也。貞，正也。能以衆正，可以王矣。」與〈子路〉：「身正不令而行。」〈顏淵〉：「政者，

正也，子帥以正，孰敢不正。」異曲同工。借大畜、頤以闡述
養賢任賢的道理：「剛上而尚賢……不家食，吉，養賢也。」〈子
路〉：「仲弓爲季氏宰，問政，子曰：『先有司，赦小過，舉
賢才。』」與《老子》「不尚賢，使民不爭」大相異趣。節〈象〉：
「節以制度，不傷財，不害民。」與〈學而〉「敬事而信，節
用而愛人，使民以時」互爲闡發。中孚〈象〉：「孚乃化邦也。」
是盛贊孚信之德，〈顏淵〉：「民無信不立。」亦是盛贊孚信
之德。其他若損〈象〉：「曷之用，二簋可用亨。」萃〈象〉：
「王假有廟，致孝享也。」鼎〈象〉：「聖人亨以享上帝，而
大亨以養聖賢。」震〈象〉：「出可以守宗廟社稷，以爲祭主
也。」皆作儒家祭祀語。明夷〈象〉：「內文明而外柔順，以
蒙大難，文王以之。……內難而能正其志，箕子以之。」更是
儒家贊辭。尚有甚者，家人〈象〉：「家人，女正位乎內，男
正位乎外，男女正，天地之大義也，家人有嚴君焉，父母之謂
也，父父、子子、兄兄、弟弟、夫夫、婦婦而家道正，正家而
天下定矣。」是作儒家「君君、臣臣、父父、子子」（〈顏淵〉）
語，與《大學》：「身修而後家齊，家齊而後國治，國治而後
天下平。」同出一轍。

　　2、〈大象傳〉的人道：〈大象傳〉往往借卦象以論君子
所當修，所當爲。所當修，如蒙：「君子以果行育德。」小畜：
「君子以懿文德。」大畜：「君子以多識前言往行，以畜其德。」
晉：「君子以反身修德。」漸：「君子以居賢德善俗。」不言
而喻，皆是儒家語。所當爲，如乾：「君子以自強不息。」坤：
「君子以厚德載物。」謙：「君子以裒多益寡，稱物平施。」
大壯：「君子以非禮弗履。」頤：「君子以慎言語節飲食。」

大過：「君子以獨立不懼，遯世无悶。」遯：「君子以遠小人，不惡而嚴。」損：「君子以懲忿窒欲。」益：「君子以見善則遷，有過則改。」兌：「君子以朋友講習。」小過：「君子以行過乎恭，喪過乎哀，用過乎儉。」艮：「君子以思不出其位。」既濟：「君子以思患而豫防之。」等等，幾乎可在《論語》等儒家的著作中找出相應的言辭。其他如祭祀語，豫：「先王以作樂崇德，殷薦之上帝，以配祖考。」渙：「先王以享于帝立廟。」是爲儒家所倡。一言以蔽之，〈大象傳〉皆人道，無非儒。

3、〈小象傳〉的人道：〈小象傳〉則主要以爻位解爻辭。如前所述，「中位吉」的「尚中」類「中庸」之道，於〈小象傳〉尤見突出。如訟九五：「訟元吉，以中正也。」泰六五：「以祉元吉，中以行願也。」等等，不一一枚舉。

4、〈文言傳〉、〈說卦傳〉、〈序卦傳〉的人道：〈文言〉總論乾坤兩卦。乾以「君子體仁足以長人，嘉會足以合禮，利物足以合義，貞固足以幹事」解「元亨利貞」以及九二之「庸言之信，庸行之謹，閑邪存其誠，善世而不伐，德博而化。」九三之「君子進德修業」，「君子學以聚之，問以辨之，寬以居之，仁以行之」等，皆是明顯儒家語，與《老子》「絕學無憂」，大相異趣。文中冠以「子曰」，當係孔門弟子述孔子語。坤卦之「積善之家，必有餘慶。積不善之家，必有餘殃。臣弒其君，子弒其父，非一朝一夕之故，其所由來者漸矣。」以及以陰喻「地道也，妻道也，臣道也。」亦皆是儒家的思想感情。

〈說卦傳〉主要論及八卦卦象。盡管採用了「陰陽」「剛柔」的概念。但其儒家倫理道德之說仍是主要的。「立天之道

曰陰與陽，立地之道曰柔與剛，立人之道曰仁與義。」是巧妙地比擬天地人之道，明顯地突出了「仁義」。與道家截然不同。《老子》：「萬物負陰而抱陽，沖氣以爲和。」這負陰抱陽沖和狀態即萬物之本始柔和狀態，與其「貴柔」、「返本」思想相一致，總之是「道」的復歸論。況且《老子》是「絕仁棄義」的。而儒家後學據《韓非子‧顯學》所言是分爲八派的。可以斷言，戰國後之儒家是盛言「陰陽」的。如《禮記‧禮運》曰：「故人者其天地之德，陰陽之交。」我們再從〈說卦〉中八卦比附的卦象來看也不乏儒家觀點。如乾卦卦象「爲天、爲君、爲父」，君父同比，非儒而何？

〈序卦〉以《易經》六十四卦之序爲序，而序其所序。亦尋機兜售其儒家思想。如借咸、恆兩卦論述父子、君臣禮義：「有夫婦然後有父子，有父子然後有君臣，有君臣然後有上下，有上下然後禮義有所錯。」

5、〈繫辭傳〉的人道：〈繫辭〉屬於儒家著作，還是道家著作，學術界有所爭議。從哲學史的角度看，它當是經戰國諸子爭鳴後的作品。其中融合了多家的學說，因此見智見仁在所難免。平心而論，學說的歸屬，主要應從其思想體係來看，而不應拘泥於某些概念術語的運用。據此〈繫辭〉當屬儒家，絕非道家及其他。許多學者已經有論述，此不更贅。然則作爲一種學說，其「天道」總是爲「人道」服務的。因之，觀其人道就會明其天道。以下僅從〈繫辭〉的人道方面作一論述。〈繫辭下〉：「《易》之興也，其當殷之末也，周之盛德耶，當文王與紂之事耶。」一語道出《易》之本義。即因人道而作。且其贊周文之盛德，絕類儒家，而非道家。〈繫辭〉有多處「子

曰」，基本可斷爲孔門弟子述孔子所言，因就其所言內容看屬儒家無疑。如〈繫辭下〉：「顏氏之子其殆庶幾乎？有不善未嘗不知，知之未嘗復行也」，贊顏氏之子是孔子的一貫行爲。又如，「小人不恥不仁，不畏不義，不見利不勸，不威不懲，小懲而大戒，此小人之福也。」其「仁義」與個人之「利」的對立，正是儒家分別君子、小人的界說。其他如九卦之德論：「履，德之基也；謙，德之柄也；復，德之本也。」對於履（禮）的稱贊，非儒莫屬。〈繫辭上〉：「樂天知命故不憂，安土敦乎仁，故能愛。」其「仁愛」之說「樂天知命」之義，對照「樊遲問仁，子曰：『愛人』」（〈顏淵〉），「不怨天不尤人」（〈憲問〉），「不知命無以爲君子也」（〈堯曰〉），以天道解說人道之辭，竟然相似乃爾。而最值一提者乃〈繫辭上〉開篇：「天尊地卑，乾坤定矣。卑高以陣，貴賤位矣。」誠然「天尊地卑」一詞《莊子・天道》：「天尊地卑，神明之位也。」有之。但從「天道」到「人道」之「卑高以陣，貴賤位矣。」則是儒家等級觀念的表現。〈繫辭下〉：「陽卦多陰，陰卦多陽，其故何也？陽卦奇，陰卦耦。其德行何也？陽一君而二民，君子之道也；陰二君而一民，小人之道也。」很明顯，取陰陽學說爲儒家政教服務，此爲絕妙佳辭。《禮記・曾子問》：「天無二日，土無二王。」君主至上，這是漢後國君崇尚儒學的根源之一。〈繫辭〉巧妙地運用社會上已經興盛起來的陰陽學說解說儒家教義，融戰國其他顯學於儒，使儒學在漢後得以光大，不能說與這種容納精神無關。

〈繫辭〉融道於儒，而非融儒於道。

《易傳》雖非孔子之手筆。但受孔子思想影響至深，當

屬戰國儒家學派的政治哲學著作。

綜上所述，可以看出，《周易》與儒家政治哲學關係密切。其作為認識論與方法論乃至本體論的「尚中」之說是貫穿於早期「儒家」、《易經》編纂者，孔子，《易傳》編纂者以及後世儒家始終的。其重人道，以天道推演人道並服務於人道這一根本的政治哲學思想從早期「儒家」，《易經》編纂者，孔子，《易傳》編纂者以及後世儒家是一脈相承的。進而論之，作為天道觀，我們不難看出他們之間的歷史邏輯進程。即早期「儒家」信天命、懷疑天命，過渡到天命自然的天道觀。作為人道觀來說，以《周易》為中介之一的殷周早期至戰國晚期乃至後世的儒家學者始終繼承了積極入世的君子個人德行修養，賢人政治思想。其個人德行修養不離世俗，高出世俗為其特點。這也是儒學思想得以植根於中華民族中的原因之一。當然與歷代統治者的宣傳利用是分不開的。然則，歷代統治者所以尊崇儒術，亦與儒學重人道這一基本思想有關。

其賢人政治皆以德治為主，法治為輔，亦因時而有所異。西周初年，天下草創，殷始滅，民思治，本應安定，但管蔡又復作亂，作為一位居高位擁兵權的周公旦來說刑罰之心自然較重。《尚書》中〈大誥〉、〈唐誥〉、〈酒誥〉等篇皆不乏刑殺之辭。表現在《易經》中，則有蒙、訟、師、比、否、同人、噬嗑等卦師旅興，獄訟作。孔子生於東周式微，諸侯爭霸，天下兵戎相見，他認為天下所以不寧是因諸侯不能克制自己的私慾而破壞了周朝的典章制度，且其居位日淺，故而以克己復禮為己任，更側重禮治。無怪乎衛靈公問陳於孔子，孔子對曰「俎豆之事則嘗聞之矣，軍旅之事未之學也，明日遂行」（〈衛靈

公〉），兩相比較，正是因時代、地位、處境有異而側重有異，非本質有異。

　　《周易》就是這樣以其獨特的六十四卦框架結構構築起中國古代政治哲學體係。它以儒學爲基礎，兼採眾家之長，充分顯示了中華民族的繼承、批判、融合精神。因之，漢後獨尊儒術，把《周易》奉爲儒家經典「六經」之首是順理成章的了。

## § 孔子倫理社會學說的本質——「仁」「禮」之辯之統一

　　孔子是儒學的奠基人，他更是一位倫理社會學的先驅者。《禮記・禮運》載孔子與言偃云：「大道之行也，天下爲公；選賢舉能，講信修睦。故人不獨親其親，不獨子其子；使老有所終，壯有所用，幼有所長，鰥寡孤獨廢疾者皆有所養；男有分，女有歸；貨惡其棄於地也，不必藏於己；力惡其不出於身也，不必爲己；是故謀閉而不興，盜竊亂賊而不作，故外戶而不閉，是謂大同。」這是孔子嚮往的理想社會，也是孔子渴望的社會理想。〈禮運〉又曰：「今大道既隱，天下爲家；各親其親，各子其子；貨力爲己，大人世及以爲禮，城郭溝池以爲固，禮儀以爲紀，以正君臣，以篤父子，以睦兄弟，以和夫婦，以設制度，以立田里，以賢勇知，以功爲己。故謀用是作，而兵由此起，禹、湯、文、武、成王、周公由此其選也。此六君子者，未有不謹於禮者也，以著其義，以考其信，著有過，刑仁講讓，示民有常。如有不由此者，在執者去，眾以爲殃，是謂小康。」

　　〈禮運〉「仁」與「大同」，「禮」與「小康」的論述是否出自孔子之口，這不是主要的。重要的是它確實道出了孔子這位儒學奠基人的全部倫理社會學說的本質。

　　要建立傳說中理想化了的「大同」社會，孔子也知道難得變成現實。因之才喟然而嘆：「大道之行也，與三代之英，丘未之逮也，而有志焉。」（〈禮運〉）爲了實現他的「志」，就他所處的春秋時代而言，他只有創立他的以「仁」爲核心的學說，來教化人們，以祈達到那使人憧憬而難能企及的理想社會。惟其高難，故又分兩個層次去追求。即首先在「禮」的約束下恢復「小康」，然後「復禮爲仁」，在「仁」的感召下共臻「大同」。

## 一、「仁」的「大同」之道

　　孔子把人的道德修養的最高境界確定爲「仁」，所以他極贊「仁」德：「人而不仁，如禮何？人而不仁，如樂何？」（《論語・八佾》以下引《論語》只著篇名）「苟志於仁矣，無惡也。」「君子去仁，惡乎成名。」「君子無終食之間違仁。」（〈里仁〉）這最高境界的道德修養卻並不是高不可攀的。〈述而〉：「仁遠乎哉？我欲仁，斯仁至矣。」《中庸》：「仁者，人也。」〈顏淵〉：「樊遲問仁，子曰：『愛人。』」就是對「仁」的最通俗界說。

　　最高道德修養的「仁」，說透了，很簡單，「去私爲公」而已。私欲之心除，爲公之心存，即達到了「仁」的境界。因此，「爲仁由己，而由人乎哉？」（〈顏淵〉）「去私爲公」既難且易。私有制社會產生以來，人就難免有私心。因之，欲

去這一「私」字就是非常困難的事。〈衛靈公〉：「民之於仁也，甚於水火。水火吾見蹈而死者矣，未見蹈仁而死者也。」孔子之嘆，蓋有以也。然則，何以謂其易？推己及人而已。〈雍也〉：「夫仁者，己欲立而立人，己欲達而達人。能近取譬，可謂仁之方也已。」〈顏淵〉：「仲弓問仁。子曰：『己所不欲，勿施於人。』」說到底就是有著一顆視天下人與己等同的心，便會達於「仁」的境界。朱熹曰：「仁者，心之德，非在外也。」又曰：「仁則私欲盡去，而心德之全也」（《述而集注》）「仁」德曾子理解即夫子「一以貫之」之道。〈里仁〉：「參乎，吾道一以貫之。……曾子曰：『夫子之道，忠恕而已矣。』」《集注》：「盡己之謂忠，推己之謂恕。」此注，朱熹是深得曾子心法的。孟子解此說：「強恕而行，求仁莫近焉。」（〈盡心上〉）後之學者多以「仁」解說孔子一以貫之之「道」。

孔子爲什麼這樣崇尚「仁」德呢？關鍵在「仁」德是通向「大同」的道。

〈公冶長〉：「顏淵、季路侍。……子路曰：『願聞子之志。』子曰：『老者安之，朋友信之，少者懷之。』」顯然，孔子的「志」是與「大同」之「人不獨親其親，不獨子其子」理想相溝通的。孔子崇尚理想的「大同」社會，就是一個人人具有「仁」德的社會。此社會是精神的而不是物質的，是形而上的而不是形而下的。那種「天下爲公，講信修睦，不獨親其親，不獨子其子」的社會，必須「仁」德具備，即「仁」德的自足與他足。否則，一人有私，即難確保盜竊亂賊之不作。應該說，孔子所崇尚的「仁」的道德精神是高尚的，所向往的「大同」社會也有其相當美好的一面。但向何處去尋求呢？他要找

出實例，以便持之有據。

　　作爲熟讀先代典籍，「信而好古」（〈述而〉）的孔子，只有把觸角伸向古代社會中去，那便是堯舜禹禪讓的時代。〈泰伯〉：「大哉！堯之爲君也，巍巍乎唯天爲大，唯堯則之，蕩蕩乎民無能名焉！」「巍巍乎舜禹之有天下也而不與焉！」正是對禪讓、天下爲公的稱頌。〈八佾〉：「子謂〈韶〉（舜樂）盡美矣，又盡善也；謂〈武〉（武王樂）盡美矣，未盡善也。」其對舜樂美善的贊賞正是對「大同」社會的稱道。〈泰伯〉：「泰伯其可謂至德也已矣，三以天下讓，民無得而稱焉。」似此泰伯近「仁」的至德，正爲「大同」社會禪讓說的餘音。「三分天下有其二，以服事殷，周之德其可謂至德也已矣。」（〈泰伯〉）此乃文王不以力爭天下近「仁」的至德。〈述而〉：「子在齊聞〈韶〉，三月不知肉味，曰：『不圖爲樂之至於斯也』。」正是孔子從現實中無處尋覓，而只好到舜樂中去體會玩味「大同」社會天下爲公的情調。對於春秋時代的孔子，天下的大同固不可見，就是仁德備足的鄉里也是他所嚮往的了。所以〈里仁〉：「里仁爲美，擇不處仁，焉得知？」但天下無樂土，他只好寄希望於後代。〈子罕〉：「後生可畏，焉知來者之不如今也。」在選擇「仁」道嫡傳時，他首先鍾情於顏淵。〈雍也〉：「回也其心三月不違仁，（《集注》：『三月，言其久。』）其餘則日月至焉而已矣。」〈先進〉：「回也其庶乎？屢空。」「空」者，空其私心耳。此乃孔子首選顏淵的癥結所在。是與其大同理想相一致的。無奈，天不佑「仁」，顏回早喪。〈先進〉：「顏淵死，子曰：噫，天喪予！天喪予！」正是對「仁」根的斷絕、「仁」道失傳所發出的哀痛心聲。但孔子是不甘心

沉淪下去的。於是，二選傳道之人卻是曾參。據〈先進〉：「參也魯。」《集注》引程子曰：「參也竟以魯得之。」又曰：「曾子之學，誠篤而已，聖門學者，聰明才辯，不爲不多，而卒傳其道，乃質魯之人爾。」就因爲誠篤近仁、魯近仁而已。亦即〈子路〉「剛毅木訥近仁」之意。是乃不得已而求其次也。

孔子是社會活動的積極參與者，是「知其不可而爲之者」（〈憲問〉），作爲終極目標的大同社會高矣遠矣！他只好束之高閣，傳之其人。他還有低一個層次的追求，那便是「禮」的「小康」社會。

## 二、「禮」的「小康」之路

《中庸》：「仲尼祖述堯舜，憲章文武。」朱熹《集注》曰：「祖述者，遠宗其道，憲章者，近守其法。」「道」者，「大同」之「仁」道；「法」者，「小康」之「禮」法。

人而不仁，蒙生私心。「天下爲家，各親其親，各子其子，貨力爲己，大人世及以爲禮」，「謀用是作，而兵由此起」，這便是孔子眼中的夏商周家天下的社會，人與人之間的交往的禮法由之而生，並且「禮義以爲紀，以正君臣，以篤父子，以睦兄弟，以和夫婦，以設制度，以立田里，以賢勇知，以功爲己。」禮法在一定程度上限制私心的膨脹，于是乎有夏禮、殷禮、周禮的產生。〈八佾〉：「夏禮，吾能言之，杞不足徵也；殷禮，吾能言之，宋不足徵也。」〈爲政〉：「殷因於夏禮，所損益，可知也；周因於殷禮，所損益，可知也。」在孔子看來，禮有其一定的因革關係，周禮經過兩代損益是較完整的了。「周鑒於二代，郁郁乎文哉，吾從周。」（〈八佾〉）

道出了孔子從周禮的原因。孔子生在禮壞樂崩的春秋時代，天下較力，兵戎相見。他對時代的審視是形而上的，期望的是社會的長治久安。他認爲天下所以動亂，是因禮法的破壞，失去了對私心的控制，於是乎滅國者有之，作亂者有之。因之他希望興滅國，繼絕世，并大聲疾呼：「能以禮讓爲國乎，何有？不能以禮讓爲國，如禮何？」（〈里仁〉）「天下有道，則禮樂征伐自天子出，天下無道，則禮樂征伐自諸侯出。」（〈季氏〉）不難看出，他的禮教是爲恢復「小康」社會秩序服務的。

　　「仁」與「禮」相比，「仁」是內在的，而「禮」是外在的。禮的完成途徑就個人來說是志學；就社會來說，除啟迪社會成員志學外，尚須借助政治勢力的推行。孔子「知其不可而爲之者」亦爲此焉。

　　首先，孔子是一個勤奮好學者。「吾十有五而志於學，三十而立。」（〈爲政〉）「興於詩，立於禮，成於樂。」（〈泰伯〉）「不學禮，無以立。」（〈季氏〉）可知孔子少年志學，三十而學禮成。盡管如此，他仍孜孜以求。「入大廟，每問事。」（〈八佾〉）他不但身體力行，而且諄諄教誨弟子。〈子罕〉：「顏淵喟然嘆曰：夫子循循然善誘人，博我以文，約我以禮。」〈述而〉：「子以四教：文、行、忠、信。」孔子的教是多方面的，但其中禮教佔有相當的成分，以至于有的學者把「禮」作爲孔學的核心。當然也可以這樣說：較之「仁」，「禮」是孔學低一層次的核心。他并認爲天下人皆可以教，〈衛靈公〉：「有教無類。」孔子看重以禮爲約束的德治，他認爲這樣可以知廉恥而除掉爲非作歹的心，〈爲政〉：「道之以德，齊之以禮，有恥且格。」他成了偉大的教育家，弟子三千，「受

業身通者七十有七人。」（《史記·仲尼弟子列傳》）并周遊
列國，規勸國君，其目的無非希望恢復周禮。因之，〈衛靈公〉：
「衛靈公問陳於孔子，孔子對曰：『俎豆之事，則嘗聞之矣，
軍旅之事，未之學也。』明日遂行。」

　　爲了達到恢復周禮的目的，他積極企望參與政治活動，
甚至不顧生命危險，絕糧陳蔡，伐樹於宋，爲推行其政治主張，
可謂不遺餘力。〈陽貨〉：「公山弗擾以費畔，召，子欲往，
子路不說，……子曰：夫召我者，而豈徒哉？如有用我者，吾
其爲東周乎？」「佛肸召，子欲往，子路曰：『……佛肸以中
牟畔，子之往也，如之何？』子曰：『然，有是言也，不曰堅
乎？磨而不磷！不曰白乎？涅而不緇！吾豈匏瓜在哉？焉能繫
而不食。』」都充分顯示孔子積極入世爲政之迫切心情。他認
爲禮可以化夷狄，可以化叛臣。

　　禮重人際關係，重人際關係的和諧。「禮之用，和爲貴。」
（〈學而〉）作爲家天下而言，人際關係主要表現爲君臣、父
子、兄弟、夫婦、朋友等方面，故而孔子及其後學對這些關係
論述頗多，其中君臣、父子關係尤其重要。因之，「齊景公問
政於孔子，孔子對曰：君君、臣臣、父父、子子。」（〈顏淵〉）
這便是宗法社會的禮政之對，即君守君禮，臣守臣禮，父守父
禮，子守子禮，以此斷絕欺下犯上之弊。結合個人的道德修養，
就形成了儒家「心正而後身修，身修而後家齊，家齊而後國治，
國治而後天下平」的理論（《大學》）。但是禮的「小康」的
實現，並不是孔子的終極目標，他的終極目標是仁的「大同」
的實現。「仁」又是可以通過「禮」的完善而成就的。他回答
顏淵問「仁」的一句名言，足以說明這一問題。「子曰：『克

己復禮爲仁，一日克己復禮，天下歸仁焉。』」（〈顏淵〉）
其義爲：克制自己的私欲，恢復到「禮」的規範中去，一旦人
人克己之私，就可以造就天下的「仁」。是「禮」去「仁」有
路，「小康」去「大同」有道。對孔子來說，我們不難看出，
「仁」爲「大同」心，而「禮」爲「小康」貌，文質彬彬，由
貌而心，由「小康」而「大同」的思維路數。

　　體認此，關於孔學「仁」「禮」核心說的分歧，孔子關
於「仁」的無等級性與「禮」的有等級性兩相矛盾的論述，即
可以得到和諧的統一。

## §孔子倫理社會學說的本質──「仁」「禮」之衍化及功過

　　前文《孔子倫理社會學說的本質──「仁」「禮」之辯
之統一》，論述了「仁」的「大同」之道與「禮」的「小康」
之路。此即孔子倫理社會學說的本質，換言之，此乃對孔子學
說所做的總體把握。限於孔子學說的非明確系統表述，歷史文
獻的非系統保留及因人而異的授受闡發，對於孔子「仁」「禮」
之學自其直傳，再傳弟子起亦觀念齟齬矣。故儒學後分爲若干
派別。而這一孔學主題思想是由子游氏儒闡發的。戰國時儒學
先後成就了兩大家：孟軻與荀況。

　　《孟子・滕文公上》：「孟子道性善，言必稱堯舜。……
夫道一而已矣。」是「仁」乃充其善性而已，堯舜之道，「仁」
而已矣。即性善爲仁道得行天下之基礎。通觀《孟子》雖言
「禮」卻重「仁」，尤重堯舜之仁道。若：〈梁惠王上〉「孟

子對曰：『王何必曰利，亦有仁義而已矣』。」〈梁惠王下〉「賊仁者謂之賊，賊義者謂之殘，殘賊之人謂之一夫。」〈公孫丑上〉「夫仁，天之尊爵也，人之安宅也。」〈離婁上〉：「堯舜之道不以仁政不能平治天下。」「三代之得天下也以仁，其失天下也以不仁。」〈告子上〉：「仁，人心也，義，人路也。」等論說可見其學說之主旨。

荀況則繼承了子弓學派，突出了「禮」學，主要作了本性惡的「禮法」發揮。

《荀子・性惡篇》：「人之性惡，其爲善者偽也。」「性惡則興聖王，貴禮儀矣。」即人之性惡將待聖王之治，禮儀之化耳。是「性惡」爲聖王所以設制禮法也。通觀《荀子》雖言「仁」，卻重「禮」，雖說「法先王」，卻重「法後王」。若〈非相篇〉：「故人之所以爲人者，非特以其二足而無毛也，以其有辨也。……辨莫大於分，分莫大於禮，禮莫大於聖王。……欲觀聖王之跡，則於其粲然者矣，後王是也。……彼後王者，天下之君，舍後王而道上古，譬之是猶舍己之君而事人之君也。」〈儒效篇〉：「道過三代（夏商周）謂之蕩，法二後王謂之不雅。」荀況有見於天下形勢，因之產生變通思想，更從「禮」而拓展爲「禮法」。〈性惡篇〉：「故聖人化性起偽，偽起於性而生禮義，禮義生而制法度，然則禮義法度者是聖人之所以生也。」〈強國篇〉：「故人之命在天，國之命在禮，人君者隆禮尊賢而王，重法愛民而霸。」等論說可見其學說之主旨。亦爲後世禮向法的滲透立論焉。

《荀子・非十二子篇》：「案往舊造說，謂之五行，甚

僻違而無類，幽隱而無說，閉約而無解，案飾其辭而祗敬之曰：此真先君子之言也。子思唱之，孟軻和之。世俗之溝猶瞀儒，嚾嚾然不知其所非也。遂受而傳之，以爲仲尼子游爲茲厚於後世。」是認爲子游氏儒蓋繼孔子之「仁」學，闡堯舜「大同」之道者也。此說對於生活在天下分崩離析不可逆轉的戰國後期的荀況來說自然屬於「案往舊造說」、「幽隱而無說」的了。此派於荀況眼中乃不知天下之變者也。因之被譏作：「偷儒憚事」（〈非十二子〉）。我們知道《易經》是「尚變」的，此乃孟軻不言《易》之癥結所在歟？《荀子》一書多處談到《易》。若〈大略篇〉：「善爲《易》者不占。」「《易》之咸見夫婦。」「《易》曰：復自道，何其咎。」等是。《漢書·儒林傳》所言孔子傳《易》系統有馯臂子弓，此子弓當即〈儒效篇〉所言之「大儒」：「通則一天下，窮則獨立貴名，天不能死，地不能埋，桀紂之世不能污，非大儒莫之能立，仲尼、子弓是也。」因之，究孟荀之分歧，性分善惡，仁禮有側重耳。其學術思想分歧之根源則在能否隨時應變耳，即能否如《易》所言「尚變」而已。

　　孔子倫理社會學說的核心「仁」，具有不同的層次：個體的仁、集體的仁、總體的仁。個體的仁則爲仁德，集體的仁、總體的仁則爲仁道。《論語·憲問》：「仁者不憂，知者不惑，勇者不懼。」〈雍也〉：「仁者先難而後獲，可謂仁矣。」〈顏淵〉：「仁者愛人。」所言「仁者」多系個體的仁。即個人仁德修養。〈里仁〉：「里仁爲美，擇不處仁焉得知。」其「里仁」則是集體的仁矣。把集體的仁擴展開去至天下則爲總體的仁即「大同」的仁道矣。〈顏淵〉：「天下歸仁」寓意焉。《大

學》：「一家仁，一國興仁。」「堯舜率天下以仁而民從之。」亦表達了這一思想。孔子這一本質觀念需體會於《論語》等孔學的字裏行間。限於種種原因，未見孔子系統明言。後世故多歧說，而子游氏儒則較系統地表述了先師這一「普仁」思想。孟子繼之高揚了仁義。作爲戰國時期儒學兩大家的孟子與荀子，他們各自從不同角度對孔子「仁」、「禮」之學有所繼承，但也有所更新。漢後「仁」、「禮」儒學更新更是在孟荀學說的基礎上作了政治需要的衍化，這一衍化，既有學說本身之內因，又有時代社會之外因，還有學說授受因人而異等他因，勢所然耳。

## 一、政治的儒學

　　懷著「鳳鳥不至，河不出圖，吾已矣夫」這樣一顆憂世、悲愴、善良的心而謝世的孔子（《論語・子罕》），他的學說雖然傳之有人，同時也不乏時有作出顯著貢獻如孟荀者，但他們一生的政治生涯卻處境維艱，最後只有著述而已。《史記・孟子荀卿列傳》：「天下方務於合縱連衡以攻伐爲賢，而孟軻乃述唐虞夏三代之德，是以所如者不合。退而與萬章之徒序《詩》、《書》，述仲尼之意作《孟子》七篇。」「荀卿，趙人，年五十始來游學於齊。……嫉濁世之政，亡國亂君相屬。……於是推儒墨道德之事興壞，序列著數萬言而卒。」但延及西漢，經漢武帝儒術獨尊，一躍成爲幾乎左右中國兩千年封建社會政治、文化等領域大一統的學術思想，且影響及於國外。直至「新文化運動」的失落，新儒家的繼學，這期間反復的儒學史不能不引起人們對之反復的反思。

　　孟子同樣懷著一顆仁愛的心，高唱著：「老吾老以及人之老，幼吾幼以及人之幼。」「五畝之宅樹之以桑，五十者可以衣帛矣。」（《孟子・梁惠王上》）這種「不獨親其親」的天下爲公的高調，以及「謹庠序之教，申之以孝悌之義，頒白者不負載於道路矣」（〈梁惠王上〉）這種由禮教至仁愛的美好願望，游列國，說諸侯。雖自我感覺「如欲平治天下，當今之世舍我其誰也。」（《孟子・公孫丑下》）而知其情者蓋寡，處境建樹又遜於孔子。孟子提出四端說：「惻隱之心，仁之端也；羞惡之心，義之端也；辭讓之心，禮之端也；是非之心，智之端也。人之有四端也，猶其有四體也。」（〈公孫丑上〉）開了漢後「五常」說的先河。但卻混淆了孔子「仁」、「禮」的層次之說，模糊了孔學「仁」的社會學思想，產生了後世對孔學「仁」「禮」認識的矛盾觀。

　　荀子崇禮教，重法治，點化了李斯等法家人物，卻促成了秦代烈火焚書，儒學岌岌可危了。

　　荀子的法後王說爲漢代「三綱」說的「君爲臣綱」開了理論先河。

　　漢高祖馬上得天下，但不能馬上守天下。幸好魯國叔孫通徵魯諸生演禮，起朝儀，平息了「群臣爭功，飲醉或妄呼」亂哄哄地爭議（《漢書・叔孫通傳》），遂有高帝「吾乃今日知爲皇帝之貴也」之嘆（〈叔孫通傳〉），儒學有了抬頭。

　　董仲舒這位漢朝儒學的代表人物，他並不是孔學的忠實繼承者。「子不語怪力亂神。」（〈述而〉）而「仲舒治國，以春秋災異之變推陰陽所以錯行。」（《漢書・董仲舒傳》）

他卻是一個善言災異的人。孔子「朝聞道，夕死可矣。」（〈里仁〉）是守道不渝的。而「遼東高廟長陵高園殿災，仲舒居家推說其意」，爲此，「下仲舒吏，當死，詔赦之，仲舒不敢復言災異。」（〈董仲舒傳〉）孔子倡「性相近，習相遠」（〈陽貨〉）之說，認爲「有教無類」（〈衛靈公〉），而仲舒卻把人性分爲「三品」，更對「下品」之「斗筲之性」不屑一提（《春秋繁露·玉杯》），此則與〈子路〉「子曰：噫，斗筲之人，何足算也」，並不同義，違背了孔學的「仁道」。[2] 對孔子學說之精髓「仁」的違背，正是封建等級意識深化的表現。但他卻適應了漢朝大一統的政治形勢的需要，上《天人三策》，著《春秋繁露》，使儒學更加哲理化。他以陰陽、《易傳》「天尊地卑」，「乾爲天、爲君、爲父」等理論論證「君臣、父子、夫婦」之義曰：「丈夫雖賤皆爲陽，婦人雖貴皆爲陰。」（《春秋繁露·陽尊陰卑》）「君臣、父子、夫婦之義，皆取諸陰陽之道：君爲陽，臣爲陰；父爲陽，子爲陰；夫爲陽，妻爲陰，陰道無所獨行，其始也不得專，其終也不得分功。」「天之親陽而疏陰」，「王道之三綱可求於天。」（《春秋繁露·基義》）建立起後世之「三綱」說。又以五行學說推衍「仁、智、信、義、禮」曰：「東方者木，農之本，司農尚仁；南方者火也，本朝司馬尚智；中央者土，君官也，司營尚信；西方者金，大理司徒也，司徒尚義；北方者水，執法司寇也，司寇尚禮。」（《春秋繁露·五行相生》）建立了後世之「五常」說。「五常」說歸仁爲人之道德修養之一，是肯定了仁之德，否定了仁之道。其「三綱」說則是對孔子「君臣父子」關係說以及孟子「父子

---

2　孔子「性相近」之說是其仁道的人性基礎，是人人可爲堯舜也。

有親，君臣有義，夫婦有別」尚具辯證關係說的大矯形（《孟子‧滕文公上》），變儒家「德治」思想爲徹底的「人治」思想，[3]這一切與家天下的強化相適應，得到漢武帝及其後歷代統治者的讚賞實施，成爲二千年封建文化政治的主體思想，涉及至諸多領域，深化到民風民俗，使儒學進一步政治化爲政治儒學，他徹底泯滅了孔孟「德治」政治所具有的一定的「民本」思想，加以嫡傳的家天下宗法制，形成了封建社會政治的主觀性，獨斷性，這一切都是與近代民主法制格格不入的。

　　宋代理學的興起，對孔學又一次產生扭曲變形，這首先表現在二程對孔子「仁」學的改造。程顥曰：「仁者渾然與物同體，義、禮、智、信皆仁也。」（《二程遺書》卷二）比孟子之「四端」說走得更遠。「若夫至仁，則天地爲一身，而天地之間，品物萬形，爲四肢百體。」（《遺書》卷四）「一人之心，即天地之心，一物之理，即萬物之理。」（《遺書》卷二）把「愛人」說廣而充之到等愛天地萬物。程顥則進一步曰：「天、地、人只一道也。」「物我一理，才明彼，即曉此，合內外之道也。」（《遺書》卷十八）從而模糊了主體與客體的界限。無怪乎理學集大成者朱熹說：「蓋天下之大本者，陛下之心也。」「孔子所以有『克己復禮』之云，皆所以正吾心而爲天下萬事之本也。」（《文集‧戊申封事》）

　　盡管宋儒也講「致知在格物」。程顥曰：「凡一物上有一理，須是窮致其理。」（《遺書》卷十八）又曰：「格物之理，不若察之於身，其得尤切。」（《遺書》卷十七）「致知

---

3《論語‧爲政》：「子曰：道之以政，齊之以刑，民免而無恥；道之以德，齊之以禮，有恥且格。」體現了孔子德治思想。

在格物，非由外鑠我也，我固有之。」（《遺書》卷二十五）
總之，宋儒以《易》之「太極」理論建立起的「理本論」（程
顥《易傳》：「萬物之生，負陰而抱陽，莫不有太極。」《朱
子語類》卷一曰：「未有天地之先，畢竟也只是理。」「有是
理便有是氣，但理是本。」「太極只是天地萬物之理。」），
雖從本體論高度作了對宇宙總體宏觀把握。但卻相對地輕視了
具體微觀分析。其重體認輕實察的方法論總願在主觀「正心」
上下功夫，故而束縛了知識的外向展開，因之與近代以客觀事
物爲求知對象之科學實踐精神背道而馳。

其次表現在宋理學對孔子致「仁」學說即道德修養學說
的改造。《二程粹言》卷一：「損人欲以復天理，聖人之教也。」
朱熹曰：「聖賢千言萬語，只是教人明天理，滅人欲。」（《朱
子語類》卷十二）他更進一步指出：「飲食者，天理也，要求
美味，人欲也。」（《朱子語類》卷十三）把「去私爲公」矯
形成「天理」「人欲」的對立，這就不但曲解了先秦儒學源於
世俗而超乎世俗的倫理道德觀，更是對精神與物質相輔相成關
係的否定。使儒學重精神輕物質的思想更極端化了。造成了中
華民族安於現狀，不能積極向自然索取的心理態勢，這更爲近
代科學實踐精神所不相容。

從董仲舒到朱熹完成的兩次對孔子「仁」「禮」學說的
政治改造，體現了我國封建制由始而盛而衰的歷史進程。南宋
而後，作爲官方的政治哲學基本沒有跳出宋理學的藩籬，逐漸
與世界歷史的進程脫節。

## 二、儒學的歷史功過

　　我國是世界文明古國之一，有著燦爛的古代文化，春秋戰國時期發生了大的社會變革，民族的融合，國家的統一趨勢，給諸子百家學說（主要是儒、道、墨、法）的產生發展帶來了勃勃生機，他們繼往開來，為後世我國文化的發展乃至社會的發展奠定了多方面的理論基礎，尤其是儒家學派。

　　勿庸置疑，中華民族二千多年的興衰是諸多因素作用的結果，既有其文化、經濟、政治、軍事層面，又有其民族歷史地域環境層面，非本文可及。以下僅從文化政治理論（思想意識）層面簡述儒學的歷史功過。

　　人類創造文化，既對文明社會以資見證，又對人類社會以能動的反作用。作為不同層次不同類型的文化對人類對社會各有其一定的適應範圍界限，這包括時間閾與空間閾（時空閾）。就其作用的大小、正負、久暫而言，主要取決於文化本身，也取決於社會主體人的理解與應用。

　　作為孔子倫理道德學說的「仁」，是與無私的心以及「大同」社會相聯係的；是孔子理想人格與理想社會的結合點；是人類精神文明的高度昇華。其適應閾就時間閾來講將與人類社會相始終，就空間閾來講將隨著人類社會的進步而不斷擴大。

　　作為理想的「大同」社會，孔子主要談了精神的一面。誠然孔子有「庶矣哉！」「富之」「教之」（〈里仁〉），「因民之所利而利之」（〈堯曰〉），惡私利、興公利的功利論，但比之他強大的道德說教則微弱得多。何況「富民」、「利民」也同樣被納入了道德論。這就啟迪了後世儒學理論上的主觀進

取與客觀索取的背離。

畢竟孔丘是偉大的思想家與可敬的社會實踐者，他身體力行尋覓著得以實現人生崇高道德價值及達到理想社會可行的路，他確立了「禮」，其內容直關人倫，並爲此建立了他的治學觀與從政觀。但從總體上看，仍然主要是一條精神的路。

再者，作爲文化形態都有其一定的可塑性。這包括見知見仁的引用與運用中的潤色改造。儒學的發展史就是在對孔學的理解、解釋、潤色、改造中展開的。

爲此我們仍回到作爲封建社會人際關係之總規則，禮法之理論基礎的「三綱」來看問題：孔子曰：「君君、臣臣」。對君臣之間的關係他有一個解說：「君使臣以禮，臣事君以忠。」（〈八佾〉）不難看出，孔子的君臣觀是雙向的、相對的。況且還有對於「忠」的理解。〈學而〉：「主忠信」《集注》：「程子曰：人道唯在忠信，不誠則無物。」〈里仁〉：「夫子之道，忠恕而已矣。」《集註》：「程子曰：『忠者無妄』。」〈述而〉：「子以四教：文、行、忠、信。」孔子每以忠信言，可見「忠」爲誠實無欺之意，此乃作人之道德標準之一耳。孟子就很理解孔子之意。「君臣有義。」（〈滕文公上〉）「欲爲君盡君道，欲爲臣盡臣道，二者皆法堯舜而已矣。」（〈離婁上〉）「君之視臣如手足，則臣視君如腹心；君之視臣如犬馬，則臣視君如國人；君之視臣如土芥，則臣視君如寇讎。」（〈離婁下〉）並大膽提出「民爲貴，社稷次之，君爲輕」的千古不朽之論（〈盡心下〉），然則迨及漢之「君爲臣綱」則變成單向的、絕對的了。

　　孔子曰：「父父、子子」是父子各守其禮也。《論語·學而》：「有子曰：孝悌者也，其爲仁之本歟？」或以「孝悌」直解孔子之「仁」。實則此非孔子之言。就有子之意而言，是孝悌爲仁之始，蓋謂仁道當從敬愛父兄伊始也，進而推及他人。〈爲政〉：孔子回答孟懿子問孝曰：「生事之以禮，死葬之以禮，祭之以禮。」回答子游問孝曰：「今之孝者是爲能養，至於犬馬皆能有養，不敬何以別乎？」是知父子「禮敬」耳。《孟子》「父子有親」（〈滕文公上〉）近之。與漢之「父爲子綱」異矣。

　　以孔子「君君」相推，則夫婦之義當作「夫夫、婦婦」，亦各守其禮耳。《孟子·滕文公上》：「夫婦有別。」（《禮記·哀公問》「孔子對曰：夫婦別」語同），乃禮之別也。而《禮記·哀公問》：「孔子遂言曰：『昔三代明王之政，敬其妻子也』。」《禮·禮運》：「以和夫婦。」《禮·冠義》：「夫婦有義。」《禮·郊特性》：「嫁從夫。」《禮·禮運》：「夫義婦聽。」以先秦儒典考夫婦之義與漢之「夫爲妻綱」異矣。我們從「敬」、「和」、「禮」、「義」、「別」、「聽」、「從」、「綱」可見夫婦之義的歷史衍化軌跡，至「綱」則極矣。

　　後儒對孔子「中庸」之道的理解更多歧義矣，將於《「度」的哲學》篇詳論之。

　　我們也不應過罪董仲舒。社會進入封建大一統的時代，必然要有與之相適應並爲之服務的學說。仲舒正是出於時代政治的需要，作了對孔學的改造，使孔學得以「下學而上達」進入帝王廟堂。進一步使儒學政治化，變倡導儒學爲強制儒學，成爲統治中國兩千多年的主體學說。這樣一方面儒學在我國整

個封建社會尤其是前期社會對於維護以分散的小農經濟爲基礎的封建社會的統一、民族的同化、融合，起到不可低估的作用。作爲一個多民族，人口衆多幅員遼闊的封建國家沒有一個大致統一的思想是不可想象的，其次儒學對封建社會的「太平盛世」的安定，經濟的發展，封建社會燦爛的文化乃至世界其他許多國家的文化發展都起過不同程度的作用。因爲儒學畢竟是一種安定社會秩序的學說，而經濟文化的發展是需要社會安定的。

另一方面儒學從諸子百家學說中脫穎而出，與政權相結合，便捨棄了學說借以自我揚棄的氛圍，造就了易於自我封閉的體系，盡管在歷史的進程中它兼容了道、釋、法，但總體上說是沿著一條形上的路極端化了。這樣以董仲舒爲代表的漢經學與以朱熹爲代表的宋理學隨著歷史的前進，加以明清兩朝文化專制主義的強化，專事儒經朱註，則勢必與近代民主與科學精神相背離。因之，「新文化運動」民主與科學的革命風暴矛頭必然指向以孔丘爲代表的儒學，實際上主要更是董朱儒學。

## § 「度」的哲學——《易》以貫《經》

生活在紀元前四世紀的西方古希臘智者派哲人普羅泰戈拉曾留下如下名言：「人是萬物的尺度，是存在者存在的尺度，也是不存在者不存在的尺度。」[4] 而紀元前五世紀或更早生活在東方中國的古哲人，卻早已在掌握著運用著尺度去觀察

---

4　見《西方哲學原著選讀》（上卷），54頁。

事物、分析事物、處理事物，並世代相傳，承繼發展著這一獨具特色的哲學文化。從認識論、方法論拓展開去，乃至諸多領域，形成道統論，成就本體論。爲此尋源導流，評是論非，作爲是篇。

## 一、「中」字之由來

「中」字，早在商周甲骨鐘鼎中便以不同形式反復出現。歸其類，約爲：中（甲三・九・八）；中（秉仲爵）；中（前一・六・一）；（粹一・二・一八）；（克鼎）；（南宮中鼎）。許慎《說文・第一篇上》：「中，內也，從口。│，下上通也。」段氏注曰：「按中字會意之恉，必當從口，音圍。」「云『下上通』者，謂中直，或引而上，或引而下，皆入其內也。」又《說文・第一篇上》：「『放』，旌旗杠皃。」段氏注曰：「杠，謂旗之竿也。《詩》謂之干」。羅振玉《殷墟書契前編》（五・五七）之「卜」當爲「放」。據此，則甲骨鐘鼎文之「中」，雖形各異，其義則一。「中」字，蓋一會意字，乃旗竿（或旌旗）所立不同地域範圍之中心也。就其範圍而言，或圓或方，或陰或陽。進而言之，不同範圍之事物皆有一中極處也。[5]

古人之於「中」的崇尚，當首先肇始於對所處地域的認識。人處天地之中（《左傳・成公十三年》「民受天地之中以生。」），得以地之物產資源、天之陽光雨露而爲萬物靈。處地域之中得以左右逢源，四圍臣服。此一中心意識據文字記載可推之於殷商甲骨，郭沫若《卜辭通纂》（三七五）：「癸卯卜，

---

5　「中」「中庸」類論文見諸刊物多有，皆可參考。如《孔子研究》總第三十一期，總第 59 期等。

其自西來雨，其自東來雨，其自北來雨，其自南來雨。」似此
處中而可卜四方之雨的優越感躍然龜甲。《詩・殷武》曰：「商
邑翼翼，四方之極。」《殷墟書契前編》（八・十・三）有曰：
「戊寅卜，王貞受中商年十月。」正是商人自我中心意識耳。

　　推本論「中」，中心而已。氏族社會，「中」則爲氏族
群體活動範圍（綜合條件）之中心。以旗竿（旌旗）作標識，
當亦爲首領所處。故《尚書・益稷》有曰「予欲宣力四方」、
「欽四鄰」之語。夏商家天下，建京畿，君主所居自當選國之
中。《尚書・禹貢》所謂「五百里甸服」，「五百里侯服」，
「五百里綏服」是也。《書・盤庚中》曰：「今予告汝不易，
永敬大恤，無胥絕遠，汝分猷念以相從，各設中于乃心。」此
「中」字，注家多以「中正」作解。蔡沈《集傳》曰：「中者，
極至之理。」皆非確解。蓋「中」字當有地域之中意，宜其於
遷都至殷擇域時言之也。如《書・召誥》「王來紹上帝，自服
于土中」之「中」，蔡沈《集傳》亦曰：「天地之中，故謂之
土中。」《說文》言「中」之「｜」爲「下上通」，當爲後人
之思，蓋肇端於酋長、國君居域中，代天行命，下上溝通天人
意志耳。

　　或曰：《書・大禹謨》：「人心惟危，道心惟微，惟精惟一，
允執厥中。」《論語・堯曰》：「咨，爾舜，天之曆數在爾躬，
允執其中，四海困窮，天祿永終，舜亦以命禹。」其「執中」
當具有哲學意義。然而《書・堯典》、《舜典》皆無此語。惟
古文《大禹謨》有此語意，則很難斷其古。又《書・蔡仲之命》
有曰：「率自中，無作聰明亂舊章。」其「率中」義同「執中」。
《書・君陳》亦有「惟厥中」句。然則皆出古文《尚書》耳，

今據可靠史料看，「中」字內涵之哲理化，當推源於殷末周初，天命觀的轉化，德治思想的建立，即發軔於《書·洪範》，繼見於〈酒誥〉、〈洛誥〉，定論於《周易》。

## 二、「中」字之哲理化

《尚書·洪範》箕子述「洪範九疇」之五曰「建用皇極」，並論之曰：「五皇極，皇建其有極。」「無偏無陂，遵王之義。」「無偏無黨，王道蕩蕩；無黨無偏，王道平平；無反無側，王道正直。會其有極，歸其有極。」《說文·第六篇上》：「極，棟也。」段注曰：「李奇注《五行志》、薛綜注〈西京賦〉皆曰：『三輔名梁爲極。』」《說文·第六篇上》：「棟，極也。」段注曰：「極者，謂屋至高之處。〈繫辭〉曰：『上棟下宇。』五架之屋，正中曰棟。《釋名》曰：『棟，中也，居屋之中。』」如此，〈洪範〉所謂之「皇極」乃中正，高大治國之道耳，即「無偏無陂」，正直之道。雖未曰中，「中」義其中矣。故《集傳》注曰：「極，猶北極之極，五極之義，標準之名，中立而四方之所取正焉者也。」

《尚書·酒誥》繫武王誥教唐叔而作，有曰：「爾克永觀省，作稽中德。」「中」作爲道德論，見諸典籍。〈洛誥〉乃周公遣使告卜之辭，有曰：「其自時中乂，萬邦咸休。」又〈召誥〉亦有「其自時中乂，王厥有成命，治民今休」語。雖蔡沈注曰：「自是可以宅中圖治」，認「時」爲「是」，未作「時中」解，然則中與政治相提並論無疑也，即以中正之道治民也。又《逸周書·祭公解》有「尚皆以時中乂萬國」句，語義更清矣。《書·立政》有曰：「式敬爾由獄，以長我王國，

茲式有慎，以列用中罰。」是「中」與法治攸關矣。蓋「中」已涉及方法論。而成書於周公時代的《易經》，更通過爻位對「中」作了形象的多方面的發揮。

前文《周公〈周易〉與孔子》曾對《易經》「尚中」思想作一簡述：「《易經》六十四卦，共三百八十四爻，而每卦有兩個中爻，即二爲內卦之中，五爲外卦之中，這樣共一百二十八中爻。」「六十四卦中爻吉凶之比，基本上是11：1。此乃《易經》之『尚中』思想。六十四卦之中位，代表事物所處的最佳位置，或事物發展的中盛期即最佳期。這一獨特的時空吉凶觀，《易經》通過卦爻辭的吉凶陳述而呈現出來。但事物發展的順逆與其時空所處關係並不是絕對的，因之六十四卦中位就不一定全吉。」「《易經》巧妙地運用了六十四卦這種結構形式變絕對爲相對，表現了事物因果聯繫的多層次性。」「此乃《易經》在前人『無偏無陂』思想認識的基礎上發展了的整體觀。」

因之復贅文如次：

（一）卦分內外，內陰外陽，然則一卦爲陰陽之對立統一體矣，以喻世間事物。而卦分內外，各有其「中」，乃事物對立體各有「中」矣，那麼，何爲整卦之中？即《易經》而論，卦之中爻當爲二、三、四、五。其言二、五者，有泰九二「得尚于中行」，共九五「中行无咎」。言三、四者，有復六四「中行獨復」，益六三「有孚中行」，六四「中行告公從」，共計五條爻辭，皆以中喻中正德行之義。可見《易》之言中，非爲折中，當因不同之事物，因時而定矣。

（二）卦之中非折中，那麼，孰爲一卦之「中」？各卦又不同矣。就爻之二、五言，多指五爻。是以乾九五曰：「飛龍」，坤六五曰：「黃裳」，五爲君位，爲事物發展之鼎盛時，過中則衰矣。然則「中」可謂之「時中」，隨時事而中也，非時事之半也。

（三）《左傳・襄公三十一年》：「德不失民，度不失事。」是中德得民，中度成事也。以度言之，「時中」隨時事適度之中也，〈繫辭下〉所謂「變通者，趣時者也」，蓋「時中」蘊蓄變通。〈繫辭下〉：「《易》之爲書也不可遠，爲道也屢遷，變動不居，周流六虛，上下無常，剛柔相易，不可爲典要，惟變所適。其出入以度，外內使知懼。」即事物發展之不同期，各有其不同之度——質度與量度（此說後有詳論）。

《尚書・呂刑》係周穆王時書，曰：「罔中于信。」「明于刑之中，率乂于民棐彝。」「惟良折獄，罔非在中。」「咸庶中正。」「罔不中聽獄之兩辭。」「非天不中，惟人在命。」「非德于民之中。」「咸中有慶。」多處以德行、刑罰、法度言「中」也。是西周之人對「中」之理解，涉及到「德」、「法」、「度」諸範疇。

《史記・孔子世家》曰：「孔子晚而喜《易》。」承繼先代典籍的孔子完成了以「仁」、「禮」爲學說核心的儒學體系，同時亦引進了先代關於「中」、「庸」的思想而規之爲一以貫之的「中庸」之道。

《書・堯典》：「帝曰：疇咨若時登庸。」蔡注：「庸，用也。」《皋陶謨》：「天秩有禮，自我五禮有庸哉。」蔡注：

「庸，常也。」因之，「中庸」之道，即中正日常所用之道。

　　孔子不同層次的「仁」、「禮」核心學說，由道德修養指向社會理想，並融貫於「中庸」之道。[6]孔子釋中庸之道首先引入了德行修養，作爲與「仁」、「禮」學說的結合點。《論語·雍也》：「中庸之爲德也，其至矣乎？民鮮久矣。」是「中庸」之於孔子作爲至高的道德修養而言，即是「仁」，又是「禮」，又是「禮」之後。《中庸》：「仲尼曰：君子中庸，小人反中庸，君子之中庸也，君子而時中，小人之反中庸也，小人而無忌憚也。」其「時中」二字說盡「中庸」義。《論語·子罕》：「可與共學，未可與適道，可與適道，未可與立，可與立，未可與權。」此「權」專就某事物而言，可稱爲「事中」。此處之「道」乃言一事物之道理。細思孔子「仁禮」倫理社會學說，正是以「時中」融貫其中，才得以最後確立。其最高之「仁」的「大同」之道高遠難求，「禮」的「小康」之路因「時中」而立焉。其「禮」後之「時中」，亦可推知。《論語·述而》：「子溫而厲，威而不猛，恭而安。」是孔子中庸之德。〈雍也〉：「質勝文則野，文勝質則史，文質彬彬，然後君子。」皆不偏之義也。〈先進〉中孔子評論其弟子師與商二人曰：「師也過，商也不及。」「過猶不及。」即以中庸之道認識臧否人物，由此導出認識人、事物、社會的方法論。〈子罕〉：「吾有知乎哉？無知也。有鄙夫問於我，空空如也，我叩其兩端而竭焉。」是認識事物不應有先入之見，對事物對立面要做全面分析。〈爲政〉：「攻乎異端，斯害也已。」更進一步指出對事物對立面做偏面認識的危害性。因之〈里仁〉：

---

6　見前文《孔子倫理社會學說的本質》。

「君子之於天下也，無適也，無莫也，義之與比。」是於天下事物，皆當以「時中」斷之以宜否也。

孔子修《春秋》，以「仁禮」寓褒貶。其開篇曰：「元年，春，王正月。」《公羊傳》解曰：「元年者何？君之始年也。春者何？歲之始也。王者孰謂？謂文王也。曷爲先言王而後言正月？王正月也。何言乎王正月？大一統也。」僅此六字即可見《春秋》字裡行間體現了「義之與比」。《春秋》之作也，以尊王攘夷，恢復《周禮》，安定天下爲務。

《論語·里仁》：「子曰：『參乎？吾道一以貫之。』……曾子曰：『夫子之道，忠恕而已。』」《孟子·盡心上》曰：「強恕而行，求仁莫近焉。」即解「一貫之道」爲仁。而《論語·述而》子曰：「志於道，據於德，依於仁，游於藝。」顯然孔子的一貫之道非爲仁。《論語·雍也》：「中庸之爲德，其至矣乎？」而後世學者（自曾子、孟子始）的闡揚中卻基本失落了中庸之道的「至德」的德義。

至此，我們可以對孔子一以貫之之「道」作全面認識：

（一）作爲孔子最高層次的道德修養及社會理想，是以「仁」貫之的。

（二）作爲低一層次的道德修養及社會理想，是以「禮」貫之的。

（三）作爲「仁」、「禮」之上融貫著以「中庸」爲法度的，涵蓋認識論、方法論乃至本體論爲一的「時中」之道。

（四）世間事物（自然與人爲）皆可以「時中」之道評判之。

　　比孔子大約晚二個世紀的西方哲學家亞里士多德對於
「中」有著與東方哲學家的共識。他說：「美德是牽涉到選擇
時的一種性格狀況，一種適中，就是說，一種相對於我們而言
的適中，它爲一種合理原則所規定，就是那具有實踐智慧的人
用來規定美德的原則。它是兩種惡行——即由於過度和由於不
足而引起的兩種惡行——之間的中道。」「美德是一種中道，
而就其爲最好的，應當的而言，它是一個極端。」「在每一種
連續而可分的事物裡面，都能夠多取，少取或取一均等的量，
並且這樣做可以是就該事物本身而言；也可以是就其相對於我
們而言。所謂相等，就是過多和不足之間的居間者。我的意思
是指與兩極端距離均等的，對於一切人都相同的東西；所謂相
對於我們的居間者，我是指既不太多也不太少的東西——而這
不只是一個，也不是對一切人都相同的，例如，如果十太多而
二太少，那麼，就物本身而言，六就是居間者，因爲六以相等
的數量多於二或少於十，這是按算術比例的居間者。但是那相
對於我們而言的居間者則不是這樣來選取的，如果吃十磅東西
對於某個人太多，吃兩磅又太少，那位教練是不一定就因此分
咐吃六磅。」「在適當的時期，對適當的事物，對適當的人，
由適當的動機和以適當的方式來感受這些感覺，既是中間的，
又是最好的，這乃是美德所特具的。」[7]

　　後世以「折中」釋「中庸」者，乃「按算術比例的居間者」；
以「時中」釋「中庸」者，乃「相對於我們而言的居間者」。
又「中庸之爲德也，其至矣乎」與「美德是一種中道」，真可
謂珠聯璧合，東西映輝。

---

7　見《西方哲學原著選讀》（上卷），154-156 頁。

## 三、中庸之道的先秦儒學繼承

《論語・堯曰》「允執其中」句，是最遲於孔門弟子已明確提出御天下「執中」的思想，且認爲這一思想源於堯舜。爲後世堯、舜、禹、湯、文武、周公、孔子傳道譜系（道統）立言。

《孟子・離婁下》：「予未得爲孔子徒，予私淑諸人也。」《荀子・非十二子》：「案往舊造說，……子思唱之，孟軻和之。」是孟子私淑孔子，繼子思之學者也。其承傳儒家「仁禮」學說而權變之。《孟子・盡心下》：「仁也者，人也，合而言之道也。」是承孔子之論「仁」也。《孟子・離婁上》：「堯舜之道，不以仁政，不能平治天下。」與《禮記・禮運》「大同」之「仁」道說相伯仲，深得孔學真傳。《孟子・滕文公上》：「孟子道性善，言必稱堯舜。」是以「性善」作爲人之爲「仁」的基礎，近似孔子「性相近，習相遠也」（《論語・陽貨》）說。並進而歸結「仁」爲人心所本有。《孟子・告子上》「仁，人心也；義，人路也，舍其路而弗由，放其心而不知求，哀哉！」是「仁」者，求其放心而已。因此孟子與孔子類，懷著一顆仁愛的心，高唱著「老吾老以及人之老，幼吾幼以及人之幼」，「五畝之宅，樹之以桑，五十者可以衣帛矣」這樣「不獨親其親」天下爲公的高調，憧憬著「謹庠序之教，申之以孝悌之義，頒白者不負載於道路矣」，[8] 這種由禮教至仁愛的美好願望。然則時代不同，孟子更突出了隨時代而權變了的「禮」與「義」。

---

8 均見〈梁惠王上〉。

　　孟子多以「仁義」並稱。《孟子・梁惠王上》：「王何必曰利，亦有仁義而已矣。」《滕文公下》：「楊墨之道不息，孔子之道不著，是邪說誣民充塞仁義也。」〈盡心上〉：「親親仁也，敬長義也。」進而將「仁義禮智」歸根心性。〈盡心上〉：「君子所性，仁義禮智根於心。」並提出「四端」說。〈公孫丑上〉：「惻隱之心，仁之端也；羞惡之心，義之端也；辭讓之心，禮之端也；是非之心，智之端也。人之有是四端也，猶其有四體也。」開了漢後「五常」說及「五常」論性說的先河，但卻混淆了孔子「仁」、「禮」的層次學說，產生了後世對孔子「仁禮」認識的矛盾觀。

　　孟子之論心性之善，又與天道相通也。《孟子・離婁上》：「誠身有道，不明乎善，不誠其身矣。是故誠者，天之道也，思誠者，人之道也。」《孟子・盡心上》：「盡其心者，知其性也，知其性，則知天矣。」斯言與《中庸》「誠者天之道也，誠之者人之道也」，「自誠明，謂之性」，「唯天下至誠爲能盡其性」，〈繫辭上〉：「一陰一陽之謂道，繼之者善也，成之者性也」相爲表裡，互相發明，爲心性尋一終極落腳處，啟迪宋儒心性學多矣。

　　對於「中」，孟子重在以「度」、「權」把握之。《孟子・盡心上》：「大匠不爲拙工改廢繩墨，羿不爲拙射變其彀率。君子引而不發，躍如也。中道而立，能者從之。」〈離婁下〉：「湯執中，立賢無方。」〈盡心上〉：「子莫執中，執中無權，猶執一也，所惡執一者，爲其賊道也，舉一而廢百也。」〈告子下〉：「欲輕之於堯舜之道者，大貉小貉也；欲重之於堯舜之道者，大桀小桀也。」於此可見，孟子之「權中」有類「時

中」也。然則孟子論「中」，卻淡化了孔子「中庸」之德義，加以「四端」說，於是孔子「仁」、「禮」、「中庸」——一以貫之之「道」未能得以詳細闡明，後世多歧義矣。

《易傳》解《易經》，其論「中」多指二、五爻。若需〈彖〉「位乎天位以正中也」，訟九五〈象〉「訟元吉，以中正也」，同人九五〈象〉：「同人之先，以中直也」，視中爲正爲直，言德行正直也。若蠱九二〈象〉「幹母之蠱，得中道也」，離六二〈象〉「黃離元吉，得中道也」，其「道」有道德法度之義。又蹇九五〈象〉「大蹇朋來，以中節也」，其「節」有節操節度之義。若蒙〈彖〉「以亨行，時中也」遯〈彖〉「剛當位（九五）而應（六二）與時行也」，其「時中」隨時而中也。〈繫辭下〉：「變通者，趣時者也。」蓋言「時中」之因時而變之義。

〈繫辭上〉：「一陰一陽之謂道，繼之者善也，成之者性也。」言陰陽之天道具有化育萬物之功德，而成就萬物之性。合「天道」與「人性」而立言，爲後世天道與人性之溝通鋪設了奠路石。〈說卦〉：「昔者聖人之作《易》也，將以順性命之理，是以立天之道曰陰與陽，立地之道曰柔與剛，立人之道曰仁與義。」「觀變於陰陽而立卦，發揮於剛柔而生爻，和順於道德而理於義，窮理盡性以至於命。」則進一步溝通天地人三才，溝通陰陽、剛柔、仁義，溝通天理、天命、人性，爲後世儒學尋求人性之源開鑿道路。

荀況則繼承了儒學之子弓學派，[9]突出了「義禮」之學，

---

9　《荀子·非十二子篇》：「上則法舜禹之制，下則法仲尼子弓之義。」

主要作了本性惡的「禮法」發揮。《荀子・儒效篇》：「不知隆禮義而殺《詩》、《書》……是俗儒者也。」〈議兵篇〉：「隆禮貴義者其國治。」〈強國篇〉：「人之命在天，國之命在禮。」〈性惡篇〉：「人之性惡，其爲善者僞也。」「性惡則興聖王，貴禮義矣。」是「性惡」爲聖王所以設置禮法也。通觀《荀子》，雖言「仁」（主要作爲個人德行修養），卻重「禮」；雖說「法先王」，卻意在「法後王」。若〈非相篇〉：「辨莫大於分，分莫大於禮，禮莫大於聖王。」「欲觀聖王之跡，則於其粲然者矣後王是也。」「彼後王者，天下之君，舍後王而道上古，譬之是猶舍己之君而事人之君也。」〈儒效篇〉：「道過三代（夏商周）謂之蕩，法二後王謂之不雅。」荀子不述孔子「祖述堯舜」之「仁」，捐棄孟子「平治天下」之「仁」。無怪乎其重「禮」，法「後王」也（後王者，夏商周及其後之王也，先王者，荀子有時雖言堯舜，然則重在夏商周也，是較「天下之君」而言先王也），較孟子更模糊了孔子「仁」學，無怪乎後世「仁禮」之歧義也。漢後《荀子》「十三經」不與焉，蓋緣於「性惡」、「法後王」歟？今日視之，《經》之可也。

　　荀子重《易》。《漢書・儒林傳》所言孔子傳《易》系統有馯臂子弓，此子弓當即《荀子・儒效篇》所言之「天不能死，地不能埋」、與孔子並稱的「大儒」。《易》尚變，荀子有見於天下形勢，因之產生變通思想，更從「禮」而拓展爲「禮法」。此一思想先代亦有，若《左傳・桓公二年》師服曰：「義以出禮，禮以體政。」然則荀子卻做了淋漓盡致的發揮。〈性惡篇〉：「故聖人化性起僞，僞起於性而生禮義，禮義生而制法度。」〈勸學篇〉：「禮者法之大分，群類之綱紀也。」是

荀子較孟子去孔子「仁」之社會學說更遠矣，去「禮」之社會學說有距矣。孔子曰：「導之以政，齊之以刑，民免而無恥；導之以德，齊之以禮，有恥且格。」（《論語・爲政》）荀子曰：「隆禮至法，則國有常。」（〈君道篇〉）「凝士以禮，凝民以政。」（〈議兵篇〉）「治之經，禮與刑。」（〈成相篇〉）是荀子爲後世禮法之主要過渡者。若夫，即仁、禮、法、刑而言，堯舜非無禮，周孔非無法，荀子非無仁，側重不同耳，皆因時而立言者。

　　於「中庸」之道，荀子復又何言？

　　〈勸學篇〉：「君子居必擇鄉，遊必就士，所以防邪辟而近中正也。」是言中正之德行。〈天論篇〉：「道之所善，中則可從，畸則不可爲。」是言中正之道。據此言君子則曰：「寬而不慢，廉而不劌，辯而不爭。」（〈不苟篇〉）其評論諸子則曰：「慎子有見於後，無見於先；老子有見於詘，無見於信；墨子有見於齊，無見於畸。」（〈天論篇〉）「申子蔽於勢而不知知；惠子蔽於辭而不知實；莊子蔽於天而不知人。」「聖人知心術之患，見塞之禍，故無欲無惡、無始無終、無近無遠、無博無淺、無古無今，兼陳萬物而中懸衡焉。」（〈解蔽篇〉）是言執一端不中之爲害也，大體道出儒學之不同於諸子也。又其論「中」，大多以「度」言。其雖亦講「仁中」，若〈非相篇〉：「君子辯言仁也，言而非仁之中也，則其言不若其默也，其辯不若其吶也；言而仁之中也，則好言者上矣，不好言者下矣。故仁言大矣，起於上所以道於下，正令是也。」而終落腳於「正令」，是猶「禮中」也。故〈儒效篇〉：「先王之道，仁人隆也，比中而行之，曷謂中，曰禮義是也。……

萬物得其宜，事變得其應。」〈不苟篇〉：「負石而赴河，是行之難爲者也，而申徒狄能之，然而君子不貴者，非禮義之中也。」其甚至認爲王居國之中亦爲禮。〈大略篇〉：「欲近四旁，莫如中央，故王者必居天下之中，禮也。」就其「萬物得其宜，事變得其應」看，荀子言「中」，更重權變。〈仲尼篇〉：「故君子時詘則詘，時伸則伸也。」〈儒效篇〉：「其言有類，其行有禮，其舉事无悔，其持險應變曲當，與時遷徙，與世偃仰，千舉萬變，其道一也，是大儒之稽也。」皆荀子之「時中」也。其重視禮之中，亦即隨世而權變了的「時中」也。可見就「仁、禮、中」而言，荀子已把孔子之道隨時而遷矣。

　　《史記・孔子世家》稱「子思作《中庸》」，而學者以文中有「今天下車同軌，書同文」等語，疑其爲秦漢間作品，是今所傳《中庸》非子思之舊也，後人潤色，增益有之，故從《荀子》之後而論之。

　　《中庸》一篇，主論孔子「中庸」之道者也。其論此與人之性情緊密相聯，成爲人之所本有則根基固矣。其開篇即曰：「天命謂之性，率性之謂道，修道之謂教。」是繼孔子「性相近」說而立言也。孔子人性說爲其「仁」、「禮」學說之基礎。衆人之性皆與堯舜、文武、周公相近也，故人人可爲堯舜、周公。《中庸》認爲人性受命於天，是皆同也，循性命之理而爲之即「道」也。如此之天命人性說與《易傳》天道人性說異曲同工。《中庸》又曰：「喜怒哀樂之未發，謂之中，發而皆中節，謂之和。中也者，天下之大本也；和也者，天下之達道也。致中和，天地位焉，萬物育焉。」是把「率性」之「道」直解作「中庸」之「道」。認爲人之喜怒哀樂之情未發即性也，謂

之「中」。而人之性皆有發動時，性動則為情，情中節律謂之「和」，中節律者即適度也。如此以「中和」歸結「中庸」之道靜與動之兩端，融貫「仁」與「禮」於「時中」之中，總結了孔子一以貫之之「道」。得孔氏之真傳。司馬遷認《中庸》為子思所作，朱熹以之為「四書」之一，良有以也。

　　若夫性與情、中與和，荀子亦曾有論述，然則不及《中庸》之分明深透多矣。《荀子・性惡篇》：「夫好利而欲得者，此人之情性也。」是性情未明分也。〈儒效篇〉：「性也者吾所不能為也，然而可化也；情也者非吾所有也，然而可為也。」是性情有分也。然則言性可化，是蘊性惡論矣，如此很難與「中庸」之道自然溝通矣。〈王制篇〉：「公平者職之衡也；中和者聽之繩也。」是「中和」即「中正」也。〈樂論篇〉：「樂者天下之大齊也，中和之紀也，人情之所必不免也。」是「中和」乃中正平和之義，樂之作用如此。

　　《中庸》繼第一章後，多引孔子言以申明「中庸」之義，與《論語》孔子言義略同。其當贅言者為對「誠」的論述。

　　「誠」者，真實無妄，依乎性者也。故曰：「誠者，不勉而中，不思而得，從容中道，聖人也。」聖人則法天地，而「天地之道可一言而盡也，其為物不貳（誠也），則其生物不測」，夫聖人依乎本性之誠與中庸之道自然符合，然後推己及人，推己及物，教之著矣。故曰：「誠者非自成己而已也，所以成物也，成己，仁也；成物，知也。」「自誠明謂之性，自明誠謂之教。」「誠者，天之道也；誠之者，人之道也。」「唯天下至誠為能盡其性，能盡其性，則能盡人之性，能盡人之性，則能盡物之性，能盡物之性，則可以贊天地之化育，可以贊天

地之化育，則可與天地參矣。」如此以「誠」貫通己之性、人之性、物之性，「誠」之義大矣哉！《說文・卷三上》：「誠，信也。」「信，誠也。」漢後之「五常」、「四端」加「信」，宜矣。

匯戰國儒學衆派之作的《禮記》，除《中庸》外，述之如次：

〈禮運篇〉孔子與言偃論「大道之行也」章，理解孔學「仁」、「禮」的關鍵。公天下仁的「大同」，與家天下禮的「小康」，即「祖述堯舜，憲章文武」的注腳[10]。又「仁者，義之本也」，「禮也者，義之實也」，「義者，藝之分，仁之節也」，其「仁」、「義」、「禮」之分，非等而觀之，近孔子「仁」道。

〈禮器篇〉：「君子欲觀仁義之道，禮其本也。」〈祭統篇〉：「凡治人之道，莫急於禮。」〈哀公問政篇〉：「為政先禮，禮其政之本與？」〈坊記篇〉：「禮者因民之情而為之節文，以為民坊者也。」皆突出了「禮」的時代性，呈現出禮向法的轉化。〈經解篇〉：「入其國其教可知也。其為人也，溫柔敦厚，《詩》之教也；疏通知遠，《書》教也；廣博易良，《樂》教也；絜靜精微，《易》教也；恭儉莊敬，《禮》教也；屬辭比事，《春秋》之教也。」儒學之重六經，於此可見。「禮之於正國也，猶衡之於輕重也；繩墨之於曲直也；規矩之於方圜也。」是禮乃法度也，為禮法的施行，漢治國儒術立論。〈仲尼燕居篇〉：「夫禮所以制中也。」「禮者何也？即事之治也。」

---

10　參見前文《孔子倫理社會學說的本質》。

「禮也者,理也。」是「禮」乃時事之制中。較〈孔子閒居篇〉
孔子論「三王之德參天地」曰「奉三無私以勞天下」,「天無
私覆,地無私載,日月無私照,奉斯三者以勞天下,此之謂三
無私」觀之,三王時代以「無私」仁德爲「公」爲「中」,正
是隨時代而有不同之「中」也。〈儒行篇〉十分崇尚「仁」道,
曰:「溫良者,仁之本也;敬慎者,仁之地也;寬裕者,仁之
作也;孫接者,仁之能也;禮節者,仁之貌也;言談者,仁之
文也;歌樂者,仁之和也;分散者,仁之施也,儒者兼此而有
之,猶且不敢言仁也。」即孔子不輕許人以「仁」之義。

　　《大學》:「大學之道在明明德,在親民,在止於至善。」
其「至善」之「明德」,即「仁德」矣。全篇言「修身」、「平
天下」,重在君「仁」。曰:「爲人君,止於仁。」「堯舜帥
天下以仁而民從之。」即孔子「仁」學之旨。

　　以上可見,儒學自孔子後各派於「仁」、「禮」、「中庸」
各有所見矣。

　　《孝經》蓋亦先秦儒學之作也。〈開宗明義章〉:「夫孝,
德之本也,教之所由生也。」「夫孝,始於事親,中於事君,
終於立身。」是以孝爲德行之本始,由孝而推及其他。故〈聖
治章〉:「父子之道,天性也,君臣之義也。」〈天子章〉:「愛
敬盡於事親,而德教加於百姓,刑於四海,蓋天子之孝也。」
〈廣要道章〉:「教民親愛,莫善於孝,教民禮順,莫善於悌。」
觀全書之義,是欲以孝爲德之本始,貫通仁禮者也,得《論語·
學而》有子「孝弟也者,其爲仁之本與」之義。

## 四、中庸之道的實質

比孔子晚一個多世紀的古希臘哲學家柏拉圖在《斐德羅》篇中寫道：「人應當通過理性把紛然雜陳的感官知覺集納成一個統一體，從而認識理念……那時它高瞻遠矚，超出我們誤以爲真實的東西，抬頭望見了那真正的本體。」柏拉圖的「理念」即「本體」，是自然界紛繁事物的極致（真善美）原型。這一國家的原型便是所謂的「理想國」。受蘇格拉底「善」爲最高道德範疇影響，似乎柏拉圖更看重「善」。他的「理念」有高低之分，而諸理念的極致便是「善的理念」。對於人爲事物（道德與技藝）他提出了分門別類存在「中」的標準，過與不及皆非「中」。柏拉圖的《政治家》：「所有技藝的共通地存在和較大與較小的被測定，不僅與它們的相互比勘有關，而且也與『中』的標準的確立有關。因爲如果這一標準存在，它們也存在；如果它們存在，則這一標準也存在；如果另一個不存在，則兩者在任何時候都不能存在。」[11]「中」即人爲事物的「理念」。《國家》：「制造床或桌子的工匠，注視著理念或形式，分別的製造出我們使用的桌子或床來，關於其他用物也是如此。」[12] 於此，我們不難看出「理念」與「中庸」的異同。其中倫理的「善」與「仁」；社會的「理想國」與「大同」，以及對於「中」的認識具有某些相類，但關鍵處是不同的，它在於「理念」的主體先設，主客觀的分離；「中庸」的主體升華，主客觀的統一。

儒學的「中庸」是基於對自然、社會認識的。

---

11　《政治家》，北京廣播學院出版社，1994 年 2 月版第 75 頁。
12　《理想國》，商務印書館，1986 年 8 月版第 388 頁。

　　如前所述，人居天地之中，先民處地域之中，京畿居國之中，王居京畿之中，中的位置優越亦處處可見。事物之發展始中終所呈現的興盛衰，中的位置優越亦事事可見。演變至《易》之爻位，二、五中爻便形象地體現了這一意識，這便是孔子贊《易》的肯綮處。儒學傳承心法「允執其中」傳自堯舜之說，雖少確證，然則具備於《周易》之中，確屬無疑。故漢世之《周易》爲儒學群經首，實屬必然。

　　孔子以「中庸」之道貫之於自然、社會、人類諸事物，建立了他的一以貫之之「道」。《論語・陽貨》：「天何言哉？四時行焉，百物生焉。」自然規律，生生不已便是天的「中庸」之道。推之於其他自然萬物，亦各有其道（規律）。此乃《大學》「致知在格物」，「物有本末，事有終結，知所先後，則近道矣。」所言。蓋事物之始終本末，即事物規律之展開耳，知先後即明規律近道矣。《論語・衛靈公》：「無爲而治者，其舜也與？夫何爲哉！恭己正南面而已矣。」是舜法自然之道，建立了彼時的「大同」之「仁」道。即孟子所謂堯舜以仁政平治天下是也，亦《大學》「堯舜率天下以仁」之義。延及周公，隨時代、社會之變，建立了彼時「小康」的「禮」。這三代損益之「禮」蓋隨時而變的「中」道。〈里仁〉：「君子之於天下也，無適也，無莫也，義之與比。」孔子執「時中」之道以觀天下，於此可見一斑。人道符合天道，從而建立起來的「天人合一」學說是基於對自然、社會觀察的。《道德經》：「王法地，地法天，天法道，道法自然。」亦此義。乃以客觀爲基礎，融合主客觀而立論，非若後世所謂推主觀於客觀者也。

作為自然事物之「中庸」之道，「格物」而已。此「中庸」之道亦有「時中」焉。事物變化無窮盡，人類認識亦無窮盡，道亦無窮盡。隨著認識的深入，道亦深入，時時皆有「時中」焉。

作為社會人為事物，「中庸」之道較自然事物「中庸」之道多歧出，故亦難以把握得多，蓋更多的受國家、種族、地位、環境、時代、領域、思想意識等因素影響，難得尋求一公度。然則隨事物不同層次之分，可基本尋求不同層次之「中」道，隨不同範圍（國家、種族、環境等）之分，可基本尋求不同範圍之「中」道。隨不同時代之分，可基本尋求不同時代之「中」道。換言之，即人為事物之「時中」。時中者，概盡「皇極」、「二五」、「權衡」、「中庸」，事物因時更近於合理、合度而已。

孔子之由「仁」而「禮」，荀子之由「禮」之「法」，儒家前聖後聖審時審事之「中」也。「禮」「法」之設，係維持社會秩序之人為「公度」，無絕對「中庸」可言，亦「時中」而已。故隨時代而變焉，後世之觀前世，以前為鑑，一般會更趨「時中」。

作為人為諸多事物，隨著人類對客觀規律認識之深化，其法度亦趨深化，「時中」再「時中」，愈趨於合理、合度，乃一時代歷史之無限過程。歷史的反動亦時有，然不會長久耳。〈繫辭下〉：「變通者，趣時者也」，「通其變，使民不倦」，此之謂也。

《周易》之成書，「一陰一陽之道」立，道之變通，深

化了「時中」之道。孔子「韋編三絕」,「加我數年」,蓋深於探「道」者也。受《易》道之熏陶至深者也。

　　首先八卦之作,蓋察天地萬物而成。〈繫辭下〉所謂「古者包犧氏之王天下也,仰則觀象於天,俯則觀法於地,觀鳥獸之文與地之宜,近取諸身,遠取諸物,於是始作八卦,以通神明之德,以類萬物之情」,於是,八卦相重之六十四卦之象數,乃天地萬物之摹擬。聖人不僅摹擬其靜,亦摹擬其動。〈繫辭上〉所謂「法象莫大乎天地,變通莫大乎四時」,「天地變化,聖人效之」是也。並且認爲變化之道在於陰陽剛柔的推移。〈繫辭上〉所謂「一陰一陽之謂道」,「剛柔相推而生變化」是也。並且把這自然之道過渡到人爲之道而成就人爲的事物——事業。〈繫辭上〉所謂「形而上者謂之道,形而下者謂之器,化而裁之謂之變,舉而措之天下之民謂之事業」,完成了客觀—主觀—主客觀統一的「時中」之道。即陰陽對待、流行、變動不居的道。〈繫辭下〉所謂「其爲道也屢遷,變動不居」,「不可爲典要,唯變所適」,「《易》之爲書也,原始要終以爲質也,六爻相雜唯其時物」是也,說盡了《易經》六十四卦之象數理。

　　《易經》始於乾坤兩卦,爲「《易》之門」,爲「《易》之蘊」,蓋總括了《易》陰陽對待、流行之理,又是步入《易》理之門戶、開端。乾爲陽物,質也;坤爲陰物,亦質也。卦之初、二、三、四、五、上數也;時數也、位數也、量數也……乾之德剛健,坤之體柔順,是陽物以剛健爲道,陰物以柔順爲道。然則過剛(超其量也)則易折,所謂乾上九「亢龍有悔」是也;過柔(亦超其量也)則易反,所謂坤上六「龍戰于野」是也。陰陽剛柔各以其時(質與量的合度),所謂「保合太和」,是

爲中道，乾之九五「飛龍在天」，坤之六五「黃裳元吉」是也。

　　屯卦爲物之始生，天造草昧之時。天下不寧，當務之急，安定天下，是爲「時中」，故卦辭、初九爻辭皆曰「利建侯」，天下初創，忌過份征伐，利蓄積，故九五爻辭；「屯其膏（澤也），小貞（征）吉，大貞凶。」

　　師卦爲行軍征伐，正義之師，紀律嚴明乃其「時中」，故卦辭：「師，貞（正）丈人吉。」初六曰：「師出以律。」蓋嚴明紀律於出師之初也。

　　大有卦爲大有天下，天下大有。國家安定，民人富足，故卦辭：「元亨。」正禮法，樹威信，遏惡揚善，強不凌弱，衆不欺寡，是爲「時中」，故初九爻辭：「無交害。」六五爻辭：「厥孚，交如、威如，吉。」

　　謙卦頌揚謙虛之美德，是爲「中庸」之德，故卦辭爻辭無不吉者。卦辭：「謙亨，君子有終。」初六：「謙謙君子，用涉大川吉。」

　　剝卦爲五陰（邪盛）剝一陽（正衰）之卦，陰息陽消也。故卦辭：「不利有攸往。」此時正邪之量相差懸殊，唯護一陽之正不被剝盡以待時，是爲「時中」之道。故上九爻辭曰：「碩果不食（一陽不被蝕盡），君子得輿（陽氣得行），小人剝廬（非剝輿也）。」如此陽氣時來而復，故後繼之以復卦。

　　復卦爲一陽之正氣恢復也。陽息陰消之卦。故卦辭：「亨，出入無疾，朋來无咎，反復其道七日來復，利有攸往。」

　　綜觀剝復兩卦，蓋言天地陰陽之氣質與量的消長規律也，是爲天地「時中」之道。故剝〈象〉曰：「君子尚消息盈虛天

行也。」復〈象〉曰：「復其見天地之心乎？」

　　蹇卦爲蹇難，險在前。國家蹇難，天下勤王，共赴國難是爲「時中」，乃正人君子有爲之時。故卦辭曰：「利見大人，貞（征）吉。」爻辭皆以逃往則凶難，來赴則吉譽爲喻。故初六：「往蹇來譽。」六二：「王臣蹇蹇，非躬之故。」九五：「大蹇朋來。」

　　夬卦爲陽（正）盛陰（邪）衰之卦。五陽決一陰（夬，決也），除邪務盡，態度明朗，行動果決是爲「時中」之道。故卦辭曰：「揚于王庭。」九五：「莧陸夬夬，中行无咎。」謂五陽果決除一陰如決斷莧陸（陰物）之易也。

　　綜剝、夬兩卦，扶陽（正）抑陰（邪）是爲「時中」之道。

　　井卦爲井水、井田。其於百姓之養重矣。井〈象〉曰：「井養而不窮也。」是其「時中」之道。故〈象〉曰：「君子以勞民勸相。」井廢則無食，亟應修緝。故初六：「井泥不食。」九三：「井渫不食，爲我心惻，可用汲，王明並受其福。」六四：「井甃（修井）无咎。」井修繕完畢則於民之養大矣，故九五：「井冽寒泉食。」上六：「井收勿幕，有孚元吉。」是井不當幕掩獨佔，當有信於民也。

　　革卦言革舊，革舊之道，當有時間工作準備，故卦辭曰：「革，巳日乃孚，元亨利貞。」六二：「巳日乃革之。」九三：「革言三就有孚。」當有足夠信心與威信實行之。故九五：「大人虎變，未占有孚。」是革之不同階段，各有其「時中」之道。

　　既濟爲成功，事物成就之時當思其反，故卦辭曰：「初

吉終亂。」上六：「濡其首，厲。」〈象〉曰：「君子以思患
而豫防之。」

未濟爲未成功，事物未成之時，當求其因，樹信心，促
其成。故卦辭曰：「未濟，亨小。」〈象〉曰：「君子愼辨物
居方。」九二：「曳其輪，貞吉。」六五：「貞吉无悔，君子
之光，有孚吉。」

王弼《易略例·明卦適變通爻》曰：「夫卦者時也，爻
者適時之變者也。」注曰：「卦者統一時之大義，爻者適時中
之通變」，是也。

陰陽之消長，成敗之轉換，明一陰一陽之道即知「時中」
之道。換言之，於陰陽對待、流行、消息轉化中把握適中的質
與量的度，此即事物「時中」之道。〈文言〉稱爲「太和」，《中
庸》稱爲「中和」。在《易經》於乾坤見端倪，至既濟、未濟
知端委。概言之，《易》以卦爻之時空，寓其「時中」之道，
其辭或顯或隱，今以顯爲例，以見其隱。合其時合其道（質、
量合度）則辭吉，如蒙〈象〉：「以亨行，時中也。」不時不
道則辭凶，若節九二〈象〉：「不出門庭，凶，失時極（「極」，
中也）也。」〈繫辭上〉所謂「《易》簡而天下之理得矣，天
下之理得而成位乎其中矣」是也。

〈文言〉因坤六五「黃裳元吉」，極贊「時中」之道曰：
「君子黃中通理，正位居體，美在其中而暢於四支，發於事業，
美之至也。」其把「時中」之道，作爲儒學之修身觀，治國平
天下的事業觀，乃至美學觀。

世界萬物最具造化美學意義者無過人體，世界萬象最具

變化美學意義者無過人類生活。人爲萬物靈者，既是萬物主宰，又是萬物美之表率，則遺傳密碼當是美之精微極致，人體內的核酸是生命遺傳的物質基礎，機體內的核酸分爲二大類：核糖核酸（RNA）和脫氧核糖核酸（DNA），而 RNA 中的信使 RNA（mRNA）分子中含有四種鹹基：尿嘧啶（U）、胞嘧啶（C）、腺嘌呤（A）、鳥嘌呤（G），其中每三個相鄰的鹹基代表一個密碼，決定著一種氨基酸，我們稱這三聯體爲遺傳密碼，這樣組成的總密碼類數就是 $4^3$=64 個。而《易》六十四卦每一卦可分爲三個四象符號，即太陽 ⚌、少陽 ⚍、太陰 ⚏、少陰 ⚎。若將四種鹹基分別代進四象符號裡，再代入《易》先天六十四卦方陣圖中，即可得到一張別具特色的遺傳密碼表。我們尚可進一步分析：鹹基分爲嘌呤和嘧啶兩大類，前者爲雙環化合物，後者爲單環化合物，這又恰似《易》之「太極生兩儀，兩儀生四象」而兩儀即陰 ⚋ 陽 ⚊。《易》六十四卦圖與六十四遺傳密碼構造如此相通，不能不引起我們的深思。這當算得人類自然進化與人類賾隱思維的完美碰撞。其中卻體現閃爍過猶不及「時中」之道的輝光。古人擬萬物，預測萬物，何以選擇三畫八卦所重構之六十四卦呢？或曰四象每三所構之六十四卦呢？這誠如大衍之數章所云，然則度的法則是無處不在的。蓋太多則無法駕御，雜然紛呈；太少則不足以盡變化，難擬萬物。人類六十四遺傳基因亦然，少則不足以盡變化，難以遺傳複雜的人體機制，多則難以駕御，易產生變異，這大約就是 $4^3$=64 之哲學、美學意義所在。

　　是知「時中」之道，概盡《易》之卦爻，概盡儒《經》之道，衍爲後世「道統」（關於「道統」將於次篇《「度」的哲學——

漢至唐篇》詳論），而《易》乃「時中」之道的源頭活水，內涵賾隱，加以獨特的六十四卦構架發人深省的思維模式，多有後學所不見者，亦非始編纂者所料及，後世增益，理所必然，無愧儒經之首，故可《易》以貫《經》。

十八世紀德國哲學家黑格爾用另一種語言表達了《易》之陰陽轉化的「時中」之道：

「尺度是有質的定量，尺度最初作爲一個直接性的東西就是定量，是具有特定存在或質的定量。」

「尺度即是質與量的同一，因而也同時是完成了的存在。」「即在客觀世界裡也有尺度可尋。在自然界裡，我們首先看見許多存在，其主要的內容都是尺度構成。」

「就質與量的第二種可能的關係而言，所謂『無尺度』，就是一個尺度由於其量的性質而超出其質的規定性。不過這第二種量的關係與第一種質量統一體的關係相比，雖說是無尺度，但仍然是具有質的。因此無尺度仍然同樣是一種尺度。這兩種過渡，由質過渡到定量，由定量復過渡到質，可以表象爲無限進展，表象爲尺度揚棄其自身爲無尺度，而又恢復其自身爲尺度的無限進展過程。」[13]

「時中」之道，乃人類對事物（自然與人爲）真善美不斷追求之致思，符合「時中」之道的事物，即符合規律、法則的事物，便是或真或善或美，更是真善美結合的事物。人類對真善美的追求是一個永恒的過程，因此對「時中」之道的把握也就是一個逐步深化的過程。《論語・里仁》：「子曰：朝聞

---

13　見《西方哲學原著選讀》（下卷），402-406 頁。

道，夕死可矣。」正是孔子對此「時中」之道的終生追求。人類是深化的永恒主體，時空是深化的永恒條件，兩者確保了人類歷史的文明。

爲天下立法者，爲衆人立法也，非必人人。思之不齊，古今難一，儒學亦然。漢後儒學之承繼者，亦非千人一面，但當以「時中」爲圭臬而折中然，是是非非，將復論之於次篇。

# § 「度」的哲學──漢至唐篇

據《史記·儒林列傳》稱：秦之季世，焚《詩》、《書》，六藝缺焉。漢興，諸儒始得修其經藝。然則孝文帝好刑名之言，孝景帝不任儒者，而竇太后又好黃老之術，故諸博士具官待問而已。武帝時，趙綰、王臧之屬明儒學，而上亦鄉之，於是招方正賢良文學之士。此後，《詩》、《書》、《易》、《禮》、《春秋》各有傳承。及竇太后崩，武安侯田蚡爲丞相，黜黃老刑名百家之言，延文學儒者數百人，而公孫弘以《春秋》白衣爲天子三公，天下之學士靡然鄉風矣。是爲儒者身登廟堂，儒學初爲國家政權所推行之梗概。今就秦後儒家學者所著述，以論其學術之衍化於次。

## 一、漢魏儒學

秦亡漢興，變先秦倡導儒學爲漢代政治儒學的肇始者當推陸賈。陸賈有見於先秦儒學與國家政治的脫離而不得推行，認爲「質美者以通爲貴，才良者以顯爲能。」（《新語·資執》）傷孔子遭君暗臣亂，無權力於世，大化絕而不通，道德施而不

用，曰：「夫言道因權而立，德因勢而行。」（《慎微》）於是，極力參與政事。據《史記・陸賈列傳》稱：陸生時時在漢高帝面前稱《詩》、《書》。高帝罵之曰：「乃公居馬上而得之，安事《詩》、《書》！」陸生對曰：「居馬上得之，寧可馬上治之乎？」說得高帝：「不懌而有漸色。」乃謂陸生曰：「試爲我箸秦所以失天下，吾所以得之者何？」陸生乃粗述存亡之徵，凡著十二篇，號其書曰：「《新語》」。

　　陸賈《新語》之學，主儒次道法，深得於《周易》變易之道者也。認爲三聖時不同，道有異。〈道基〉曰：「先聖乃仰觀天文，俯察地理，圖建乾坤以定人道。」「中聖乃設辟雍庠序之教以正上下之儀。」「後聖乃定五經，明六藝，承天統一。」此正所謂「聖人成之，所以能統物通變，治情性顯仁義也。」言其主儒者，即高揚仁義也。〈道基〉曰：「仁者道之紀，義者聖之學。《春秋》以仁義貶絕，《詩》以仁義存亡，乾坤以仁合和，八卦以義相承。」謂其次道法者，融道法於儒，變通儒學衍生治國儒術也。〈資執〉曰：「綱紀存乎身，萬世之術藏於心。」〈術事〉曰：「文王生於東夷，大禹出於西羌，世殊而地絕，法合而度同。」〈懷慮〉曰：「事不生於法度，道不本於天地，可言而不可行也。」其言「道」蓋綜孔老之說，并以此建立了他的「天人合策，原道悉備」（〈道基〉）的治國儒術。〈術事〉曰：「天道調四時，人道治五常。」〈道基〉曰：「湯舉伊尹，周任呂望，行合天地，德配陰陽。」〈明誠〉曰：「《易》曰：天垂象見吉凶，聖人則之，天出善道，聖人得之。」「治道失於下，則天文應於上。」於此，陸賈發展了由《書・堯典》「欽若昊天，曆象日月星辰，敬授人時」、《書・

皋陶謨》「天敘有典,勑我五典有惇哉?天秩有禮,自我五禮有庸哉」、「天聰明自我民聰明,天明畏自我民明威」所開創的究天人之際之學,及《易》「天垂象見吉凶」之說,法天道明人道,察人道知天道而臻於「天人合策」。啟迪了後世董仲舒天人關係說。

《新語》所論「中庸」之道,若〈無爲篇〉曰:「君子尚寬舒以苞身,行中和以流遠。」等僅數句而已,皆無新意。夫漢初黃老之學盛行,據《史記‧酈生列傳》曰:「沛公不好儒,諸客冠儒冠來者,沛公輒解其冠,溲溺其中。」陸賈游宦其間,純儒見棄,遂變而通之,多引史事以陳治國之道,終使高帝稱善,太史公稱之爲「當世之辯士」(〈陸賈列傳〉),蓋主要爲儒者辯歟?其不失爲漢治國術變由黃老而儒之第一人。

太史公贊爲「漢家儒宗」之叔孫通,據《史記‧叔孫通列傳》稱:漢五年,諸侯共尊漢王爲帝於定陶,群臣飲酒爭功,醉或妄呼,拔劍擊柱,高帝患之,叔孫通說上曰:「夫儒者難與進取,可與守成。臣願徵魯諸生與臣弟子共起朝儀。」於是叔孫通「頗采古禮與秦儀雜就之」,制定漢之朝儀。孝惠帝即位,徙叔孫通爲太常,「定宗廟儀法及稍定漢諸儀法。」若叔孫通者,乃深知三代禮之所當損益者也,是通變儒之禮爲漢儀法之第一人。

文帝時之賈誼,據《史記‧賈生列傳》稱:頗通諸子百家之書。以其博見遠識廣引歷代興衰,爲漢天下安定,陳言萬萬。作《新書》。然考其學術主以儒學,次及黃老。爲漢治國術變由黃老而儒之第二人。

　　賈生首重「道德」。《新書・六術》曰：「德有六理，何爲六理？道、德、性、神、明、命。」沿此「六理」，又有「六法」、「六行」、「六美」之說，並認爲人應「內法六法，外體六行，以與《書》、《詩》、《易》、《春秋》、《禮》、《樂》六者之術以爲大義。」不難看出其說深受儒學「六經」影響，儘管有數字化、形式化之嫌，但其以「六經」爲「六術」，倡儒學之宗旨可見。

　　其於「道」。〈大政〉：「道者，君王之行也。」「教者政之本也，道者教之本也。」〈修政語下〉：「爲人君者敬士愛民以終其身，此道之要也。」似此論「道」，多爲治國之道。夫仲尼祖述堯舜之道，而賈生受影響於黃老，祖述黃帝之道。〈修政語上〉：「黃帝曰：『道若川谷之水，其出無已，其行無止』。」「黃帝職道義，經天地，紀人倫，序萬物，以信與仁爲天下先。」是賈生述黃帝之道，主要亦即堯舜之仁道也。

　　漢初法制多衍化於禮。故賈誼尤重禮。〈禮篇〉曰：「道德仁義，非禮不成；教訓正俗，非禮不備，分爭辨訟，非禮不決；君臣、上下、父子、兄弟，非禮不定。」「禮者所以固國定社稷，使君無失其民者也。」當然，儒之禮早已爲黃老之學所接受，〈俗激〉曰：「管子曰：『四維，一曰禮，二曰義，三曰廉，四曰恥，四維不張，國迺滅亡』。」「管子曰：『倉廩實而知禮節，衣食足而知榮辱』。」賈誼所以引此，易爲當時人所接受耳。

　　其於「中庸」。〈道術〉：「愛利出中謂之忠。」〈容經〉

曰：「故過猶不及，有餘猶不足也。語曰『況乎明王執中履衡』，言秉中適而據乎宜。」並以《易》乾卦之龍爲喻：「亢龍往而不返，故《易》曰『有悔』。潛龍入而不能出，故曰『勿用』。」「明是審非，察中居宜，此之謂有威儀。」其「秉中據宜」，「察中居宜」之語，乃言處事之權變。

其於性，〈道德說〉曰：「性，神氣之所會也。」〈保傅〉「中道若性，是殷周之所以長有道也。」〈勸學〉「（舜）與我同性。」〈大政上〉「仁義者，明君之性也。」是以性爲人之素質，傾向於性善說。

韓嬰，據《漢書·儒林傳》稱：燕人也，孝文時爲博士，推《詩》之意作《內傳》、《外傳》。亦爲《易》作《傳》而授之人。現僅見其《韓詩外傳》十卷行世。是書多引故事以申《詩》義，其認爲儒學之道義出自「六經」曰：「千舉萬變，其道不窮，『六經』是也。」（〈卷五〉）其論幾無出先儒左右，然亦有可觀焉。

其重禮、法之治國，雖多所言，實則一之。〈卷一〉：「人之命在天，國之命在禮。」〈卷四〉：「禮者，治辯之極也，強國之本也，威行之道也。」〈卷五〉：「禮及身而行修，禮及國而政明。……令行禁止，而王者之事畢矣。」其認爲「仁義」與情理相關。〈卷四〉：「愛由情出謂之仁，節愛理宜謂之義。」是仁愛發自性情，義愛出之事理。並與賈誼同受黃老學派影響上推仁德及於黃帝。〈卷八〉：「黃帝即位，施惠乘天，一道修德，惟仁是行，宇內和平。」

其對孔子的理解，體現了對「中庸」之道的理解。〈卷

三）：「柳下惠聖人之和者也，孔子聖人之中者也。」蓋取《孟子‧萬章下》「孔子聖之時者也」之義。故韓子論「中」道，重權變。〈卷二〉：「夫道二，常之謂經、變之謂權，權懷其常道而挾其變權。」其謂聖人能順應時變，御繁若簡，從容中道者也。

漢初儒學經陸賈、叔孫通、賈誼等人的提倡，並融通了黃老之學，逐漸與國家政治相結合，至武帝時黜百家之說，終成一尊之勢。

曾被劉歆論爲「群儒首」的董仲舒適應了漢朝大一統的政治形勢需要，上《天人三策》，[14] 著《春秋繁露》。〈董仲舒傳〉贊其：「潛心大業，令後學者有所統壹，爲群儒首。」使儒學進一步哲理化。他以《易》抑陰扶陽，〈繫辭上〉「天尊地卑」及〈說卦〉「乾爲天、爲君、爲父。」說之義，偏執地論證君臣、父子、夫婦之義曰：「君臣、父子、夫婦之義皆取諸陰陽之道，君爲陽、臣爲陰，父爲陽、子爲陰，夫爲陽、妻爲陰，陰道無所獨行，其始也不得專，其終也不得分功。」「天之親陽而疏陰。」「王道之三綱可求於天。」[15] 把漢初之「三綱」說理論化，成爲天人說之要義。又以五行學說推衍「仁、智、信、義、禮」曰：「東方者木，農之本，司農尚仁；南方者火也，本朝司馬尚智；中央者土也，君官也，司營尚信；西方者金，大理司徒也，司徒尚義；北方者水，執法司寇也，司寇尚禮。」（《五行相生》）《漢書‧董仲舒傳》之「賢良對策」曰：「夫仁義禮智信五常之道，王者所當修飭也。」把漢

---

14　《漢書‧董仲舒傳贊》、董仲舒《賢良對策》。
15　《春秋繁露‧基義》，以下引該書只注篇名。

初之「五常」說理論化，成爲天人說之第二要義。「三綱」「五常」從總體理論上深化了封建等級意識及道德觀念。且影響後世深矣。以此，其於禮、權尤重焉。禮以別等級，權以固其勢。〈奉本〉曰：「禮者繼天地，體陰陽而慎至容，序尊卑貴賤大小之位，而差外內遠近新舊之級者也。」〈王道〉曰：「未有去人君之權，能制其勢者也，未有貴賤無差，能全位者也。」

若董仲舒並不是孔學的忠實繼承者，《論語‧述而》：「子不語怪力亂神。」而「仲舒治國以《春秋》災異之變推陰陽所以錯行」（《漢書‧董仲舒傳》），他卻是一個善言災異的人。其著《春秋繁露》乃借古以治今，蓋因「《春秋》是非，故長於治。」（〈玉杯〉）故而對孔子「仁、性、中庸」之說多有改造。

《仁義法》曰：「仁之法在愛人，不在愛我，義之法在正我，不在正人。」「治人與我者，仁與義也，以仁安人，以義正我。」是其所謂「仁」，重在上之愛下，所謂「義」，重在自律，是仁義相對待也，與孔子普遍的「仁」道有異矣。

孔子倡「性相近，習相遠」（《論語‧陽貨》）之說，認爲「有教無類」（〈衛靈公〉）此乃孔子「仁」道的人性基礎，是人人可爲仁，人人可爲堯舜也。董仲舒論「性」，首先反對孟子「性善」說。〈深察名號〉曰：「吾質之命性者異孟子，孟子下質於禽獸之所爲故曰性以善，吾上質於聖人之所善，故謂性未善，善過性，聖人過善。」「性者天質之樸也，善者王教之化也。」就質而言性，董仲舒把人分爲「三品」，即「聖人之性」、「中民之性」、「斗筲之性」。而其就一般意義而言性，乃指「中民之性」。〈實性〉曰：「聖人之性不可以名

性，斗筲之性不可以名性，名性者中民之性，中民之性如繭如卵。」〈深察名號〉論「繭卵」曰：「卵待覆而爲雛，繭得繰而爲絲，性待教而爲善。」蓋中民之性，有貪仁而未善，需王者教而善之。故〈深察名號〉曰：「身亦兩有貪仁之性，民受未能善之性於天，而退受成性之教於王。」其於具「斗筲之性」的「斗筲之民」則不屑一提。〈玉杯〉：「斗筲之民何足數哉？」而董氏之言「斗筲之民」與《論語·子路》孔子所言「斗筲之人何足算也。」並不同義。關鍵是「斗筲之性」的提出。董氏「斗筲之性」蓋先天也；孔氏「斗筲之民」蓋後天也，即董氏論性而言，民自民，聖自聖，如此中民之性可移，而「三品」之性不可僭越，性學亦滲透了封建等級意識，從中尚可反映出董氏之「內聖外王」之學。

董仲舒發揮了《中庸》「致中和，天地位焉，萬物育焉。」這一初始的「中庸」宇宙論，於〈循天之道〉篇以天地中和之道，喻人中和之養。集中闡述了其「中和」思想：「中者天地之所終也，而和者天地之所生成也，大德莫大於和，而道莫止於中，中者天地之美達理也，聖人之所保守也。」其認爲聖人中和之道蓋法於天地陰陽二氣運行成歲。

其復論「中和」曰：「中者天地之太極也。」「和者天之正也，陰陽之半也。」「中者，天之中也；和者，天之功也。」實則，董氏以自然四季之行釋儒學「中和」之道，以自然中和之功用，喻儒學中庸之功用。沿著聖人法天而立道之路，更加哲理化了認識論與方法論的「中庸」之道，並引之向宇宙本體論。但董氏沒有沿此道路深入下去，充分闡發「中者天地之太極」「中者天地之美達理。」思想而建立起他的道的本體。關

鍵在於他疏忽了孔子「中庸」首先爲「至德」的內容，卻把「中和」思想引入了中和之養。「仁人之所以長壽者，外無貪而內清淨，心平和而不失中正。」「喜怒止於中，憂懼反之正，此中和常在乎其身，謂之得天地泰，得天地泰者其壽引而長。」以此終未擺脫董氏「天人感應」論。

董氏亦言「權變」。〈玉英〉：「《春秋》有經禮有變禮，爲如安性平心者，經禮也；至有於性雖不安於心，雖不平於道，無以易之，此變禮也。」「明乎經變之事，然後知輕重之分，可與適權也。」〈深察名號〉曰：「用權於變，則失中適之宜，失中適之宜，則道不平，德不溫。」〈循天之道〉曰：「天地之制也，兼和與不和，中與不中，而時用之，盡以爲功。」於是，董氏「中」自「中」，「權變」自「權變」也。與孔子及《易》「時中」之道內涵有差別矣。此亦爲董氏論述「中和」言論雖多，但終未建立起「道」的本體又一原因。

漢戴德所纂《大戴禮》係輯戰國至漢孝宣時諸儒生所作。今所傳本，雖遺失闕漏，然大概可觀；雖以禮書名，然多言政事。標誌炎漢禮與政法的結合，亦可見戴氏之意向。〈主言〉：「仁者莫大於愛人，知者莫大於知賢，政者莫大於官賢。」書中多言仁義德性，然常統於道。道者，陰陽天地之道也。〈立言〉「道者所以明德也，德者所以尊道也。」〈本命〉：「陰窮反陽，陽窮反陰」「一陰一陽然後成道。」其言「道」並受《易》簡易之點化。〈小辨〉曰：「小道不通，通道必簡，夫道不簡則不行。」而戰國秦漢儒生多受《易》陰陽之道之化。

其言「性」近孔子「性相近」說。人性所以相近，蓋源於陰陽中和之「道」。〈本命〉篇論「道」與性與命相屬，曰：

「分於道謂之命，形於一謂之性，化於陰陽象形而發謂之生，化窮數盡謂之死，故命者性之終也。」是「性命」乃一生之始終。人生形同道一，皆陰陽所化，道之分也。

其言「中」與政事相屬。〈主言〉：「政之不中，君之過也。」《五帝德》更推《論語‧堯曰》篇「允執其中」於堯之父帝嚳曰：「高辛生而神靈……執中而獲天下。」蓋孔孟之後儒者受《易》始於伏羲。黃老學派、醫家始於黃帝影響，亦越堯舜而上言也。

漢宣帝時桓寬所纂《鹽鐵論》，其賢良文學所言仁義禮法之義無出先儒左右。若《遵道》曰：「上自五帝下及三王，莫不明德教，謹庠序，崇仁義，立教化，此百世不易之道也。」可見一斑。《遵道》所言：「《易》曰：『小人處盛位雖高必崩，不盈其道，不恒其德，而能以善終其身未之有也。』是以『初登于天，後入于地』。」可見漢人引《易》、《經》、《傳》有不分者，《傳》文亦與今所傳有異者，今所傳蓋經劉向父子整理取捨者也。

漢揚雄，字子雲。《漢書‧揚雄傳》稱：蜀郡成都人，少而好學，博覽無不見，默而好深沉之思，非聖哲之書不好也，仿《周易》，著《太玄》，法《論語》，撰《法言》。夫《周易》以六十四卦窮盡天地萬物。《太玄》列渾天為八十一家，各有姓名，序運周普，撰成八十一首，以周流一歲之事。〈玄首都序〉所謂：「八十一首，歲事咸貞」者是也。揚氏深感於《周易》之「中位」，仿《周易》中孚卦，首作「中首」，曰：「陽氣潛萌於黃宮，信無不在乎中。」謂萬物萌芽於黃宮之中

也。次八：「黃不黃覆秋常，」測曰：「黃不黃，失中德也。」以言宜中，不中之失德而敗法。總觀八十一首多有言「中道」者。若「石賢首」次二測曰：「黃不純，失中適也。」「戾首」次八：「殺生相失，中和其道。」「夷首」次五：「中夷無不利」測曰：「中夷之利，其道多也。」

《太玄》更有「度首」以言陰陽消息各以度數。初一：「中度獨失」測曰：「度獨失，不能有成也。」次二：「澤不舍，冥中度」測曰：「澤不舍，乃能有正也。」以言事物有成，當不失「中度」也。後復言「大度」「小度」之義。次三：「小度差差，大欄之階。」測曰：「小度之差，大度傾也。」次六「大度檢檢，於天示象垂其範。」測曰：「大度檢檢，垂象貞也。」道出了「小度」「大度」的轉化，是「小度」亦不應差也。

「永首」次五：「三綱得于中極，天永厥福。」測曰：「三綱之永，其道長也。」其「三綱中極」乃揚氏所謂「大度檢檢」也。董仲舒「三綱」證以陰陽之義，實爲一偏之論，蓋失卻陰陽中和之大義。揚雄「三綱得于中極」即「三綱得於太極中和之道。」則較董子更進一層爲「三綱」成爲儒學最高道德尋一道根。然則過矣，蓋「三綱」本非「中極」之道，以此亦可見「三綱」係對孔子中庸之道的扭曲。

總之，《太玄》以陰陽氣化，日月運行之度，闡明天人合一之理，即《太玄·玄攡》所謂「律則成物，歷則編時，律歷交通，聖人以謀」是也。故「中度」當爲全文之主旨，即《玄攡》所謂「《玄》若以衡量者也」。

《法言》言「中」處少。蓋《太玄》多言矣。〈先知篇〉

曰：「動化天下，莫尚於中和。」「龍之潛亢，不獲其中矣，是以過中則惕，不及中則躍，其近於中乎？聖人之道譬猶日之中矣。」是其言「中」得於《周易》為多。

其於「性」，〈修身篇〉曰：「人之性也善惡混，修其善則為善人，修其惡則為惡人，氣也者，所適善惡之馬也歟？」是其「性」學乃以陰陽氣化學說綜孟荀之性學者也。其於漢儒「五常」。〈問道篇〉曰：「仁以人之，義以宜之。」「聖人之治天下也，礙諸以禮樂。」「孰有書不由筆，言不由舌，吾見天常（五常）為帝王之筆舌也。」其曰：「義以宜之。」原於《中庸》「義者，宜也」，《孟子》亦言「義以宜之」，後自《白虎通》而下解義為宜多因之。「筆舌」之言，「五常」之於漢儒根深蒂固矣。

署名東漢班固所纂《白虎通》為釋義之作。據《後漢書‧班固傳》稱：建初四年，章帝令諸儒講論五經，作《白虎道德論》，令固撰集其事。其〈三綱六紀〉篇曰：「三綱者何謂也？謂君臣、父子、夫婦也；六紀者謂諸父、兄弟、族人、諸舅、師長、朋友也。故君為臣綱，父為子綱，夫為妻綱。」是說衍《禮記‧樂記》「聖人作為父子君臣以為紀綱」及漢初「三綱」說而成，且由「三綱」以推「六紀」，遂復以《易》陰陽之道論「三綱」，並認為「三綱」法天地人，「六紀」法六合。〈情性〉篇釋情性曰：「性者陽之施，情者陰之化也，人稟陰陽氣而生，故內懷五性六情。」並引《鉤命訣》曰：「陽氣者仁，陰氣者貪，故情有利欲，性有仁也。」是以陰陽氣化釋性情也，屬性善情惡論。於「五常」曰：「仁者不忍也，施生愛人也。義者宜也，斷決得中也。禮者履也，履道成文也。」「故人生

而應八卦之體，得五氣以爲常。」是解「仁」爲恕，爲愛人。而以「中」爲處事之方法論，處事中則爲之適宜，即爲義。

王符字節信，據《後漢書・王符傳》稱：少好學有志操，耿介不同於俗，乃隱居著書三十餘篇，以譏當時得失，號《潛夫論》。觀其學，多出自《六經》，〈讚學〉曰：「文之以《禮》、《樂》，導之以《詩》、《書》，讚之以《周易》，明之以《春秋》。其不由濟乎？」而尤以《周易》引論最多。其認爲成就道德仁義因智，而明智因學問。〈讚學〉曰：「德義之所成者，智也；明智之所求者，學問也。」所謂「學問五典，心思道術」是也。並認爲人之情性差別小，而才智差別大：「人之情性未能相百，而其明智有相萬也。」以此，其「性」論類孔子「性相近」說。但亦承認「性」的差異。〈本政〉：「『性相近而習相遠』，是故賢愚在心，不在貴賤，信欺在性，不在親疏。」其言「中」有中正義。〈班祿〉：「是故先王將發號施令諄諄如也，唯恐不中而道於邪，故作典以爲民極。」其於政治倡「中和」說，〈本政〉「人君之治莫大於和陰陽，陰陽者以天爲本，天心順則陰陽和，天心逆則陰陽乖。」其「和陰陽」說深受《易・繫辭下》「陰陽和德而剛柔有體，以體天地之撰，以通神明之德」之影響。〈本訓〉篇又曰：「上古之世太素之時，元氣窈冥，變成陰陽，陰陽有體，實生兩儀，天地氤氳，萬物化淳，和氣生人，以統理之，是故天本諸陽，地本諸陰，人本諸中和。」是其政之「中和」導源於「和氣生人」，「人本中和」。而「人中和」爲「政中和」的人性根本，順性而治，道莫大焉。故〈德化〉篇曰：「人君之治，莫大於道，莫盛於德，莫美於教，莫神於化。……民有性有情有化有俗，情性者

心也、本也，化俗者行也、末也，末生於本，行起於心。」

　　總觀其學術，以儒爲主，立論無出前儒左右，時亦有道家法家之論，微矣。

　　鄭玄，字康成，《後漢書・鄭玄傳》言其「經純洽孰，稱爲純儒。」注著頗豐，凡百餘萬言。

　　康成尤精於《禮》，以禮爲法度。《禮・深衣》曰：「古者深衣蓋有制度以應規矩、繩、權衡。」鄭注：「言聖人制事必有法度。」其解「中庸」之「庸」爲「用」爲「常」。《中庸正義》曰：「案鄭《目錄》云：『名曰中庸者，以其記中和之爲用也，庸，用也。』」是其認爲「中庸」之義即用中道制事以達中和也。是深於中庸者也。其於《中庸》「君子而時中」注曰：「庸，常也，用中爲常道也。……『君子而時中』者，其容貌君子而又時節其中也。」其於「時中」具《易》「隨時」之義，即「隨時而中」也。

　　康成之論「性」以「五常」，其注《中庸》「天命之謂性，率性之謂道，」曰：「天命謂天所命生人者也，是謂性命。木神則仁，金神則義，火神則禮，水神則信，土神則知。《孝經說》曰：『性者生之質，命人所稟受度也。』率，循也。循性行之是謂道。」其性說蓋出於《孝經說》與「五常」說相結合。漢儒五行入性，善性亦有五分矣。

　　漢荀悅著《申鑒》，其祖荀淑，乃荀卿十一世孫也（《後漢書・荀淑傳》）。其學術出自五經，尤於《易經》多所援引。〈說卦〉有曰：「和順於道德而理於義，窮理盡性以至於命。」而《申鑒》多「道德」、「性命」之說。〈政體〉曰：「夫道

之本，仁義而已矣。五典以經之，群籍以緯之。」「恕者仁之術也，正者義之要也，至哉！此謂道根。」是認為五典群籍乃「道」之經緯，仁義乃為「道」之本根，為後世以仁義為道的本體立言。〈雜言〉曰：「聖人之道，其中道乎？」〈政體〉曰：「惟修六以立道經：一曰中，二曰和，三曰正，四曰公，五曰誠，六曰通。以天道作中，以地道作和，以仁德作正，以事物作公，以身極作誠，以變數作通，是謂道貫。」其「變數作通」蓋取諸〈繫辭上〉「參伍以變，錯綜其數，通其變，遂成天下之文。」綜觀其「道經」之說，則儒學至荀悅仍未釐定各主要範疇之關係，故道的本體終難形成。

　　其於「性命」，係「三品」說。〈雜言〉曰：「生之謂性也，形神是也。」「終生者之謂命也，吉凶是也。」「或問天命人事，曰：有三品焉，上下不移，其中則人事存焉爾。」所謂「人事」則如〈說卦〉所言「窮理盡性以至于命。」故〈俗嫌〉曰：「學必至聖，可以盡性，壽必用道，所以盡命。」「養性秉中和，守之以生而已。」依荀悅說，就個人盡性盡命而言，應以聖人為準，秉中和之養，守之終生，即可盡天命，有「仁者壽」之義。就天下人而言，人之性命有異，各如其性，各如其命，如〈雜言〉所言：「性雖善，待教而成，性雖惡，待法而消，唯上智下愚不移，其次善惡交爭。於是教扶其善，法抑其惡。」不難看出，國家禮法之化民與儒學性命學說相結合，正為儒術治國之宗旨所需也。

　　孔子而後，學者言性各異，儒家學者亦相齟齬，或以先天言；或以後天言；或結合先後天言；或以道德言；或以世俗言。言雖殊，歸則一，或發揚光大以趨善，或教誨以趨善，或

法制以趨善耳。

　　漢徐幹，「清玄繼道，六行脩備」，[16] 其著《中論》之〈治學〉篇曰：「先王立教官掌教國子，教以六德曰智仁聖義中和；教以六行曰孝友睦婣任恤；教以六藝曰禮樂射御書數。三教備而人道畢矣。」可見其以儒學爲宗，所謂「繼道」，繼儒學之道已矣。其所祖述亦堯舜而已。〈治學〉曰：「非唯賢者學於聖人，聖人亦相因而學也。孔子因於文武，文武因於成湯，成湯因於夏後，夏後因於堯舜，故六籍者，群聖相因之書也，其人雖亡，其道猶存。」儒學之言「道」多論「性、仁、禮、中庸」也。尤爲徐氏所重言，亦發後世儒學「道統」之先聲。

　　其論「性」多與治國儒術相合，儒術者，賢人政治，禮法而已。〈賞罰〉曰：「天生烝民，其性一也。刻肌虧體所同惡也，被文垂藻所同好也。此二者常有而民不治其身，有由然也。當賞者不賞，當罰者不罰。」〈脩本〉：「夫珠之含礫，瑾之挾瑕，斯其性與？良丁爲之以純其性。」是人性相近而非純善也。然則能使其純，可己爲之，可人導之，己爲之，君子自脩也；人導之，禮法之謂也。

　　至若「仁、禮、中庸」。〈法象〉曰：「仁義存，故盛德著。」〈貴言〉引荀子之語曰：「禮恭然後可與言道之方。」〈覈辯〉曰：「君子之辯也，欲以明大道之中也。」〈智行〉曰：「夫君子仁以博愛，義以除惡，信以立情，禮以自節，聰以自察，明以觀色，謀以行權，智以辨物，豈可無一哉？」其於「五常」復加「聰、明、謀」，以之知己知人、以之行權。故繼之曰：

---

16　《三國志‧王粲傳》注引《先賢行狀》。

「仲尼曰：『可與立，未可與權。』孟軻曰：『子莫執中，執中無權，猶執一也。』仲尼、孟軻可謂達於權智之實者也。」其「權智」，亦深受《易》之教也。〈貴言〉曰：「《易》曰：『艮其輔，言有序。』不失事中之謂也。」徐氏所謂「權」「事中」乃僅就認識論、方法論而言。僅就某事物而言，故稱「事中」。仲尼、孟軻之「權」亦然。《論語・子罕》：「子曰：可與共學，……可與立，未可與權。」朱熹注曰：「可與者言其可與共爲此事也。」亦指事言。因之其對儒學主要範疇之釐定則類荀悅，故其著雖曰《中論》，但終未能確立終極之中道。

魏劉劭字孔才，學兼儒法，以儒爲主。據《魏志・劉劭傳》稱：「正始中，執經講學，……凡所撰述《法論》、《人物志》之類百餘篇。」其《人物志》品評人物「各自立度，以相觀采」。（見〈效難〉）其雖通過形容、動作、所言、行事等以立度，但皆本之性情。〈九徵〉曰：「蓋人物之本出於情性。」而「凡有血氣者莫不含元一以爲質，稟陰陽以立性，體五行而著形。」是人質同者皆含元一之氣，然則構成元一的陰陽之氣多寡不同而性則有異，陰陽中和是謂聖人之性。「凡人之質量中和最貴矣。」「陰陽清和則中叡外明，聖人諄耀能兼二美。」似此「性」學乃變化《易》之乾〈彖〉「乾道變化，各正性命，保合太和乃利貞」而成。

夫以陰陽論性，性則二分。劉劭進而引入五行以形體論性。〈九徵〉曰：「其在體也，木骨、金觔、火氣、土肌、水血五物之象也。」並認爲：骨植而柔者，乃仁之質也；氣清而朗者，乃禮之本也；體端而實者，乃信之基也；觔勁而精者，乃義之決也；色平而暢者，乃智之原也。此爲五質恒性，即五

常之性。劉劭更推五及九，提出九質之徵以見性。其所言九徵
爲：神、精、觔、骨、氣、色、儀、容、言。並認爲「九徵皆
至，則純粹之德也」，「兼德而至，謂之中庸，中庸也者，聖
人之同也」，那麼聖人則爲能純德盡性至中庸者。《體別》論
中庸之德曰：「變化無方，以達爲節，是以抗者過者，而拘者
不逮，夫拘抗違中。」而聖人之外，九徵不至。〈九徵〉：「具
體而微，謂之德行，德行也者，大雅之稱也，一至謂之偏材，
偏材小雅之質也。」是劉劭論性較前人又復雜多矣。

　　《易》道陰陽，漢《易》增五行說，陰陽五行得以廣泛
運用。劉劭以陰陽五行論人之質性，爲質性之本，質性體現於
形容、言行，其徵有九，如此有表及里，順徵見性，融儒學容
言、道德、性理爲一體者也。其言「中庸」爲兼德，爲漢儒所
罕言，蓋直繼孔子者也。然就《人物志》所見，未把「中庸」
作爲「道」。〈材理〉曰：「道也者，回覆變通。」〈釋爭〉
曰：「夫維知道變通者，然後能處之。」是其言「道」尤重變
通。蓋深受《易》陰陽之道之影響。

## 二、晉唐儒學

　　晉傅玄作《傅子》，該書篇章多佚，現存《傅子》亦可
見其梗概。《傅子》學兼儒法，以儒爲主。《傅子・附錄》有
言：「聖人之道如天下，諸子之異如四時，四時相反，天地合
而通之。君子審其宗而後學，明其道而後行。」可見其學術端
倪。其於儒學多承前人之說，於治國儒術多所論述。

　　《傅子》論仁禮述《禮記・禮運》「大道之行」章義。〈檢
商賈篇〉曰：「古者民樸而化淳，上少欲而下鮮僞。……養以

大道，而民樂其生，敦以大質，而下無逸心。」「暨周世殷盛，承變極文，而重爲之防，國有定制……尊卑殊禮，貴賤異等。」〈仁論篇〉曰：「古之仁人，推所好以訓天下，而民莫不尚德。」亦即《大學》「堯舜率天下以仁」之義。其言德治述《大學》脩身義，且本之於心。〈正心篇〉曰：「立德之本，莫尚乎正心，心正而後身正。」此蓋變化《孟子·盡心》「仁義禮智根於心」也。《傅子》重公，是亦《禮運》「大同」之義，並歸之於心。〈道志篇〉曰：「夫能通天下之志，莫大乎公。」「夫有公心，必有公道，有公道，必有公制。」「任公而去私，內恕而無忌，是謂公制也。」盡管《傅子》述《禮運》之義，然則已隨時而遷矣。其論主旨乃融禮法於一體者也。〈禮樂篇〉：「能以禮教興天下者，其所知大本之立乎？」〈通志篇〉：「順禮者進，逆法者誅。」〈假言篇〉：「因物制宜者，聖人之治也。」其所以如此，蓋認爲人性不同，治之有異。〈戒言篇〉：「先王知人有好善尚德之性，而又貪榮而重利也。故貴其所尚，而抑其所貪。」〈貴教篇〉：「人含五常之性，有善可因，有惡可攻。」總其著錄可知傅玄非儒學之純者，蓋言儒術治國者也。

　　成書於南北朝時，署名爲梁劉勰著之《新論》亦爲一時之儒學著作，其論事理重一「度」字。〈思慎〉曰：「七緯順度，以光天象，五性順理，以成人行。」〈心隱〉曰：「二儀之大，可以章程測也；三綱之動，可以圭表度也。」故其論道貴「中和」、「權變」。〈明謙〉篇假《易》謙卦之義以明之曰：「是以大壯則復，天地之謙也，極昇必降，陰陽之謙也；滿終則虧，日月之謙也；道盈體中，聖人之謙也。《易》稱『謙尊而彌光』。」〈明權〉曰：「循理守常曰道，臨危制變曰權，

權之爲稱譬猶權衡也。」「古之權者審其輕重，必當於理而後行，《易》稱『巽以行權』，《語》稱『可以適道，未可與權』，權者反於經而合於道，反於義而後有善。」其所謂「權」亦深受《易傳》「隨時」之影響。〈隨時〉曰：「故無爲以化三皇之時，法術以禦七雄之世，德義以柔中國之心，政刑以威四夷之性，故《易》貴『隨時』，《禮》尚從俗，適時而行也。」其所謂「隨時」有「時中」義，已超越了「權」，於是，儒教、法治之設皆具隨時之義，則儒統法，儒融法時勢所必然矣。

〈防慾〉篇論「性情」曰：「情出於性而情違性，慾由於情而慾害情，情之傷性、性之妨情，猶煙冰之於水火也。」屬「性善情惡」論。而性情有差等，性情相侵、相勝，故人則有賢愚。是以〈防慾〉曰：「性貞則情銷，情熾則性滅。」「性明則情慾不能染也。」其〈遇不遇〉篇雖曰：「賢不賢，性也。」然則，性又非生而不可變者，〈和性〉篇曰：「理性者使剛而不猛，柔而不懦，緩而能後機。急而不懁促，故能劍器兼善而性氣淳和也。」是以中和之道爲理性之本。

北周衛元嵩撰《元包經》，唐代蘇源明爲之作《傳》。《周書‧藝術傳》稱衛「好言將來之事」。《元包經》蓋仿《周易》而作也。《周易》先乾，《元包》以八宮卦爲序，先坤宮卦（太陰），次爲乾（太陽）、兌（少陰）、艮（少陽）、離（仲陰）、坎（仲陽）、巽（孟陰）、震（孟陽）。其取象基本依《周易》八卦之象。述儒學之道德禮法，言天下之時事，明人君所當脩行。《經》文艱澀，非《傳》難明。若「☷坤亢虶莫默」。《傳》曰：「亢者春之熙，虶者夏之茂，莫者秋之落，默者冬之潛，熙然足以布和，茂然足以長物，落然足以育衆，潛然足以正厎。

道備四德，故曰『宂兊莫默』。」「☰ 乾顛宀勹盈。」《傳》
曰：「顛者仁之高，宀者義之覆，勹者禮之檢，盈者信之克也。
育萬物者仁高足以濟衆，義覆足以利物，禮檢足以崇德，信克
足以布氣。乾道備此四德，故曰：『顛宀勹盈』。」可見明顯
仿《周易》乾天坤地之卦義而作。其他若以歸妹論王之制婚姻
之禮以正夫婿之道；以中孚論王興教令，召規諫，上允其言，
下諄其命。以履論王正厥義，蹈厥禮。然則《易》道陰陽，《元
包》重五行，但求其總義，幾無超越《周易》者。

　　唐自貞觀，禮樂大治，詩及小說盛矣，佛學流傳影響深
矣。專門探討治國儒術之作流傳至今者蓋寡。爰有孔穎達奉敕
撰《五經正義》，是爲一時之選。其雖在前人所注基礎上疏解
經義，然亦不乏獨到之處。如對儒學「道」、「中」、「禮」
的理解。其於《尚書·大禹謨》「人心惟危」句的疏解曰：「道
者，經也，物所從之路也。因言人心，遂之道心，人心惟萬慮
之主，道心爲衆道之本。立君所以安人，人心危則難安，安民
必須明道，道心微則難明，將欲明道，必須精心，將欲安民，
必須一意，故以戒精心一意，又當信執其中，然後可得明道以
安民耳。」其於〈洪範〉「皇建其有極」曰：「皇，大也；極，
中也。施政教治下民，當使大得其中。」「大中者，人君爲民
之主，當大自立其有中之道。」是認儒學的「道」爲「中庸」
也。這是符合「道者，經也，路也」之義的。蓋「中庸」是「至
德」又是通向「至德」的「至道」。其於「禮」，《禮記·正
義序》曰：「禮者，體也，履也。」「禮者經天緯地，本之則
大一之初，原始要終，體之乃人情之欲。」「人生而靜。天之
性也，感物而動，性之欲也。」其承繼《禮記·樂論》「人生

而靜，天之性也」認爲天生烝民，有其自然之性，感物而性動，產生情欲，於是，愛惡之心生，只有禮才能使人明大體，知所行。即辨上下定民志。因此「禮之時義大矣哉！」是認定禮爲時中之道也。

延及中唐而後，儒學式微，於是有濟溺之韓愈起而排斥佛老。據《舊唐書・韓愈傳》稱：大抵以興起明教，弘獎仁義爲事。有《文集》四十卷。韓愈於〈送孟東野序〉一篇倡言「物不得其平則鳴」。評諸名家而高揚儒學曰：「凡載於《詩》、《書》六藝，皆鳴之善也。周之衰孔子之徒鳴之，其聲大而遠。《傳》曰：『天將以夫子爲木鐸』，其弗信矣乎？」其〈原道〉一篇曰：「博愛之謂仁，行而宜之之謂義，由是而之焉之謂道，足乎已無待於外之謂德。」「凡吾所謂道德云者，合仁與義言之也。」並闡發了儒學傳「道」系統。「斯吾所謂道也，非向所謂老與佛之道也。堯以是傳之舜，舜以是傳之禹，禹以是傳之湯，湯以是傳之文武、周公，文武周公傳之孔子，孔子傳之孟軻，軻之死不得其傳焉。」由是衍出堯傳舜之儒學「道統」說，該道統說乃繼漢徐幹《中論・治學》篇義。

韓愈復有〈原性〉一篇以論人之性：「其所以爲性者五：曰仁、曰禮、曰信、曰義、曰智。」是以「五常」論性也。當屬「性善」論。然而韓愈又對孟子之「性善」，荀子之「性惡」，楊子之「性善惡混」提出異議，認爲「三子之言性也，舉其中而遺其上下者也，得其一而失其二者也。」「性之品有上中下三。」其以「三品」論性又受董子影響矣。是韓愈論性未出漢儒左右。

　　與韓愈同時代之李翱亦服膺儒道，有《李文公集》存世。其〈答侯高第二書〉曰：「吾之道明，則堯舜文武孔子之道未絕於世也。」而〈復性書〉一篇主要論及人性。曰：「性者，天之命也。」「聖人知人之性皆善」「百姓之性與聖人之性弗差也」。並以此爲道德之性。「人之於萬物，一物也，其所以異於禽獸蟲魚者，豈非道德之性全乎哉？」而仁義即生乎此善性，聖人亦出乎此善性。是承繼了孟子性善論也。「道德之性」的提出發後世「設準人性」先聲。〈復性書〉又曰：「人之所以爲聖人者性也。人之所以惑其性者情也。」那麼人之所以爲惡者，蓋因不善之情（「情昏」）匿其性。以此，李翱又傾向於性善情惡之說。

　　與韓愈齊名的唐古文大家柳宗元雖「議論證據今古，出入經史百子」（韓愈〈柳子厚墓志銘〉），但以儒學爲主，終生服膺堯、孔之道。有《柳宗元集》行世。其「唯以中正信義爲志，以興堯舜、孔子之道，利安元元爲務」（〈寄許京兆孟容書〉），夫堯舜、孔子之道曰仁義、曰中庸而已。〈四雜論〉曰：「聖人之所以立天下，曰仁義。」〈答周君巢書〉：「苟守先聖之道，由大中以出。」〈桐葉封弟辨〉亦言：「吾意周公輔成王，宜以道從容優樂，要歸之大中而已。」其所謂「大中」之道，即「知經知權」也。〈斷刑論〉：「知經而不知權，不知經者也；知權而不知經，不知權者也。」係深得於孔子「與立與權」之義者也。其所以服膺之儒學較先儒重六經外，復重《論語》、《孟子》。〈報袁君陳秀才書〉：「文以行爲本，在先誠其中。其外者，當先讀六經。次《論語》、孟軻書，皆經言。」發宋儒「四書」「五經」先聲。

晚唐林慎思著《續孟子》、《伸蒙子》兩書，借故事寓言以申先聖仁義忠賢之義。若《續孟子‧陳臻》曰：「堯之仁也，化天下皆如堯之仁矣。」亦即《大學》「堯舜率天下以仁」之義。兩書於儒學理論無新闡發，而偏重治國儒術。夫人為國之主體，重治國儒術者皆以舉賢才、明禮法為務。《伸蒙子‧槐里辯‧明化》論性曰：「性有剛柔，天然也。」「人之善惡，隨化而遷也。」是人性不一，禮法所需也。

又唐張弧撰《素履子》申明道德、忠孝、仁義、智、信、禮樂之意義；富貴、貧賤、平危之時所當行，多引《經》以證，於儒學無甚創見。

署名漢馬融的《忠經》成書年代當在有宋之前。其〈天地神明章〉曰：「忠者，中也，至公無私。天無私四時行，地無私萬物生，人無私大亨貞。忠也者，一其心之謂矣。……《書》云：惟精惟一，允執厥中。」其解「忠」為「中」，蓋隨事而「中」也，事之於君則為「忠」。施之於父則為「孝」。《忠經》之作乃仿《孝經》者也。

署名隋王通的《中說》，其成書也，世人聚訟，或謂其真，或謂其偽。後晉劉昫撰《舊唐書‧王勃傳》稱：王勃字子安，祖通，隋蜀郡司戶書佐，大業末棄官歸，以著書講學為業，依《春秋》體例作《元經》，又依《孔子家語》、楊雄《法言》例作《中說》。《舊唐書‧經籍志下》載：「《中說》五卷，王通撰。」宋歐陽修《新唐書‧王勃傳》中未載王通著《中說》。而《新唐書‧藝文志》載「王通《中說》五卷。」是《中說》最晚成於後晉。至歐陽修則有疑矣。其後學者亦難言究竟。要

之，王通草創，宋前儒生潤色之而已。案《中說》之成書，其要旨有二：一則回歸《論語》。蓋孔子而後，儒學諸派雖共崇仁、禮、中庸，但又各有異說，於生發仁德之性，更是莫衷一是。漢後諸儒隨時而遷，更復多言治國儒術，唐韓愈之肯定孟子學術純正，主要以仁義性善論耳。柳宗元之經《論語》，亦欲直繼孔子者也。二則《中說》深於《易》之「隨時」之義，性命之理，欲以《易》理融貫儒學。

　　《中說》仿《論語》不一而足，以董常類顏淵，昭然若揭。〈問易篇〉：「子謂董常幾於道，可使變理。」然則是書於仁、禮、中庸，亦有所闡發。〈禮樂篇〉：「仁義其教之本乎？先王以是繼道德而興禮樂者也。」「禮其皇極之門乎？聖人所以嚮明而節天下也，其得中道乎？故能辨上下定民志。」闡述了禮因時而變，仁爲禮之歸宿，禮爲通向仁之道。〈述史篇〉：「薛收問仁，子曰：『五常之始也。』問性，子曰：『五常之本也。』問道，子曰：『五常一也。』」〈魏相篇〉：「我未見欲仁好義而不得也，如不得斯無性者也。」是綜仁道，五常而歸之善性。其言性、道亦深受《易》之影響。〈周公篇〉：「通變之謂道。」〈問易篇〉：「樂天知命我何憂？窮理盡性吾何疑？」〈立命篇〉：「知命則申之以《易》，於是乎可以盡性。」「竇威曰：『大哉！《易》之盡性也，門人孰至焉？』子曰：『董常近之。』」《中說》雖未直言性善惡，但據性爲「五常之本」，〈立命篇〉：「以性制情者鮮矣。」可知是性爲善。且〈立命篇〉：「心者非他也，窮理者也，故悉本於天。」「己者非他也，盡性者也，卒歸於人。」則較之於「窮理、盡性」更鋪開來說。於是，心己一體，窮究天理則可完善人性，

對宋儒理本論，心本論說不無影響焉。

　　《中說》於「時」、「中」之論述亦深受《易》之影響。〈周公篇〉曰：「千變萬化吾常守中焉。」「《易》之憂患，業業焉，孜孜焉，其畏天憫人，思及時而動乎？」〈問易篇〉「非仁義發中，不能濟也。」「子讚《易》至序卦曰：大哉時之相生也，達者可與幾矣。」夫《中說》幾欲以《易》貫通五經。〈禮樂篇〉「讚《易》道以申先師之旨。」〈問易篇〉：「聖人於《易》沒身而已，況吾儕乎？」可見一斑。

## 三、漢至唐儒學綜述

　　漢儒以五經爲習，《易》爲五經之首，對漢儒影響尤深，幾乎無不談《易》者，而又多以「性（心）、仁、義、禮、中庸（道）」爲論述主要範疇。

　　儒學自孔子以「性相近」立義，繼踵者孟子以「性善」立說，其詳論也，往往以心性，又上及天命。《孟子・盡心上》：「君子所幸，仁義禮智根於心。」「盡其心者，知其性也，知其性則知天矣。」其〈告子上〉篇對「仁義禮智根於心」作了解釋：「惻隱之心，仁也；羞惡之心，義也；恭敬之心，禮也；是非之心，智也。」而這「四心」是人人皆有的。〈告子上〉篇又曰：「心之官則思，思則得之，不思則不得也，此天之所與我者。」「心之所同然者何也？謂理也，義也。」如此，不難看出孟子：道德生之於性，性根之於心，心原之於天的性命學說。爲後世學人開闢了廣闊的論爭天地。

　　荀子以「性惡」立說，蓋主要出於禮法的考慮。〈性惡〉篇曰：「故聖人化性而起偽，偽起而生禮義，禮義生而制法

度。」其於心則以身之主論，〈解蔽〉：「心者形之君也，而神明之主也，出令而無所受令。」更認爲心可以化性起僞。〈正名〉：「性之好惡喜怒哀樂謂之情，情然而心爲之擇，謂之慮，心慮而能爲之動，謂之僞。」於是提出了制天命說。《天論》：「從天而頌之，孰與制天命而用之。」與孟子迥異。以之漢後性命之學，儒者意見亦多齟齬矣。

漢儒論「性」，或曰「善惡混」，或曰「性三品」，或以「五常」論性，（「五常」論性出於孟子「四端」說），或曰「性善情惡」，其所持論角度不同，其歸則一，蓋歸之於禮法之治國儒術。

漢儒論「心」，董仲舒以心爲身之本。《春秋繁露·通國身》：「身以心爲本。」〈天副人數〉：「心有哀樂喜怒」，「心有計慮」，因之心有情知。而心又爲「道」之本，〈循天之道〉：「天下之道者，皆言內，心其本也。」

漢徐幹《中論》繼承「心道」之說，〈修本〉曰：「人心莫不有理道，至乎用之則異矣。」〈審大臣〉又曰：「（大賢）其異乎人者，謂心統乎群理而不繆，智周乎萬物而不過。」這是對心智的認可，聖賢所以異乎常人，蓋心中理道能經過學而充之至群道也。〈治學〉：「聖人之德，非取乎一道，故曰：學者所以總群道也，群道統乎己心，群言一乎己口，唯所用之。」晉傅玄《傅子·正心篇》又繼之曰：「心者，神明之主，萬理之統。」王通《中說·立命篇》復曰：「心者，非他也，窮理者也，故悉本乎天。」至此，宋心性、理學已見端倪。

「仁」既是德，又是道。孔子把「仁」作爲人生理想與

社會理想的結合。至孟子提出「四端」說，後儒多視「仁」爲德之一目，則「仁」道的義蘊逐漸淡化，至漢「五常」說出，則「仁」德的義蘊更加強化。

《論語·衛靈公》「君子義以爲質，禮以行之，孫以出之，信以成之，君子哉！」朱熹注義曰：「義者，制事之本。」孔子此義，蓋言做具體事之義，即做事對人對社會有意義則爲義，亦即孔子「公利」之義。斯語似類孟子「四端」說，實則不類，蓋未及於「仁」也，故漢之「五常」說當歸根於「四端」說。義與利爲對，漢董仲舒《春秋繁露·身之養莫重於義》曰：「利以養其體，義以養其心。」乃深明孔子「公利」「私利」之義者也。

儒學之「禮」是用來自律與律人的，是通達「仁」德的方法，是通向「小康」社會的路。《論語·爲政》孔子「道之以德，齊之以禮」之說是「禮」先於「法」也。荀子適應社會的變化，融法於禮，開漢代治國儒術禮法結合的理論之先河。漢儒禮法並重，成爲治國儒術的主要思想。

孔子之「中庸」，是德論與道論的結合，亦即中庸既是「至德」，又是「至道」。作爲「道」，它既是認識論，又是方法論，進而臻至本體論。其思想直接淵源於《易經》、《書經》。自孟荀而後以至漢儒，其「至德」說式微。

〈繫辭上〉：「《易》有太極。」「一陰一陽之謂道。」係依《書經·洪範》「皇極」立義，且受老莊哲學影響而言道也。其「道」蓋後世所謂言宇宙本體者。漢董仲舒繼之以「元」、「一」。《春秋繁露·重政》：「惟聖人能屬萬物於

一而繫之元也。」「元者爲萬物之本。」〈天道無二〉：「天之常道，相反之物也，不得兩起，故謂之一。」其言「相反之物」蓋指陰陽，此處所言本體之道尚未超出《易傳》也。然則如前所述，董子於〈循天之道〉篇尚有「中者天地之太極」「中者天地之美達理也」等，「中庸」宇宙本體論，惜乎淺嘗輒止。

　　至若春秋戰國諸子學說爭鳴，各有傳承。漢初加以相國曹參的提倡，黃老學派成得氣候。[17] 彼時儒學要發展，那麼與諸子學說的碰撞融合，尤其是與黃老學說的碰撞融合就在所難免。後經陸賈、賈誼諸子努力，至董仲舒終於完成了融黃老、陰陽、法家等於儒的工作，奠定了治國儒家學術的一尊之勢。其後諸子繼踵增華，展開了治國儒術多方面的探討。

　　東漢永平年間，佛學傳入中國，後歷南北朝以迄隋唐，其間名家輩出、典籍相續，復有統治者提倡，遂與儒學分庭抗禮，大有取代之勢。「文起八代之衰」的韓愈奮而振臂，針對佛學「法統」，提出儒學「道統」以衞道，「道統」一說影響後世深矣。韓愈〈原道〉一篇就其所列傳道者堯舜禹等而言，乃一人的譜系，至若其「道」，爲「仁」，抑或爲「中庸」，則韓愈未有明言，後世無定論焉。推本《論語・堯曰》：「咨，爾舜，天之曆數在爾躬，允執其中，四海困窮，天祿永終，舜亦以命禹」而論，其相傳之「道」當爲「允執其中」，即「中庸」之道。然則後世多以「仁」道論者，何也？蓋儒學本真爲一倫理道德政治哲學。「仁」作爲倫理道德政治學說重要範疇，是顯而易見的，即「仁」既是人的最高道德規範，又是與「大同」社會理想相溝通的；而「中庸」當是儒學倫理道德政治哲學的

17　見《史記・曹相國世家》。

最高範疇，這是由《周易》、《書經》、《論語》、《禮記·中庸》建構的。此即孔子所謂的「一貫之道」。此論首先湮沒於孔子直傳此言弟子曾子。《論語·里仁》「子曰：『參乎，吾道一以貫之。』……曾子曰：『夫子之道，忠恕而已矣。』」《孟子·盡心上》曰：「強恕而行，求仁莫近焉。」即解「一貫之道」爲仁。而《論語·述而》「子曰：志於道，據於德，依於仁，游於藝。」顯然，孔子一貫之道非爲仁。在後世學者（自孟子始）的闡揚中卻基本失落了中庸之道的「至德」德義（《論語·雍也》：「中庸之爲德也，其至矣乎？」）。而儒學在與佛老文化長期碰撞的過程中必須建立起自己的道德本體論。因子便自然地認可了「仁」。

「中庸」（時中）之爲道，具有相當的涵概性與融通性。作爲德論則通乎「仁」。作爲道論則融天人、主客觀於一，隨時而遷，所謂大化流行不失度也，唯善所止。作爲本體論其通乎「陰陽之中和」通乎「太極」。

《中說》一書，蓋宋前儒者極欲高揚「中庸」之道而作也，惜乎仿多創少。其雖有「至德其道之本乎？」（〈王道篇〉），「通變之謂道」（〈周公篇〉），「惟精惟一，允執厥中，其道之謂乎？」（〈問易篇〉）等明道之論，但亦未能就儒學主要範疇順序之，釐定之。其於佛則雖不似韓愈極力而排斥之，然亦拒而不納。認爲佛乃「西方之教也，中國則泥」（〈周公篇〉），因之難得以「中庸」之道正視之，融通之，拳拳服膺儒學之心局限了其歷史建樹。

儒佛文化的碰撞，從力排到接納，從吸收到融通，完成新一代儒學則有賴於宋儒矣。

## § 儒學獨尊的歷史必然——兼論儒學在文化史中的地位

　　公元前二○二年漢王即皇帝位。這位蔑儒馬上得天下的皇帝，終於覺悟難以馬上治天下，走上了用儒的道路。

　　《史記·劉敬叔孫通列傳》：「群臣飲酒爭功，醉或妄呼，拔劍擊柱，高帝患之。」孫叔通知上益厭之也，說上曰：「夫儒者難與進取，可與守成。臣願征魯諸生，與臣弟子共起朝儀。」終致「竟朝置酒，無敢讙嘩失禮者。於是高帝曰：『吾乃今知爲皇帝之貴也！』乃拜孫叔通爲太常」，是漢儒之興，始於孫叔通。司馬遷舉之爲儒宗。

　　又據《史記·酈生陸賈列傳》稱：陸賈以客從高祖定天下。在高祖面前時時稱說《詩》、《書》。說劉邦不能馬上治天下，應文武並用，行仁義，法先聖，爲劉邦上《新語》，每著一篇上，高帝未嘗不稱善。改變了劉邦輕儒之習。據《漢書·高帝紀第一下》：「漢十二年十一月，行自淮南還過魯，以大牢祀孔子。」是劉邦已認可儒學。

　　秦漢之際，戰亂頻仍，漢初與民生息，崇尚黃老之學，無爲而治，勢所必然。《史記·曹相國世家》所謂「蕭何爲法，曹參代之」，「曹爲漢相國，清靜極言合道，然百姓離秦之酷後，參與休息無爲，故天下俱稱其美矣」。

　　就「無爲而治」而言，亦爲孔學所倡。《論語·衛靈公》：「無爲而治者，其舜也與？夫何爲哉？恭己正南面而已矣。」

　　漢經六十餘年之經營，尤以近四十年的文景之治，天下大安，國富民康，延及雄才大略的漢武帝，一場影響華夏民族

近兩千年的大舉措序幕終於拉開。

## 一、獨尊儒術的史跡

　　據《史記·儒林列傳》載：秦焚《詩》、《書》，坑術士，六藝因此缺失。陳涉稱王，魯諸儒持孔氏之禮器往歸陳王。孔甲爲陳涉博士。及漢高祖立，魯中諸儒誦習禮樂，弦歌之音不絕。而孝文帝本好刑名之學，孝景帝亦不任儒者。且竇太后又好黃老之術，故諸博士具官待問，未有進者。可見漢武帝前，儒學種子未曾斷絕。

　　延及漢武帝，心向儒學。於是招方正賢良文學之士。此後，言《詩》者，魯有申培公；齊有轅固生；燕有韓大傅；《尚書》有濟南伏生；《禮》有齊高堂生；《易》有菑川田生；《春秋》齊魯有胡毋生，趙有董仲舒。及竇太后崩，武安侯田蚡爲丞相，絀黃老、刑名百家之言，延文學儒者數百人，而公孫弘以《春秋》白衣爲天下三公，封以平津侯，天下之學士靡然鄉風矣。

　　公孫弘爲學官，以爲武帝昭至德，開大明，配天地，本人倫，學修禮，崇化前賢，以風四方，太平之原也。於是大興教化，建首善自京師始，由內及外。自此以後，則公卿大夫士吏斌斌多文學之士矣。

　　《漢書·竇田灌韓傳》曰：嬰、蚡（竇嬰、田蚡）俱好儒術，推轂趙綰爲御史大夫，王臧爲郎中令，迎魯申公欲設明堂。太后好黃老言，而嬰、蚡、趙綰等務隆推儒術，貶道家言，是以竇太后滋不說。

　　《漢書‧公孫弘傳》稱：公孫弘年四十餘乃學《春秋》，武帝初即位，招賢良文學之士。弘年六十，以賢良徵爲博士，出使匈奴，不合意，免歸。元光五年（公元前 130 年）復徵賢良文學，菑川國人復推薦弘。弘以堯舜禹湯仁義禮知對制，武帝擢弘對爲第一，稱爲博士，後爲御史，丞相，年八十終丞相位。

　　《漢書‧董仲舒傳》稱：董仲舒少治春秋，孝景帝時爲博士。武帝即位，舉賢良文學之士。仲舒以賢良對策封爲江都相。其對策大意言：古之王者南面而治天下，莫不以教化爲大務，立大學以教於國，設庠序以化於邑。王者修飭仁義禮知信五常之道，以仁義禮樂教化於民，則民不犯禁，習俗美成。

　　聖人法天而立道，布德施仁，設義立禮。夏長乃君德之養，霜殺乃君刑之罰。天人之徵如此。最後以《春秋》大一統之義諷言：今師異道，人異論，百家殊方，指意不同，是以上無以持一統。建言以爲諸不在六藝之科，孔子之術者，皆絕其道，勿使並進，邪僻之說滅，然後統紀可一而法度可明，民知所從矣。

　　《漢書‧董仲舒傳》：「自武帝初立。魏其、武安侯爲相而隆儒矣，及仲舒對冊，推明孔氏，抑黜百家，立學校之官，州郡舉茂材孝廉，皆自仲舒發之。」漢劉歆以爲：「仲舒遭漢承奉滅學之後，六經離析，下帷發奮，潛心大業，令後學者有所統一，爲群儒首。」

　　綜上所述，可見天下學術興替與執政好惡大有關係。然則執政審時度勢，成敗優劣可判。夫秦皇重法，漢初黃老，人

亡術息。漢武尊儒，千載罔替。其深層原因，絕非單一。探根
溯源，忝綴是篇。

## 二、學術之淵源

　　春秋之時，孔子授學，文化下移。延及戰國，諸子奮起，
術干時君，干戈不斷。秦掃六合，天下歸一。焚書師吏，興亡
旋踵。漢興改秦之敗，大收篇籍，廣開獻書之路。迄孝武帝，
置寫書之官。建延閣秘室之府等以藏書。至成帝時，復使謁者
陳農求遺書於天下。後經劉向，劉歆等人校編，諸子略備，學
術可考焉。

　　據《漢書‧藝文志》稱：

　　儒家之學出於司徒之官，司徒以幫助人君調順陰陽，教
化管理百姓為主要職責。其學以《六經》為業，以仁義道德為
主旨。祖述堯舜，憲章文武，宗師仲尼。

　　道家之學出於史官，熟悉成敗存亡禍福古今之道。知秉
要執本，清虛以自守，卑弱以自持，此君人南面之術。合於堯
舜禪讓，極至於絕禮滅智，兼棄仁義，獨任清虛無為而治。

　　陰陽家之學出於羲和之官，敬順昊天，觀象日月星辰，
敬授民時。至拘泥者則累於禁忌，滯泥於小數，舍人事而任鬼
神。

　　法家之學出於理官。信賞必罰，以輔禮制。極至於無教
化，去仁愛，專任刑法而欲以致治。

　　名家之學出於禮官。古時名位不同，禮則相異。循名責
實，為其所長。

　　墨家之學出於清廟之守。茅屋采椽，是以貴儉。養三老五更，是以兼愛，選士大射，是以上賢。宗祀嚴父，是以右鬼，順四時而行，是以非命。

　　縱橫家之學出於行人之官，權事制宜，隨機應變。受命而不受辭，是其本務，至於邪人爲此，則崇尚詐變而棄信。

　　雜家之學出於議官。兼儒墨，合名法，王者之治，無不貫綜。及盪者爲之，則漫無主旨。

　　農家之學出於農稷之官。勤耕桑，播百穀，以足衣食。

　　小說家之學出於稗官。街談巷語，道聽途說者之爲。或有一言可采，此亦芻蕘狂夫之議也。

　　封建國家政治，德治與法治耳。德以襃善，法以懲惡。陰陽協調，相輔相成。九家之說於社會各有裨益。然則國家政治依重者在司徒、理官兩者。《周禮·地官·司徒》：「以五禮防萬民之僞而教之中。」是以教爲主。《論語·爲政》：「子曰：導之以政，齊之以刑，民免而無恥；導之以德，齊之以禮有恥且格。」是認爲治國根基在於道德禮儀教化。《周禮·秋官·司寇》：「立秋官司寇，使帥其屬而掌邦禁，以佐王刑邦國。」是主爲糾罪民。甚者法家重法嚴刑且苛刻而寡恩。秦一統天下，十四載而分崩離析，足爲後世戒。道家清虛無爲，國家能終久無爲乎？儒家承繼華夏文化，以六經爲藝。六經者，華夏傳承文化之濫觴。周公改殷人事神首倡尊德。孔子集大成以先賢爲楷模道中庸而重教化。與時遷移，不泥於古。無偏無黨，王道蕩蕩，是爲安定天下之說。所謂儒可以守成者也。而其餘八家之說，蓋六經之餘脈。遂各有所長，然各有所偏，故

難以成國家主流學術。就孔子之言論。德與禮、政、刑是有別的。德爲自律需內修，禮、政、刑爲他律。禮作爲人行爲規範，雖係外加靠自覺，政刑之作爲行爲規範亦外加靠強制。儒者治國非無法，慎之而已。

《荀子・成相》：「治之經，禮與刑。」是先禮後刑。而法家之治國，非同於今日所謂法治。重刑以禁非而已。《韓非子・顯學》：「聖人之治國，不恃人之吾善，而用其不得爲非也。」且德爲禮之基礎，德禮又爲法之基礎。此基礎既爲法制定之基礎。又爲法執行之基礎。制法而無德，非良法。執法犯法，執法者缺德。法爲道德底綫，使一國百姓生活在道德底綫中，可謂非夷所思。如此相較，儒法學術孰優孰劣明矣。

就諸家而言，墨與儒有某些相通處，如尚賢。其「兼愛」與仁學相較，同爲愛人之學，兼愛格調似高於仁學。然缺少中庸（時中）之道的考量。社會衍化，人對物的私有已根深蒂固，亦爲社會進化之源。愛人由近及遠，「老吾老以及人之老」，首先老吾老，然後老人之老，人之常情耳。人人能如此，社會足臻和諧矣。「兼愛」苟無等次，實則曲高和寡。「堯舜其猶病諸？」（《論語・雍也》）

至若墨家之「明鬼」（《墨子・明鬼篇》）與孔子之「祭如在」（《論語・八佾》），高低優劣，今人心知肚明，無需贅言。

故漢武之選，非草率而已。微漢武，後世當有爲漢武者。

## 三、民族性與倫理學

　　《史記》所載，從黃帝到秦皇的歷史。即是一部從氏族聯盟發展到國家的歷史，又是一部華夏民族的發展史。國家的形成，民族的融合，而這期間，文化的整合起到了關鍵的作用。而作爲文化主要載體的文字，至秦始皇統一文字後，一個幅員遼闊大一統的中央集權的國家，一個承載著中華文化（以華夏文化爲主體）血脈的中華民族（秦民族）已經形成。遺憾的是秦始皇沒有能對這一世代相承的文化血脈繼往開來，繼承發揚，而是中斷了它，焚棄了它。隨著這一暴行的接踵暴政，秦王朝很快在黔首隸戍起義中土崩瓦解。

　　漢興，經文景之治，經濟的發展，帶來的必然是文化的昌盛。疆域的拓展，進一步帶來了民族的融合。後進文化被先進文化接納融合，隨著時間推移在不斷進行著。至漢武帝時代，一個多民族融合的大漢民族及其組成的空前統一的大漢帝國已經成熟。

　　民族性即民族的文化性質。在諸多文化現象中，最能代表民族性的文化無過於民族倫理學。一個成熟的民族，必然有其成熟的倫理學。一個成熟的民族沒有相應成熟的倫理學是匪夷所思的。

　　倫理學是人類社會秩序的學說。任何動物界都有其各自的群體秩序。人類亦然。就倫理學中心關懷而言。其要回答的是做什麼樣的人，怎樣做人，怎麼組織人類社會。這主要涉及人的生與死，人類社會的存與亡。《孟子・離婁上》：「天下之本在國，國之本在家，家之本在身。」個人是國家民族機體

的細胞，細胞健則體健，病則體病。健康的細胞培養於健康的倫理學中。

　　考諸子之學說非無倫理之敘述，蓋未有及孔子之全正也。孔子倫理社會學說的最高範疇爲道，即中庸之道，且爲與時俱進的「時中」之道，亦即孔子一以貫之之道。由此展開他的道德敘述。或曰孔子的一以貫之之道爲忠恕之道，《論語・里仁》「子曰：『參乎，吾道一以貫之。』……曾子曰：『夫子之道，忠恕而已矣。』」然則《中庸・第十三章》「忠恕違道不遠」是夫子明言忠恕近道而非夫子一以貫之之道。《論語・述而》子曰：「志於道，據於德，依於仁，游於藝。」即道乃一生孜孜追求者。仁與德乃一生之依據。孔子所述己之一生履程，即可見一斑。《論語・爲政》孔子曰：「吾十又五而志於學。」是謂主客觀分，主觀努力去認識客觀。「三十而立」，爲主客觀分立，主觀認識客觀有成。「四十而不惑」，爲主客觀清晰、理明。「五十而知天命」，爲主觀融入客觀。「六十而耳順」，客觀融入主觀。「七十而從心所欲、不逾矩。」矩者，度也。主客觀之度，就孔子一生實踐範圍內，主觀客觀合一於度，主客通暢無礙，中庸之道圓融爲「時中」之道。後世繼之者，遂病未能隨時俯仰而中道。西學驟興，相較失利，遂歸咎於斯，不亦過歟？

　　康德在《道德形而上學的基礎・序》中論：「倫理學又稱爲道德學。」又可細分爲兩部分，「它的經驗部分可以有一個特殊名稱，叫做實用人學；它的理性部分則可以稱爲道德

學。」[18]

　　孔子終其一生致力於人及人類社會的探討中，好學不倦，述而不作。承繼古道德之說，終成集大成者。《孟子·離婁上》所謂「聖人，人倫之至也」，蔡元培先生所著《中國倫理學史》於第一章總論有曰：倫理現象早流行於社會，而後有學者觀察之，研究之，組織之，以成爲學說也。在我國唐虞三代間，實踐之道德，漸歸納爲理想，雖未成學理之體制，而後世種種學說，濫觴於是矣。《書》爲政事史，由意志方面，陳述道德之理想者也；《易》爲宇宙論，由知識方面本天道以定人事範圍；《詩》爲抒情體，由感情方面揭教訓之趣旨者也，三者皆考察倫理之資也。

　　夫《六經》爲中國文化之源，亦爲道德之源，由孔子紹述而發揚之，功蓋千古也。

## 四、倫理學與宗教

　　人類生存意識之訴求分精神與物質兩大類。物質爲人生命存在之訴求；精神爲人類生命價值之訴求。從民初遞進，皆由簡而繁。就精神訴求而言，各部族由於生存環境差異，探求部族之存在遂有不同物類（圖騰）的崇拜。隨著部族的融合，崇拜由少至多，並加以神化。隨著國家的建立，定尊於一主，崇拜趨於一神化，或一神御衆神，形成神系。隨著文化的發展，由語言文字而衍爲文學，由文學而圖書成，構建爲學說。隨著意識的深化，由崇拜而信仰，由崇拜儀式而成組織形式，樹立教主，並神化教主，形成宗教。故宗教者，幾乎爲民族發展史

---

18　見《西方哲學原著選讀》（下卷），308-309頁。

上共同存在之文化現象之一。

在這一系列建構中，質言之皆圍繞人類生存價值而生；爲族群生存價值而生；爲國家民族生存價值而生。究其根本皆爲人之來，人之去。做什麼人，怎樣做人的問題而展開，這便是一個民族之普適價值。

康德在《純粹理性批判》、《實踐理性批判》等著作中對基督教（宗教）作過一系列論述。其認爲：人類獲得知識的途徑只有經驗。而獲得知識的主觀結構是一些先驗的原則，即純粹理性。包括時空、實體、因果、質量等範疇。靈魂不死、自由意志、上帝存在等觀念既不是經驗中的現象，又不是先驗的範疇。因此不是理性認識的現象。純粹理性對這些觀念不能給以證明。因此，靈魂不死、自由意志、上帝存在是人類實踐理性的三個公設。實踐理性的公設都是從道德原則出發的。晚年其著作《單純理性限度內的宗教》認爲：宗教唯一真實性來自道德理性。是爲學者對後期宗教較有見地的認知。

中華民族之宗教觀初始與世界各民族相類，然而至周初（周公時代）發生了決定的轉向，遂與其他民族大相徑庭矣。

這首先表現在天道觀方面：西周初期統治者繼承了殷代的天命觀，並加以改造爲己所用。即對殷之遺民大講天命，所謂治人以其道，如《書・多士》是周公假王命告商之王士。其中稱「天命」等近三十句之多。如「惟天不畀」「惟帝降格」等。而《書・無逸》乃周公對成王之訓，則曰「休惠於庶民」、「徽柔懿恭，懷保小民」、「皇自敬德」，而提到天命只三處，卻曰「天命自度，治民祇懼」等，落腳於治民。

其他《書‧君奭》、《書‧多方》、《書‧立政》亦然。

成書於周公時代的《易經》卦爻辭共三百八十四條，其中言「天命」者僅三處。而大肆宣揚的卻是孚信之德，自強不息的陽剛之德，中正之德。打開《易經》比比皆是。

其次表現在「允執厥中」的哲學思想方面。《書‧大禹謨》：「惟精惟一，允執厥中。」《書‧洪範》：「無偏無陂。」「無黨無偏。」皆是對中道的陳述。《易經》中「中吉」的思想多有陳述。

再者《尚書》、《易經》的政治思想也是一脈相承的。國家的治理，要依靠賢人德治：君子同心，小人勿用，安而不忘危，德治爲主，法治爲輔等突顯人爲的政治理念。

述而不作的孔子，繼承了《書》、《易》的政治哲學思想。治國以德的理念。並審時度勢，創立了以周公發其韌的儒家學說。

孔子一以貫之之道，即「時中」之道，彙本體論、道德論、認識論、方法論於一，成爲儒家倫理社會學說的核心。

《論語‧雍也》：「中庸之爲德也其至矣乎？民鮮久矣。」是孔子把中庸之德即無過無不及之常德作爲人的最高道德修養。《論語‧述而》「子溫而厲、威而不猛、恭而安」即孔子中庸之德的一個方面。《論語‧先進》：「子貢問：『師與商也孰賢？』子曰：『師也過，商也不及。』曰：『然則師愈歟？』子曰：『過猶不及。』」是以中庸德行品評人物。由此導出認識人物的方法論。《論語‧子罕》：「我叩其兩端而竭焉。」《論語‧爲政》：「攻乎異端，斯害也已。」以中庸之道作爲

對事物的認識論。

　　孔子的世界觀基本上是上承周公與《易經》的，即少言天道，多言人道。《論語・為政》：「五十而知天命。」此天命與殷商之「天命」是大有區別的。朱熹注曰：「『天命』即天道之流行而賦與物者，乃事物所以當然之故也。」又從《論語・陽貨》「子曰：天何言哉，四時行焉，百物生焉，天何言哉？」皆可見孔子之天道觀。

　　終孔子一生，把畢生精力用於人道，用於人的此生。未及神道，未及人的來生。《論語・雍也》：「務民之義，敬鬼神而遠之，可謂知矣。」《論語・述而》：「子不語怪力亂神。」《論語・先進》：「未知生，焉知死。」可為註腳。因此可知孔子之倫理學乃人的倫理學而非神的倫理學。宗教之倫理學乃神的或神化的倫理學，亦或曰：以神說教的倫理學。

## 五、結論

　　成熟的民族必然有自己成熟的倫理學，所謂成熟的倫理學是應有普世性的。建立不起人的成熟倫理學，則需借「神」的力量建立神的倫理學或神化的倫理學，抑或以神說教的倫理學。兩者皆不能建立，則可能接受外來的倫理學。倫理學是人的社會存在的學說，是人之所以為人的根據，回答做什麼人和怎樣作人的學問。

　　一切欲儒學宗教化之作，皆畫蛇添足之舉。

　　世界三大宗教，佛教之遍於緬甸、柬埔寨東南亞等地；伊斯蘭教之遍於阿拉伯等地；天主、基督教之遍於歐洲等地，

無不如此。祖述堯舜憲章文武的孔子承繼華夏文化。述而不作，整理六經，延續華夏文字之脈，傳留後世，是為華夏文明之根之主脈。後世繼踵增華，皆拜六經所賜。漢後國產之道教及陸續傳入之佛教、伊斯蘭教、天主教、基督教等雖一時有興，但終未能與儒學爭鋒，因此相繼五千年中華文明未曾斷裂，綿延至今，獨步世界，雖原因不一，但孔子儒學之功至偉。

雖然為迎合時代需要，儒學有兩次大的理論重建。一些偏頗理論為後世所詬病，諸如「三綱」學說、「滅人欲之論」但皆非孔子「時中」學說之義。

1993 年在芝加哥召開的有 120 多種宗教代表參加的世界宗教會議，會上通過的全球倫理宣言，認定了兩條基本原則：一、每一個人都應該得到人道的待遇；二、己所不欲，勿施於人。其中第一條即孔學「仁」的學說，第二條更為孔子之語，可見儒學在倫理道德建設理論方面是具有普世意義的。

梁漱溟先生在《中國文化要義》一書中論理性與理智有曰：「必須摒除感情而後其認識乃銳入者，是之謂理智；其不欺好惡而判別自然，自然明切者，是之謂理性。」「理智、理性為心思作用之知情兩面，而儒家是崇尚理性的。」正如日本學者五來欣造所說：「在儒家，我們可以看見理性的勝利。儒家所尊崇的不是天、不是神，不是君主，不是國家權利，並且亦不是多數人民。只有將這一些（天、神、君、國、多數）當作理性之一個代名詞用時，儒家才尊崇它。」儒家應當就是「理性至上主義。」並認為「理性、理智為心思作用之兩面：知的一面曰理智；情的一面為理性，而求正確之心便是理性。」所以有見於理性之中國古人，梁先生認為：自周孔以來二三千年，

中國文化趨重在此。中國人有長處在此，有短處亦在此，是食福於斯，被禍於此，即中國文化重情而不重知，重理性，不重理智。

實則，孔學重理性——仁道；亦重理智——時中之道。後學者自孟軻始重在闡發仁道，而忽略了時中之道的闡發。於是儒學之本體曰仁、理、心性，直至新儒學亦然。「時中」之道雖時有言及而不顯，格物之智雖時有闡述而不明。是食福由孔子及後儒學，被禍乃後之儒學而非孔子也。

「時中」之道具有寬廣的包容性，與今天的科學相擁抱，許多理論必會不斷更新。當基因學說被揭示出來，男女、婚姻、家庭諸多問題必將得到重新審視。

《論語·里仁》：「子曰：朝聞道，夕死可矣。」《論語·述而》：「子曰：志於道，據於德，依於仁，游於藝。」可見孔子所謂本體的道乃為一生所追求，這是一個永無止境的追求，它使空懸的「致知格物」有了堅實的落腳處。惜乎先儒未能詳加闡發，理智終被理性所蒙蔽。

而今中國的大學成立了眾多的國學院、儒學院。舊有的書院更煥發了青春，研究儒學的人大有人在，文章層出不窮。集眾力創新儒學成為有志之士的共識，儒學史告訴我們，孔子的儒學被後儒們多次改換門庭，再沿著他們的路走，只不過拾人牙慧而已，當務之急是首先恢復孔學原典，這或將成為一條推陳出新的路。

# 主要參考文獻

《宋本十三經註疏》，清光緒甲辰（1904 年）季秋影阮氏文選樓
　　原刻本，遵殿本重校。點石齋印書局之：《周易》、《尚書》、
　　《禮記》、《周禮》、《儀禮》、《春秋‧左傳》、《春秋‧
　　公羊傳》、《論語》、《孝經》、《孟子》、《爾雅》。

《周易本義》，宋朱熹，天津市古籍書店影印，1988 年 3 月第 2
　　版。

《周易集解》，唐李鼎祚，北京市中國書店，1984 年 6 月第 1 版。

《書經》，元蔡沈集傳，中華書局印行，1916 年版。

《詩經集傳》，宋朱熹集傳，掃葉山房藏版，1925 年。

《四書合講》，宋朱熹集註，煥文書局，光緒庚子（1900 年）版
　　之：《論語》、《大學》、《中庸》、《孟子》。

《溫公易說》，宋司馬光，上海古籍出版社，1989 年 11 月第 1 版。

《橫渠易說》，宋張載，上海古籍出版社，1989 年 11 月第 1 版。

《東坡易傳》，宋蘇軾，上海古籍出版社，1989 年 11 月第 1 版。

《易原》，宋程大昌，上海古籍出版社，1990 年 1 月第 1 版。

《復齋易說》，宋趙彥肅，上海古籍出版社，1990 年 1 月第 1 版。

《漢上易傳》，宋朱震，上海古籍出版社，1989 年 11 月第 1 版。

《易圖通變》，宋雷思齊，上海古籍出版社，1989 年 11 月第 1 版。

《周易集說》，宋俞琰，上海古籍出版社，1990 年 1 月第 1 版。

《讀易舉要》，宋俞琰，上海古籍出版社，1990 年 1 月第 1 版。

《易翼傳》，宋鄭汝諧，廣文書局，1974 年 9 月版。

《易理匯參》，秋浦周氏石印本，1922 年版之：《乾鑿度》、《乾坤鑿度》、《易象意言》、《皇極經世》、《太極圖說》、《通書》、《易璇璣》、《易學啟蒙》、《稽覽圖》。

《坤靈圖》、《是類謀》，商務印書館，1937 年 12 月版。

《大易緝說》，元王申子，上海古籍出版社，1990 年 1 月版。

《御纂周易折中》，清李光地，上海古籍出版社，1991 年 1 月第 1 版。

《二程全書》，宋程頤、程顥，影堂藏版，清同治五年（1866 年）。

《經學通論》，清皮錫瑞，中華書局出版，1954 年 10 月第 1 版。

《周易大傳今注》，高亨，齊魯書社出版，1979 年 6 月第 1 版。

《周易雜論》，高亨，齊魯書社出版，1979 年 7 月第 1 版。

《周易古經今注》，高亨，中華書局出版，1984 年 3 月第 1 版。

《周易尚氏學》，尚秉和，中華書局出版，1980 年 5 月第 1 版。

《周易探源》，李鏡池，中華書局出版，1978 年 3 月第 1 版。

《周易通義》，李鏡池，中華書局出版，1981 年 9 月第 1 版。

《周易新論》，宋祚胤，湖南教育出版社，1982 年 8 月第 1 版。

《易學哲學史》（上冊），朱佰崑，北京大學出版社，1986 年 11 月第 1 版。

《四庫術數類叢書》之《皇極經世書》，宋邵雍，上海古籍出版社，1990 年 10 月第 1 版。

《二十二子》，光緒元年（1875）浙江書局據華亭張氏本校刻，光緒二十七年（1901 年）浙江書局重校補之：《老子》、《莊子》、《墨子》、《荀子》、《黃帝內經》、《管子》、《呂氏春秋》、《淮南子》。

《漢魏叢書》，乾隆辛亥（1767）重鐫，本衙藏版，淛灣愛曰堂發之：焦贛《易林》、京房《易傳》、王弼《易略例》、韓嬰《韓

詩外傳》、戴德《大戴禮記》、董仲舒《春秋繁露》、班固《白虎通》、陸賈《新語》、賈誼《新書》、桓寬《鹽鐵論》、楊雄《法言》、荀悅《申鑒》、王符《潛夫論》、徐幹《中論》、王通《中說》、劉勰《新論》、劉劭《人物志》、甘德、石申《星經》、《山海經》、《竹書紀年》、魏伯陽《參同契》。

《太玄經》，楊雄，光緒紀元夏月（1875），湖北崇文書局雕版。

《百子全書》，岳麓書社出版，1993 年 9 月第 1 版之：傅玄《傅子》、林慎思《續孟子》、林慎思《伸蒙子》、張弧《素履子》。

《二十五史》，上海古籍出版社，1986 年 12 月第 1 版之：《史記》、《漢書》、《後漢書》、《三國志》、《南齊書》、《周書》、《隋書》、《舊唐書》、《新唐書》、《宋史》。

《天聖明道本〈國語〉》，湖北崇文書局重雕，1912 年。

《段氏說文解字注》，上海文盛書局印，1914 年。

《殷墟文字甲編》，董作賓，商務印書館出版，1939 年。

《殷墟文字乙編》，董作賓，商務印書館出版，1939 年。

《殷墟書契前編》，羅振玉，永慕園影印本，1912 年。

《殷墟卜辭綜述》，陳夢家，科學出版社，1956 年 7 月版。

《殷契粹編》，郭沫若，科學出版社，1965 年版。

《卜辭通纂》，郭沫若，見《郭沫若全集》，科學出版社，1983 年版。

《青銅時代》，郭沫若，科學出版社，1957 年 9 月版。

《奴隸制時代》，郭沫若，人民出版社，1973 年 5 月第 2 版。

《十批判書》，郭沫若，重慶群益出版社，1945 年版。

《文物》，1978 年第 8 期。

《文物》，1979 年第 10 期。

《文物》，1984 年第 3 期。

《楚辭集註》，宋朱熹，掃葉山房石印本，1929 年。

《朱子語類》，中華書局，1986 年。

《朱文公文集》，宋朱熹，商務印書館，1980 年。

《韓愈集》，唐韓愈，鳳凰出版社，2006 年 11 月版。

《李文公集》，唐李翱，讀有用書齋，光緒元年（1875 年）。

《柳宗元文集》，唐柳宗元，中華書局，1979 年 10 月。

《中國倫理學史》，蔡元培，團結出版社，2007 年 1 月第 1 版。

《中國哲學大綱》，張岱年，中國社會科學出版社，1982 年 8 月
　　第 1 版。

《中國哲學史》（第 1 冊），任繼愈，人民出版社，1964 年 9 月
　　第 2 版。

《中國哲學史研究》（第 1 輯），上海人民出版社，1980 年版。

《國性與民德》，梁啟超，上海遠東出版社，1995 年 7 月第 1 版。

《儒學復興之路》，梁漱溟，上海遠東出版社，1994 年 12 月第
　　1 版。

《純粹理性批判》，康德，商務印書館，1960 年版。

《實踐理性批判》，康德，商務印書館，1999 年版。

《單純理性限度內的宗教》，康德，中國人民大學出版社，2003
　　年版。

《西方哲學原著選讀》（上），商務印書館出版，1981 年 6 月第
　　1 版。

《西方哲學原著選讀》（下），商務印書館出版，1982 年 5 月第
　　2 版。

《發生認識論原理》，皮亞傑，商務印書館，1981 年版。

《信息與思維》，田運，福建教育出版社，1990 年版。

# 跋

　　家中書冊，古籍爲多。閒則翻閱，久而成習。漸有管見，遂成短文，文革以後，刊物是興。偶爾投之，時有鉛印。然終自忝，學淺文陋。一九九七年後，不復相寄，亦少綴文。

　　青島市周易學會創始於 1988 年，歷經六次換屆，有志《易》學研究者陸續加入，會員研究《易》學已蔚然成風。

　　青島市周易學會副會長、青島大學王術臻教授見拙文尚有新意，相勸結集。學會其他負責同志也給予了大力支持和資助。始得匯文成書，於此衷心致謝。

　　冀該書終成引玉之磚，學會同人多有學術成果面世，不勝仰望之至。


　　　　　　　　　　　　　　　　　　于載洽

## 國家圖書館出版品預行編目資料

易與儒 / 于載洽著 . -- 初版 . -- 臺北市：蘭臺出版社， 2024.05
面；　公分 . --（易經研究；9）
ISBN　978-626-97527-5-1（平裝）
1.CST: 易經　2.CST: 儒家　3.CST: 研究考訂

121.17　　　　　　　　　112021956

易經研究 9

# 易與儒

作　　者：于載洽
主　　編：盧瑞容
編　　輯：周曉方　楊容容
美　　編：陳勁宏
校　　對：周曉方　古佳雯　沈彥伶
封面設計：陳勁宏
出　　版：蘭臺出版社
地　　址：臺北市中正區重慶南路 1 段 121 號 8 樓之 14
電　　話：(02)2331-1675 或 (02)2331-1691
傳　　真：(02)2382-6225
E-MAIL　：books5w@gmail.com 或 books5w@yahoo.com.tw
網路書店：http://5w.com.tw/
　　　　　https://www.pcstore.com.tw/yesbooks/
　　　　　https://shopee.tw/books5w
　　　　　博客來網路書店、博客思網路書店
　　　　　三民書局、金石堂書店
經　　銷：聯合發行股份有限公司
電　　話：(02)2917-8022　　　傳真：(02)2915-7212
劃撥戶名：蘭臺出版社　　　　帳號：18995335
香港代理：香港聯合零售有限公司
電　　話：(852)2150-2100　　傳真：(852)2356-0735
出版日期：2024 年 5 月初版
定　　價：新臺幣 420 元整（平裝）
ISBN：978-626-97527-5-1